Georges VERMARD

ORION

et le
PRINCIPE CRÉATEUR

Tome III

GEORGES VERMARD

ORION
et le
PRINCIPE CRÉATEUR

Tome III/3

Publié par
Omnia Veritas Ltd

www.omnia-veritas.com

© Omnia Veritas Ltd – Georges Vermard – 2017

Tous droits réservés. Aucune partie de cette publication ne peut être reproduite par quelque moyen que ce soit sans la permission préalable de l'éditeur. Le code de la propriété intellectuelle interdit les copies ou reproductions destinées à une utilisation collective. Toute représentation ou reproduction intégrale ou partielle faite par quelque procédé que ce soit, sans le consentement de l'éditeur, de l'auteur ou de leur ayants cause, est illicite et constitue une contrefaçon sanctionnée par les articles L-335-2 et suivants du Code de la propriété intellectuelle.

L'histoire consensuelle en a fait

Une allégorie des âges

Figée d'infertilité.

Mais

La Grande Pyramide

N'est pas l'insipide mausolée

Que l'on nous expose.

Elle est un témoignage,

Un enseignement, une espérance.

Elle est une arche placée

Entre le Ciel et la Terre,

Entre l'immuable vérité et la vie

Symbolisée par l'Ankh,

Témoin de l'éternel retour.

Nous remercions le précis d'analyse architecturale de Monsieur Gilles Dormion « **La chambre de Chéops** », Fayard éditeur (2004), ces mesures nous auront été d'un appréciable concours pour la précision des sujets traités.

HoriZon 444

Association culturelle à but non lucratif

http://www.grandepyramide.com

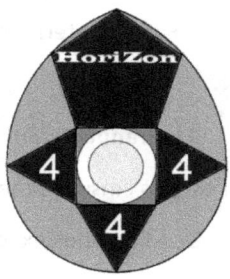

Les bases des cinq polyèdres réguliers, cercle - carré – triangle – pentagone forment « l'œuf philosophique », logo de notre association :

Ce traité est le résultat de plus cinquante années de recherches.

L'ensemble est axé sur le sujet de nos préoccupations :

Le site de Gizeh et la Grande Pyramide d'Égypte.

Nous nous sommes acquittés de cette tâche, avec ce sentiment à la fois humble et sublimatoire que procurent de telles découvertes.
Fasse que ces recherches servent de fanal aux générations du possible.

Nous dédions cet ouvrage à celles...

à ceux... qui aimeraient croire !

Je remercie particulièrement Mathieu LAVEAU
pour ces 20 années de collaboration sur les sujets traités.
Mise au point, précision des calculs et découvertes mutuelles.
Sa compétence en ces recherches spécifiques est indéniable.
Aussi suis-je heureux de pouvoir lui témoigner ici mon amitié.

INTRODUCTION	1
LE SOUFFLE DIVIN	3
LE MYSTÉRIEUX TÉTRAGRAMME	9
L'APPROCHE NUMÉRALE	17
SOUPÇON DE VÉRITÉ HISTORIQUE	24
LA STÈLE DE L'INVENTAIRE	36
Le Roi OSIRIS :	41
HORUS, fils d'Isis et d'Osiris :	42
« LES SUIVANTS D'HORUS » (Chemsou Hor) :	42
LES SEPT SAGES - contés par les textes d'Edfou :	43
ZEP TEPI – ou le « Premier temps » :	44
HORAKHTY – « Hor – em – Akhet » ou Horus de l'Horizon.	45
La terre de Sokar – Le royaume de Sokar – La maison de Sokar :	47
Le Douât – (un point précis où converge les voies initiatiques)	49
« RO – SETAOU » - Traduction : La porte des galeries.	49
LES MYSTÈRES DE LA LUNE ET DE LA TERRE	52
LES MYSTÈRES DU SOLEIL	79
LE GRAAL ET LA TRADITION	88
LES TROIS TABLES ET LA CROIX	96
LA GÉOGRAPHIE SACRÉE	107
ÉCHELLE DU TEMPS PRÉCESSIONNEL	116
LA CHAMBRE SOUTERRAINE	125
KHEOPS - AL NITAK	130
KHEPHREN - AL NILAM	137
MYKERINOS - MINTAKA	142
PRISE D'ALTITUDE DE LA CONSTELLATION D'ORION	149
BASE DE LA PYRAMIDE	156
ACHÈVEMENT DU SPHINX	159
NIVEAU SOL DE LA CHAMBRE REINE	166

SOL DE LA CHAMBRE DU ROI	**171**
EXTRÉMITÉ DU TOIT, CHAMBRE DU ROI	**176**
UNIFICATION DES TERRES	**181**
RESTAURATION GRANDE PYRAMIDE KHEOPS - AL NITAK	**190**
NAISSANCE SUPPOSÉE D'ABRAHAM	**198**
MOÏSE, L'EXODE	**203**
LA CAPTIVITÉ EN ÉGYPTE :	206
L'EXODE :	207
MOÏSE :	211
LES PLAIES D'ÉGYPTE :	211
LES CONQUÊTES DE JOSUÉ :	211
LA TERRE PROMISE :	212
NAISSANCE DU JUDAÏSME ET DU ZARATHOUSTRISME	**214**
NAISSANCE DE RABBI PERAHIAH	**221**
CONCEPTION ET NAISSANCE DU CHRIST	**227**
ENSEIGNEMENT DU CHRISTIANISME	**241**
LA RELIGION MUSULMANE	**245**
LA GRANDE PYRAMIDE ÉCIMÉE	**251**
DEBUT DU IIIÈME MILLENAIRE	**257**
LES ANNÉES CRUCIALES	**258**
L'ÂGE D'OR OU LE CHAOS	**264**
LA FIN DU DEMI-CYCLE	**277**
DE L'ANNÉE 2050 À L'ANNÉE 2491,743	**277**
MÉMORANDUM POUR MUTANTS :	**283**
MAQUETTE D'UNE PYRAMIDE INDIVIDUELLE	**303**
L'OSIRIS HUMAIN	**306**
DÉJÀ PARUS	**313**

INTRODUCTION

Ce troisième tome est le juste prolongement des deux premiers, il amplifie, croyons-nous, le domaine des preuves que nous nous devons de formuler pour exhorter notre lecteur à méditer sur les vertus de l'enseignement officialisé.

Nous comprenons fort bien que des *conventions* puissent remplacer des vides historiques, surtout lorsque les indices concernant celles-ci sont au plus proche des éléments établis. Ces consensus ont pour intention première de pourvoir momentanément aux absences de certitudes, en comblant celles-ci des aspects inspirés par les conjectures. Mais pas seulement, leur rôle secondaire est de canaliser les démesures, d'éloigner les affabulateurs, d'évincer les hypothèses incohérentes et de minimiser les élucubrations. Pour nous, ces argumentations ne font pas l'objet de dérision et sont tout à fait dans la logique des choses.

Où la situation se complique, c'est lorsque le consensus en question devient progressivement une « vérité » incontournable et que toute réfutation de celui-ci est bannie du contexte par une soi-disant légitimité professionnelle. La puissance engendrée par l'adhésion internationalisée d'une convention nous apparait aussi redoutable que certaines machinations politiques. Ses bases instituées deviennent au fil des âges, autant d'atouts de fixité attachés à des prérogatives. Toutes tentatives de reconditionnement sont non seulement vouées à l'échec, mais deviennent pour ce monopole, un facteur contraignant à combattre avec acharnement. Les preuves, quand preuves il y a, ne sont pas prises en considérations, elles sont tournées en dérisions, raillées, scotomisées ou occultées.

Les médias s'estimant non compétents pour évaluer le bien fondé de telles controverses, s'adressent à des notoriétés publiques sensées l'être. Certaines de ces notoriétés vont jusqu'à avouer jeter à la poubelle sans les consulter, les documents qu'elles reçoivent. À la suite de quoi, nous imaginons combien ces notoriétés peuvent être irritées, par les contestations formulées à l'adresse des fruits de leurs savoirs. Sans doute pensent-elles, qu'il est insane d'envisager un seul instant de réévaluer les base d'un acquis qui ne saurait souffrirent d'objections. Ce qui fait qu'un nombre important d'études savantes et inédites s'évadent ainsi dans les oubliettes de l'inconséquence, condamnées par l'égo surdimensionné d'une gent infatuée d'elle-même.

Heureusement les chercheurs de tout acabit ont aujourd'hui internet, pour endiguer le caractère absolutiste de ces dévots du consensus. Certes, il faut trier dans la pléthore de ces informations pour extraire le grain de l'ivraie, mais n'est-ce-pas le moindre mal, par rapport à ces applications que l'on ne peut récuser et qui ne veulent souffrir de contestations. Nous aimerions voir siéger des commissions scientifiques « impartiales » qui examineraient et évalueraient la fiabilité des documents qui leur sont soumis. Des êtres intègres dont l'objectivité seraient de restituer la vérité au-delà de toutes engeances partisanes ou sectatrices.

Mais ce n'est peut-être pas à notre échelle planétaire trop restreinte, que nous devons envisager cette conclusion. Ne nous faut-il pas ambitionner d'interroger d'autres spires en notre galaxie, là où la loi universelle protège les justes de la mainmise des puissants ? Là où seule la vérité fait office de loi et où la découverte est patrimoine commun. Là où résident, sans leurs masques d'acteurs, les dieux de l'éternelle Égypte. Ceux-là mêmes qui ont disposé un jour, au plus bas du cycle d'Orion, un sibyllin message, afin d'inciter à l'évolution ces interlopes entités du futur, que sont les terriens.

Le Souffle Divin

Le hiéroglyphe « R », la bouche ◇ donc « le verbe », est composé d'une sorte de losange, plus ou moins affirmé selon les textes et les époques. Placé ainsi à l'horizontale, ce hiéroglyphe pourrait évoquer une symbolique attachée à trois étoiles, composant **la constellation d'Orion.** Sur un plan mythologique, cette trilogie stellaire fait partie intégrante de la demeure d'éternité du dieu **Osiris.**

L'acte rituel qui consistait à fermer la bouche du connaissant était appelé « *myésis* », ce qui sous-entend « *myste - mystagogie – mystère* ». Trois astres sur les quatre composants le cadre, sont pris en compte dans le dessin ci-dessous. Au cours des chapitres précédents, nous avons pu constater qu'en partant de l'étoile **Bellatrix** (angle droit au haut du schéma général), la diagonale qui s'évade en direction d'Al Nilam (étoile centrale du baudrier d'Orion), observe sensiblement un angle de 30° (ou l'amorce d'un demi-triangle équilatéral).

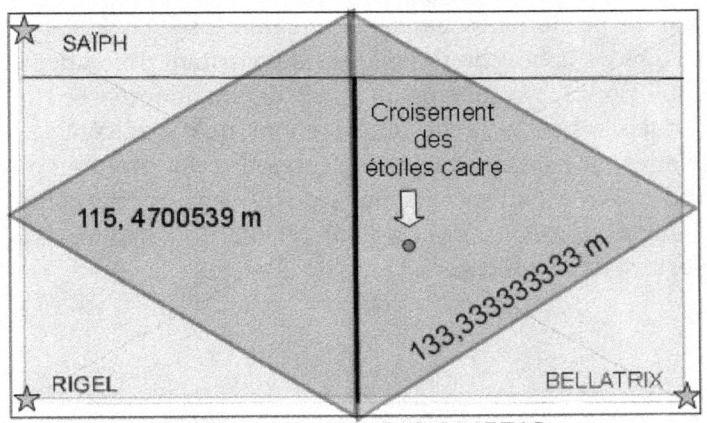

Les 6 côtés des deux triangles équilatéraux réalisent à l'échelle de la pyramide 800 mètres.

La ligne de démarcation verticale séparant les deux triangles affiche en largeur 0,173 m, ou à quelques dixièmes près, les trois premières décimales de la racine de trois 1,732. L'étoile Saïph est à 130,2580289 m de l'angle Rigel, alors que, chaque base des triangles réalise 133,3333333 m.

Le cadre intérieur de notre graphique est composé par les « 3 étoiles cadre », il possède une largeur – hauteur au X^2, laquelle divisée par 1000, nous restitue en coudées la hauteur de la Grande Pyramide sur son socle, soit 280,0054486 coudées. La hauteur des deux triangles est la même que le côté du calice Graal, soit ; 230,9401075 m.

Volonté - Force	Vérité - Beauté	Absoluité - Sagesse
Elle est la force	Elle a été la force	Elle a été la force
Elle sera la beauté	**Elle est la beauté**	Elle a été la beauté
Elle sera la sagesse	Elle sera la sagesse	**Elle est la sagesse**

Puisque nous évoquons la bouche d'où émane le verbe, **la langue** dont Ésope prétendait qu'il s'agit de « *la meilleure et la pire des choses* » est représentée par **Osiris** et **Seth**, dont **Haroéris** équilibre l'enjeu. C'est au centre de la bouche (losange) que le verbe se manifeste. **La parole** n'est-elle pas le produit des pensées antagonistes ? En Égypte, le rite de l'ouverture de la bouche s'appliquait à un instant précis des cérémonies eschatologiques, à la suite de quoi, » le défunt adepte » se trouvait invité à restituer la parole reçue. Comprenons qu'il s'agissait là de secrets initiatiques, que de son vivant ce sectateur avait été tenu de ne jamais divulguer. Ce n'est qu'après la mort, lorsque le sujet était censé se trouver sur « *le seuil du tribunal divin* » qu'un tel interdit était levé. D'où le rite de **l'Ouverture de la bouche.**

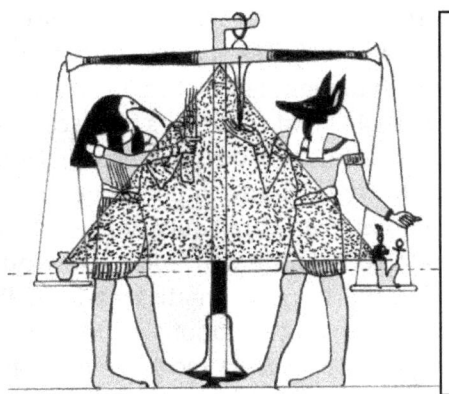

« La pesée de l'âme » ou psychostasie.
Coffret de l'époque Saïte.

VII siècle av. J.C. Musée du Louvre.
En surimpression :
La Géométrie rigoureuse de la Grande Pyramide.

À l'extrémité de la base,
les deux cœurs, celui de Maât
et celui du défunt.

En visualisant le graphique de la « pesée de l'âme », Sous la pyramide en surimpression, nous constatons que le dieu **Toth** écrit à l'emplacement de la chambre du **Roi**. Le dieu **Anubis** maintient à l'aide de trois tigelles le centre du balancier, son geste est à la verticale **d'Al Nitak- Osiris** (dieu trinôme - justice – connaissance - renaissance).

La position de la main droite d'**Anubis** se trouve à l'emplacement de la base carrée du schéma, la position de sa main gauche, est à la hauteur de la chambre de la Reine et du cercle de quadrature. Quant au sommet pyramide, il coïncide ici avec le centre de la balance soutenant les fléaux. Les deux angles de base conduisent « une ligne d'horizon fictive » allant du cœur à l'urne funéraire. Il s'agit là des secrets inhérents à l'hermétisme traditionnel, que le défunt était tenu de ne révéler qu'aux autorités, dites de *« passage »* (péage), qu'après sa mort effective. Ayant alors subi l'épreuve de la balance, en laquelle se trouve le parcours terrestre de la pyramide, si le cœur s'avère aussi léger que la plume, » *la parcelle intemporelle représentée par le BA* » est alors guidée avec **l'herminette céleste**. Courbes et méandres de l'herminette, cheminent à travers les astres jusqu'à **la constellation d'Orion**, pour ensuite visiter le centre du Ciel, que symbolisent les étoiles circumpolaires. Ce lieu privilégié des âmes nobles est géré par le neter « **Hou, génie de l'infinie béatitude** ».

Ayant alors été reconnu par les entités suprêmes, le défunt initié, est enfin autorisé à résider en l'espace du **baldaquin de la connaissance Osirienne** (notre schéma). Il est figuré par le tracé des 4 étoiles-cadre de la **constellation d'Orion,** en lequel siège en permanence **Osiris**, juge délégué par la confrérie des dieux.

Sur notre illustration : Le dieu Osiris tient les deux sceptres de croisement, prépondérant attribut de sa souveraineté. Les quatre « fils d'Horus » tracent les bases de la pyramide et indiquent le nombre clé. Au sommet du concept, les formes du linteau de 144° sont soutenues par le carré base du schéma général. En haut à gauche, afin de faciliter le jugement d'Osiris », **l'œil ailé** » (émanation divine) apporte la plume numérale de Shou (premier principe). Mentionnons ici un détail qui a son importance, le bras amical d'Isis passé autour de celui de son époux, se trouve à l'emplacement des trois étoiles du baudrier. Emblématiserait-il « **le lien** » qu'il nous est nécessaire d'apprécier, entre ces notions principielles que sont : la vie – la conscience - la connaissance - la mort - le passage - le jugement - le juste châtiment ?

Aux pieds du dieu **Osiris** se trouvent sur un promontoire, les quatre fils de l'intelligence Horienne, représentant « les 4 étoiles cadre de la constellation ».
Le chiffre « **4** » évoque en son diamètre le chiffre clé de la pyramide 1, 273239544 à

x π

Isis et Nephtys, les deux étoiles base de la pyramide céleste, attestent le jugement divin, alors que l'assistance ailée d'**Atoum** supervise le bon déroulement du processus.

Schéma approximatif de la partie méridionale de l'hémisphère boréal parcouru par l'herminette sacrée. **Le cheminement de l'âme.**

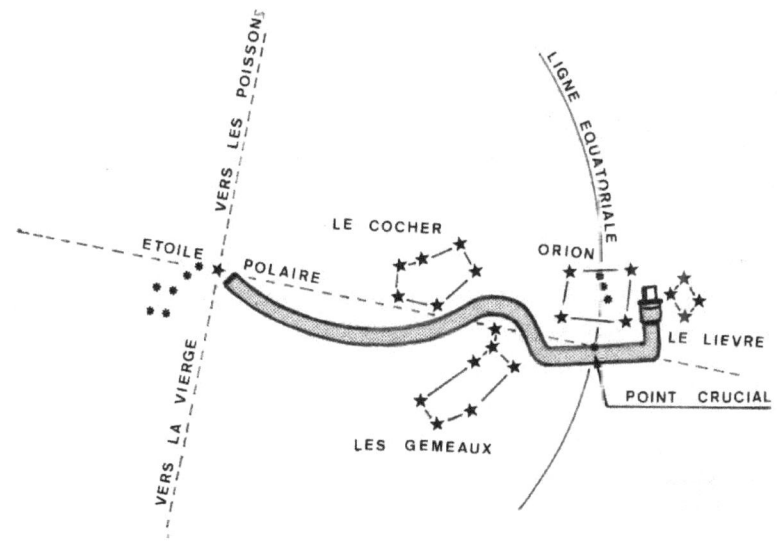

Dans le rituel eschatologique, « **le cycle Terre-Matière** » est désigné par le chiffre « **9** », comprenons 7 étoiles, plus 2 avec Sirius A et B égalent 9. Le dôme sublime vers lequel devraient tendre les êtres en voie d'élévation est désigné par le chiffre « **1** » l'étoile Polaire.

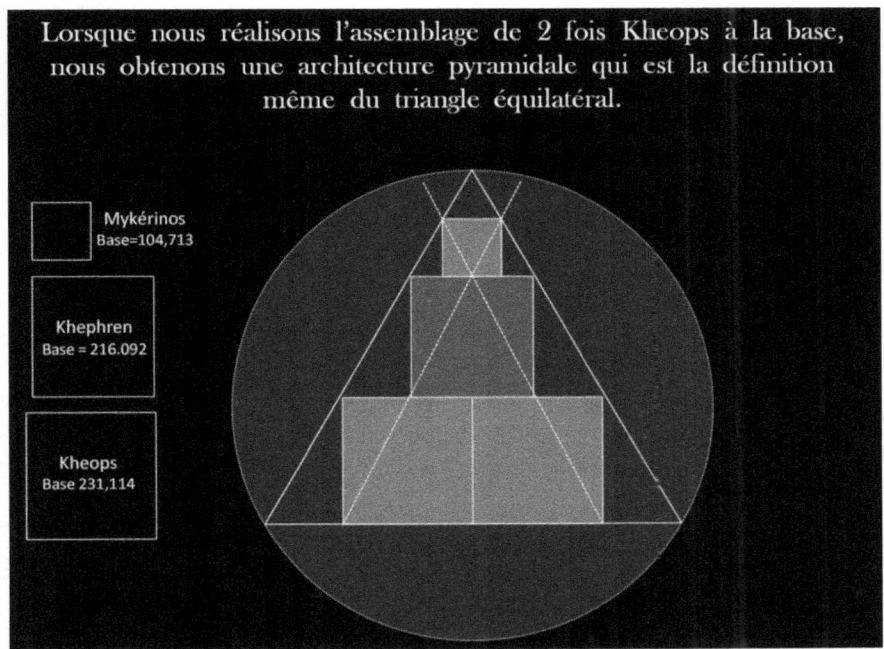

La mythologie a des millénaires durant véhiculé des idées, des sentiments, des intentions propres à créer un climat de réflexion chez les êtres attentionnés. Elle a encore et toujours pour rôle essentiel, d'étendre la symbolique aux frontières de l'imaginal, aux sources ataviques de la vie, là où la pensée exploite le rêve éveillé pour établir le lien avec l'invisible.

Évoluer, ce n'est pas pousser aux extrêmes de ses possibilités les technologies de commodités, c'est agrémenter sa vie en vertu d'une démarche adaptée à notre nature, c'est raisonner sur ce qui est, sur ce que nous sommes, sur ce que nous avons été et devrions être.

Le Mystérieux Tétragramme

Nos altruistes et omniscients ancêtres qui nous ont précédés sur le chemin existentiel, ont laissé à notre intention un inestimable pactole. Ils l'ont inscrit en ce volume immuable, en cet « *ordinateur de pierre* » qu'est la Grande Pyramide de Gizeh. Pourquoi la pierre ?

Parce que la pierre, mieux que tout autre matériau, résiste au temps, aux inondations, aux radiations, aux actes de vandalismes et même aux séismes lorsqu'elle est savamment ajustée. Jusqu'ici, nos sociétés n'ont pas cru devoir tenir pour vraisemblable, qu'au-delà de l'histoire classique répertoriée, des peuples aient pu bénéficier de pensées dignes, avisées et sages. Il est vrai que la manière d'être et d'envisager l'existence des peuples que nous évoquons, se situe à l'opposé des instigations médiatiques de nos « *politiquement correct* ».

« *Interroge les jours anciens qui sont devant toi...* » Deutéronome IV,32.

Notre orientation étant axée sur la Grande Pyramide, nous franchirons une fois encore son seuil, attendu que, se sentant en proie à l'isolement et à l'incompréhension, elle a eu la courtoisie de nous remettre la clé. À défaut d'or, reconnaissons que cette Pyramide contient son pesant de « Kheopsiennes » incohérences. À moins que cette légende du tombeau ne soit entretenue à dessein, dans la visée de servir quelques causes obscures, que seul le temps, si on le suppose honnête, saura tirer au clair.

L'édifice recèle sous ses fondations, **une chambre souterraine** dont nous avons souvent parlé. Elle se trouve disposée sensiblement au voisinage de l'axe vertical à 30 m sous la base sur le roc.

Réputée « *inachevée* », cette chambre a été des millénaires durant, un lieu initiatique de première importance, réservé faut-il le préciser, à une élite de connaissance.

Cette attribution fait que depuis son creusage, la cavité en question a été laissée intentionnellement en un état chaotique. On y a accès par une syringe (terme grec donné à un couloir de sépulture). Cette syringe s'enfonce sous la base de l'édifice en suivant un angle supposé de 26° 26' 46". L'entrée située au nord à environ 17 m de la base, constitue le départ de ce couloir plongeant. Si l'on en croit certains égyptologues, sur l'un des blocs massifs qui coiffent l'entrée, se trouve incisé en la pierre un insignifiant « **tétragramme** ». Ce signe est placé au centre d'un linteau de forme triangulaire, lequel est lui-même disposé au-dessus de la béance qui donne lieu d'accès. Ce qui est curieux, c'est qu'il parait avoir été gravé dans la pupille même de ce qui assimilable à un œil, vu à une certaine distance de l'entrée. D'après certains hermétistes toute cette composition symboliserait « *la porte de l'horizon* » nom caché attribué à la Grande Pyramide. Nous avons vu que le « *Soleil Horizon* » n'est autre qu'un triangle équilatéral reposant sur la base pyramide et dont la circonférence coïncide avec les apothèmes.

Après étude et selon toute vraisemblance, ce discret idéogramme a pour fonction d'instruire le chercheur sur la réelle destination de l'œuvre pyramidale. Avant que l'entrée nord ne soit localisée par les sapeurs d'Al Ma'moun, l'emplacement que nous évoquons était dissimulé par le revêtement. Une telle constatation ne peut qu'accroître l'énigme et en absence d'arguments fondés, nous tenons cette inscription pour contemporaine de l'édifice. Le fait qu'elle ait été recouverte des millénaires durant, la plaçait à l'abri des déprédateurs. Aucune mesure, aucune valeur d'angle, aucun indice, ne nous permet d'établir une hypothèse relevant d'une intention à caractère ésotérique. Ce qui ajoute au mystère, c'est la disproportion des chevrons de soutien placés au-dessus de la cavité. On a l'impression qu'un écrin de pierre a été disposé là, intentionnellement pour signaler et protéger ce minuscule archétype du secret.

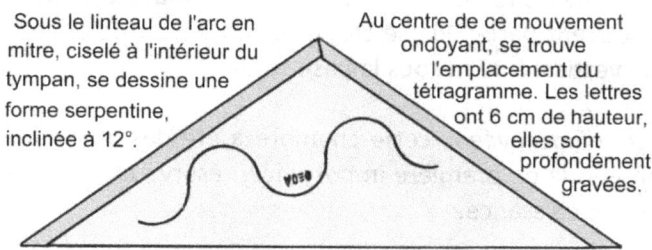

Sous le linteau de l'arc en mitre, ciselé à l'intérieur du tympan, se dessine une forme serpentine, inclinée à 12°.

Au centre de ce mouvement ondoyant, se trouve l'emplacement du tétragramme. Les lettres ont 6 cm de hauteur, elles sont profondément gravées.

Nous reproduisons ici le motif approximatif du linteau, ainsi que sa figure serpentine qui le caractérise. Le serpent représente « **les 4 éléments** » projetés en action.

- **Le feu :** Le serpent se distingue par sa morsure, dont le venin est réputé comme étant un feu liquide. Dans les légendes asiatiques, les dragons et les reptiles crachent le feu.

- **La terre :** Le serpent se distingue également par l'adhérence au sol. Avec son corps privé de pattes, le reptile symbolise le tellurisme.

- **L'eau :** par l'effet de son ondoiement, le serpent nage fort bien et son anatomie incarne le mouvement de la vague.

- **L'air :** Le serpent expectore, siffle, souffle ou bruisse en bien des espèces.

Placée en situation, la forme évoque le temps passé et futur, le chemin, le parcours, mais aussi la vigilance par effervescence de ces quatre éléments : évolution des divins principes régénérateurs des lois cosmiques, séismes, chaos ou grands chambardements. C'est aussi l'activité du cycle emblématisé par le serpent dont le corps se boucle (l'Ouroboros des alchimistes).

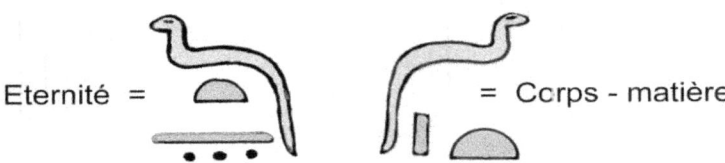

D'une manière générale, le serpent symbolise le cycle, le temps écoulé ou à venir, le « **0** » et le retour au « **1** », le commencement et la fin des choses, l'éternité ou **la matière primaire**.

Un raisonnement simple, mais point nécessairement simpliste, nous conduit aux conclusions suivantes : Les deux boucles pourraient représenter une rupture de cycle, provoquant ainsi deux demi cycles.

La séparation est frappée d'une mention explicative illustrée par « **le tétragramme** » intérieur, au centre de la vague.

(1) Parcours existentiel à travers « *le cycle précessionnel* », entre les deux demi-sphères de ce parcours, se trouve… une information ?

(2) Emplacement de cette information. Le serpent en détient la clé, elle se présente sous la forme d'un « *idéogramme* ». Ces quatre signes étaient encore en place et bien visibles, il y a une cinquantaine d'années. Mais beaucoup d'individus se sont depuis, acharnés à faire disparaître toutes preuves tendancieuses, ne rentrant pas dans la logique enseignée. Aussi, ne sommes-nous plus à même, aujourd'hui, d'en garantir la présence effective.

Pour déchiffrer la signification de cet idéogramme, tentons un raisonnement qui pourrait se faire l'écho d'une logique universelle.

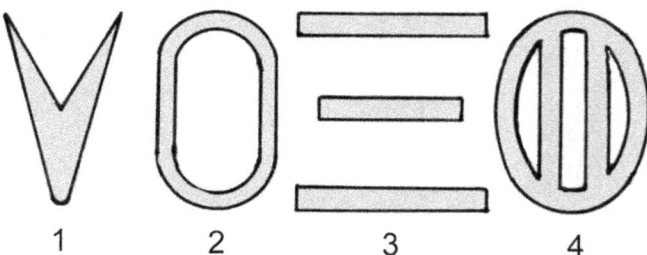

(1) À partir de l'entrée où se trouve le tétragramme, il faut se diriger à l'intérieur, vers le bas de la pyramide inversée.

(2) Là, est aménagée une cavité, elle situe la date de l'événement. Celui-ci est facilement repérable sur l'échelle chronologique du cycle.

(3) Le cycle précessionnel débute sur la ligne centrale, entre les deux niveaux formés par les bases des pyramides réelles et virtuelles.

(4) La hauteur de l'édifice est datée à partir de cette ligne, la pyramide et

son reflet, englobent le Grand Cycle divisé par deux.

La plupart des égyptologues informés de l'existence du tétragramme, ont toujours considéré cette inscription comme un graffiti sans importance. Ils justifient cette attitude par le fait qu'il ne s'applique à aucun signe connu. Il est cependant profondément ciselé dans la pierre, ces lettres mesurent 60 mm de haut et il se situe au centre du motif, telle une prunelle incisive.

On voit mal un olibrius Al Ma'mounien, aller sculpter une sottise inintelligible en minuscules caractères, minutieusement gravé, dans le but d'épater les siècles à venir. Si c'est le cas, ce drôle fut fort inspiré par les dieux, louée soit sa sagesse, ce motif idéographique est loin d'être aussi insipide qu'il apparaît aux gens de l'art.

S'il vous était confié, ami lecteur, la substantielle tâche de livrer un message majeur à l'intention d'êtres humains vivant en l'an 13 000 de notre ère, comment le rédigeriez-vous ? Compte tenu du fait que ces êtres du futur, à qui vous seriez censé l'adresser, ne parleraient pas la même langue, ne vivraient pas de la même façon que vous, ne penseraient pas suivant vos critères et usages et qui plus est, n'auraient pas le moindre doute de votre existence passée ?

- *« Je développerais tout un thème avec des dessins figuratifs et plein de petits détails évocateurs et même... et même très subtils ! »*

- ***Non****, la complexité rebute, elle égare vers des voies sans issue et les interprétations varient en fonction de la pluralité des signes. Vous le feriez simple, avec le moins d'éléments possibles.*

- *Peut-être avez-vous raison... ? Alors, je le conceptualiserais sur un plan humain, avec de judicieux petits bonhommes qui effectueraient des gestes significatifs pour nous informer.*

- ***Non****, toute gestuelle non codifiée prête à confusion. Vous l'imagineriez inspiré de la géométrie et des nombres, seules notions immuables.*

- *C'est...oui c'est d'accord... mais alors je le ferais énorme, pour que tout le monde le voit !*

- **Non**, de par l'inaccessibilité de son message, il n'aurait de cesse d'exciter les sots qui ne tarderaient pas à le marteler avec sauvagerie, considérant qu'il y a la une atteinte à leur système cérébral de compréhension. Ou bien, ils prétendraient voir là le signe du mal !

- Ah…Oui… bon ! Alors caché…caché sous la 127ème assise … !

- **Non**, non, car ainsi dissimulé, il ne pourrait remplir son office, personne ne le verrait. Vous le placeriez à l'entrée même de l'édifice, hors de portée des rationalistes exclusifs, mais à la hauteur de l'œil exercé des sages. Il serait, certes, modeste, mais significatif !

- Ah, ben oui … c'est ça… je le placerais là… oui, exactement…là… ! Comme je l'ai dit !

- C'est cela, vous venez de le créer tel qu'il est ;

Maintenant essayons de le décrypter ! Si nous considérons que ce tétragramme peut dissimuler un aspect chiffré, appliquons le raisonnement suivant :

Le chiffre « **1** » V0≡① (composition homogène du tétragramme,) s'impose à priori, comme **un motif unitaire**. Vient ensuite le décompte des éléments individuels rentrant dans sa composition.

Ils sont au nombre de « **4** », V - 0 - ≡ - ① . Souvenons-nous de ce que représente le « **4** », rien moins que la clé numérale de l'édifice :

4 ⌀ = 1, 273239544 (la clé, constante universel).

Ajoutons à cela, l'énumération en leurs apparences des aspects structurels, Il y en a « **6** » V = 1 0 = 1 ≡ = 3 ① = 1 total = 6

À ce stade du décryptage, si nous plaçons simplement les chiffres dans l'ordre des trois évocations successives, nous avons en alignement :

1 – 4 – 6 - soit **146**. N'est-ce point là, (arrondie au nombre de mètres), la hauteur sur le socle de l'édifice qui nous préoccupe ? Nous l'avons dit à maintes reprises, le mètre n'est pas une invention récente, son application remonte dans la nuit des temps. Les deux mesures principales, mètre et coudée, sont étroitement incluses dans le concept structurel de la Grande Pyramide.

Poursuivons ; nous avons de gauche à droite 4 éléments associables dans l'ordre **2 – 3 – 1** ou visuellement :

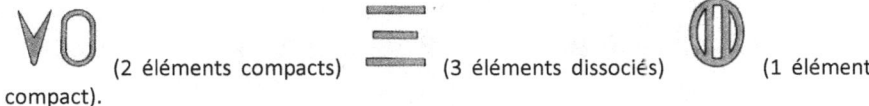

VO (2 éléments compacts)   ≡ (3 éléments dissociés)   ⓛ (1 élément compact).

Là encore le décompte génère un nombre directement assimilable à la structure, il s'agit de la base de la Grande Pyramide, **231 m**.

Les deux valeurs principales « 146 et 231 » sont ainsi réunies le plus naturellement du monde. Nous voyons que ce message dans le message n'est pas inintéressant, loin s'en faut. Il est complémentaire, dans le sens, qu'il indique ce que nous devons chercher en ces lieux.

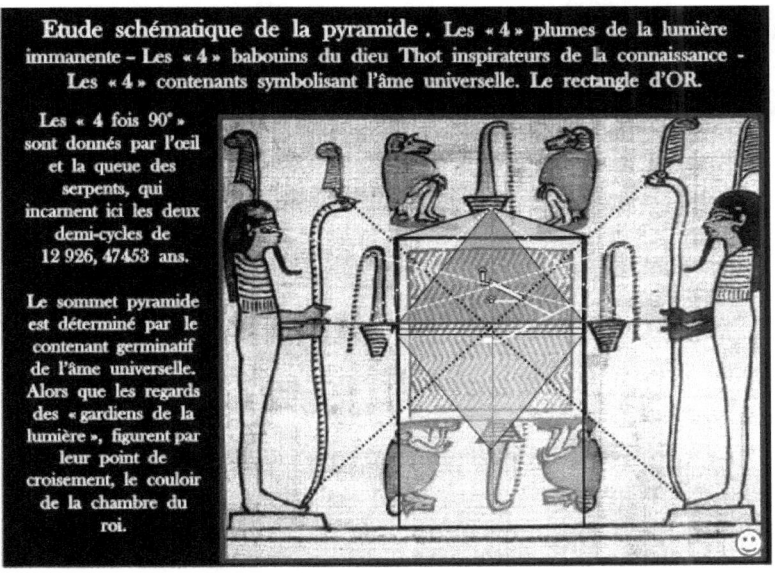

Etude schématique de la pyramide. Les « 4 » plumes de la lumière immanente – Les « 4 » babouins du dieu Thot inspirateurs de la connaissance - Les « 4 » contenants symbolisant l'âme universelle. Le rectangle d'OR.

Les « 4 fois 90° » sont donnés par l'œil et la queue des serpents, qui incarnent ici les deux demi-cycles de 12 926, 47453 ans.

Le sommet pyramide est déterminé par le contenant germinatif de l'âme universelle. Alors que les regards des « gardiens de la lumière », figurent par leur point de croisement, le couloir de la chambre du roi.

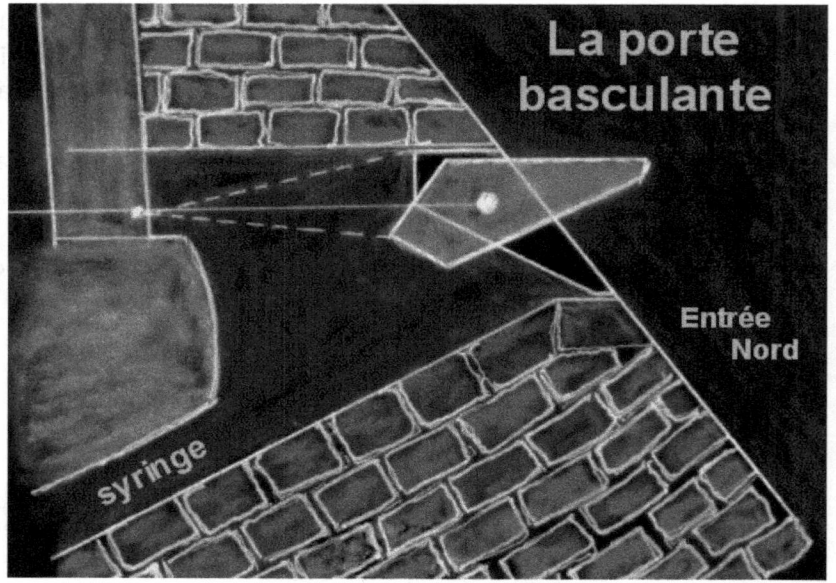

Le grand archéologue Flinders Petrie a reconstitué la porte basculante qui dissimulait l'entrée de la Grande Pyramide, c'est sur le linteau de celle-ci que se trouvait le tétragramme que nous évoquons.

L'approche numérale

Si nous nous employons à donner un ordre progressif aux chiffres jusque-là énumérés, apparaît soudainement la tetraktys de Pythagore, base de tous les calculs puisqu'elle nous indique la valeur du premier des nombres le dix :

$$1 + 2 + 3 + 4 = 10.$$

D'après Jamblique, le serment des pythagoriciens aurait été le suivant :

« *Je le jure par celui qui a transmis à notre âme la tetraktys en qui se trouvent la source et la racine de l'éternelle nature.* »

Mieux encore, les pythagoriciens représentaient celle-ci, sous la forme d'une pyramide disposée en un pointillisme numérique ∴∴ = **10**.

En l'occurrence **1 - 2 – 3 – 4** représentant « *la divine harmonie* ».

Saint Augustin était fasciné par une autre composante élémentaire, il la concrétisait en ces termes :

« *Dieu créa toutes choses en 6 jours, parce que ce chiffre est parfait !* » (la coudée ésotérique égyptienne 0,523598774 x **6** = π 3,141592653).

Or, par son côté caché et son... non-dit ; **1 – 2 – 3 – 4... 6,** l'absence du chiffre 5 s'impose à notre raisonnement. La Grande Pyramide n'est-elle point dédiée à Osiris, *cinquième enfant de l'ennéade*, et cela oblige à une certaine réflexion sur sa géométrie comprenant « 4 » angles et « 1 » sommet. Éloignons-nous un instant de l'énigme que représente ce tétragramme et tentons de visualiser, dans le même ordre d'idées, quelques principes indissociables de la grande symbolique. En premier les « 4 » éléments clés de la connaissance, quels sont-ils ?

Le Feu — - L'Eau — - L'Air — - La Terre

L'hexagone ou le sceau de Salomon à 6 pointes est la représentation même de l'organigramme à base triangulaire. Ce signe est bien antérieur au Judaïsme.

En notre ouvrage précédent « Oméga Alpha », nous décrivons ce qu'est la **Primosophie**, laquelle s'apparente au crible d'Ératosthène. Rappelons qu'il s'agit de placer les 25 + 1 premiers « **nombres premiers** », sur les 26 lettres de l'alphabet, le « **A** » étant par nous, considéré premier des premiers. Exemple : **DIEU = 102 - Lucifer = 201**. Lorsqu'à l'aide de **la Primosophie** nous décryptons le nombre caché de chacun des « **4 éléments** », nous avons la surprise suivante :

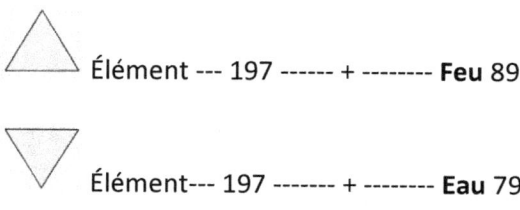

△ Élément --- 197 ------ + -------- **Feu** 89

▽ Élément --- 197 ------ + -------- **Eau** 79

Total : **1234**

△ Élément --- 197 ------ + ------- **Air** 79

▽ Élément --- 197 ------ + ------- **Terre** 199

Pour certains, il pourrait s'avérer gênant que ces mots soient numérisés en **langue française**. Il n'y a cependant pas un iota de chauvinisme en cette entreprise, n'oublions pas que la terre de France (il y a 2 000 ans), fut la terre d'asile de Joseph d'Arimathie et de Marie-Madeleine. Ces initiés du renouveau mystique occidental, dont on a plus ou moins altéré l'image, étaient venus pour perpétuer le message christique, issu de *la Tradition Primordiale*. **Le Graal** (de la Grande Pyramide) en est la plus lumineuse représentation. Sa réplique sous la forme d'une pièce d'orfèvrerie, fut alors transportée dans la barque des nombres, avant de prendre le chemin du dernier bastion Celte que représentait l'Ile de Bretagne. Par le fait même, les Esséniens et leurs émules les Nazaréens, ont indirectement contribué à véhiculer la Gnose pythagoricienne (égyptienne occidentalisée). La **tetraktys** (1234 = 10) était au rendez-vous du « **4 Ø clé de la Grande Pyramide** ». Ajoutons à cette évocation, le fructueux apport des découvertes templières en orient, elles seraient en mesure de justifier, s'il en était besoin, la logique de la démarche. Peut-être nous faut-il brosser en quelques mots ce que furent ces tendances aux cours des millénaires préalablement concevables.

En les temps immémoriaux de l'Inde, après les fabuleuses épopées du Râmâyana et du Mahabharata, il y eut une aspiration collective des peuples à la spiritualité. Il apparait que cette sensibilité prit corps chez les Aryas, filtra parmi les tribus d'Anatolie, puis par extension en Mésopotamie, pour atteindre l'Europe occidentale et septentrionale, pénétrant les Celtes et les Slaves. Les amérindiens ancestraux en furent eux aussi bénéficiaires, car selon les légendes en ces temps protohistoriques « les dieux » voyageaient d'un continent à l'autre. À cette époque, des courants spirituels de mêmes teneurs gagnèrent la Chine. C'est sensiblement au cours de cette « *évolution générale des mœurs* » que se produisit l'un des deux déluges répertoriés, le premier, le plus dévastateur fut d'une ampleur planétaire !

Après ce bouleversement apocalyptique, il y a de cela entre 13 et 17 milles ans, il y eut de nouveau aux environs de 12 000 ans avant notre ère, une nouvelle période propice à l'aspiration spirituelle. L'apport didactique divulgué en ces temps-là, était d'un quotient très élevé, mais il nous est aujourd'hui encore d'une provenance inconnue. Les préceptes relevaient d'une grande science, et ils représentaient un caractère particulièrement mystérieux, il fallait se montrer digne d'en bénéficier. Ce courant de pensée gagna avec plus ou moins de bonheur, les peuplades sud-africaines, sahariennes, ainsi que les Nilotes de lignage plus hétérogène. Puis, de façon concomitante ce fut le tour des Sémites issus des mouvances cananéennes, chaldéennes et bédouines puis éthiopienne et phénicienne. Tous ses peuples ont contribué directement ou indirectement au reconditionnement moral de nos sociétés occidentales durement éprouvé par le cataclysme.

Ce déroulement, succinct que l'on pourrait qualifier de pseudo historique n'est certes pas en cohésion parfaite avec le conformisme enseigné. Ignorer cette tendance des peuples à se spiritualiser, ce serait passer sous silence des phases évolutives de l'histoire de l'humanité ! Il semblerait que tour à tour et d'âge en âge, chaque ethnie de la planète, porte la responsabilité d'une évolution mystique ou sociétale des peuples (les deux sont le plus souvent étroitement mêlés). Il n'y a donc, selon-nous, aucun chauvinisme à revendiquer une quelconque suprématie ethnique. Plutôt devons-nous considérer qu'un peuple, devient en une période de temps donnée, apte à véhiculer un message bénéfique au genre humain. Tout tourne en la dynamique du monde, ne voyons-nous pas parfois, les victimes d'hier devenir les bourreaux d'aujourd'hui et inversement.

Revenons à ces primes enseignements des mystères et plus précisément au total ; Feu – Eau – Air – Terre de **1234**, résultat des quatre éléments. Cette constatation est un hommage rendu à l'harmonie du créé, mais aussi à notre logique humaine d'interprétation. Le suivi de ces chiffres confirme le bien-fondé de **la Primosophie** attachée aux nombres premiers. **1 – 2 – 3 – 4 -- 6 = 16 = 7**. La prime initiation sumérienne rendait hommage aux nombres :

$$6 - 12 - \mathbf{16} - 360.$$

Au seuil où nous avons placé la barre, il ne fait aucun doute que ce 7 terminal, (après avoir créé le monde Il se reposa le 7ième jour) implique en son évocation, le « **Sah** » des égyptiens ou *les 7 étoiles de la constellation d'Orion*, base de notre schéma, **Orion** (Porte des dieux), étant l'arcane céleste de l'ésotérisme traditionnel, dont nous évoquions la diffusion il y a un instant. Quant au « 5 » chiffre innomé, il semble briller par son absence, c'est peut-être pour mieux souligner son rôle en tant que symbole numérique de la pyramide. La Grande Pyramide est dédiée à Osiris, c'est le Cinquième Principe et le premier enfant né de Geb et Nout (le Ciel et la Terre). Il est à la fois, présent et absent, mort et vivant, en cet aspect énigmatique, n'est-il point à l'échelle de la Grande Pyramide qui lui est dédié ?

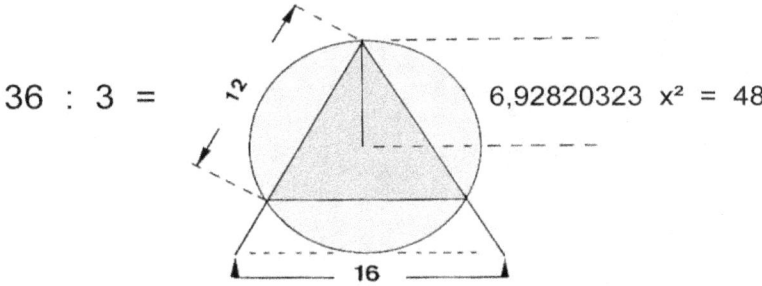

$36 : 3 =$ ... $6{,}92820323 \, x^2 = 48$

Le « **16** » représente les côtés d'un triangle équilatéral dont la base se juxtapose à un cercle, en lequel est circonscrit un triangle de côté « **12** », multiplié par 3 = 36 de périmètre, (le Grand Quaternaire des pythagoriciens). Nous pourrions d'ailleurs écrire « **6** » (Bra'shith ou Bara-schith) + **1 – 2 – 3 – 4** (base de l'éternelle nature), dont le total « **16** » sert de piédestal à la couronne de « **36** ». Les deux premiers chiffres **1 – 2**, rappellent que le mot « **Dieu** » est égal à « **102** » puisque le « **0** » est implicite (l'incréé est dans le créé). Nous pouvons également le placer après « **12** » pour trouver **120** ou le « sang + vin » des Templiers initiés à Jérusalem. Or nous avons vu que la $\sqrt{2} \div 120$ = **0,011785113** représente la clé chronologique. C'est là cher lecteur, que l'aventure commence, elle est passionnante et nous nous devons de l'intégrer. Reprenons si vous le voulez bien le nombre du précédent tableau qui indique le rayon du cercle, soit en valeur simple 6,92820323. Comparons à ce nombre les décimales du rayon du Soleil :

6,96285631 rayon du Soleil, moins 6, 92820323 = 0,03465308 ÷ 2 = 0,0**1732** la $\sqrt{3}$ en décimales ou le triangle du feu solaire.

Il nous semble intéressant de souligner que dans l'ensemble du Proche-Orient il se pratique une méthode divinatoire, appelé « Darb-el-remel » ou l'art du sable. Elle consiste à tracer sur le sable et avec un seul doigt, des figures oraculaires de caractère géométriques. En accord avec ce que nous venons de traiter, celles-ci sont invariablement au nombre de « **16** », les formes qu'elles génèrent répondent en principe à la question posée.

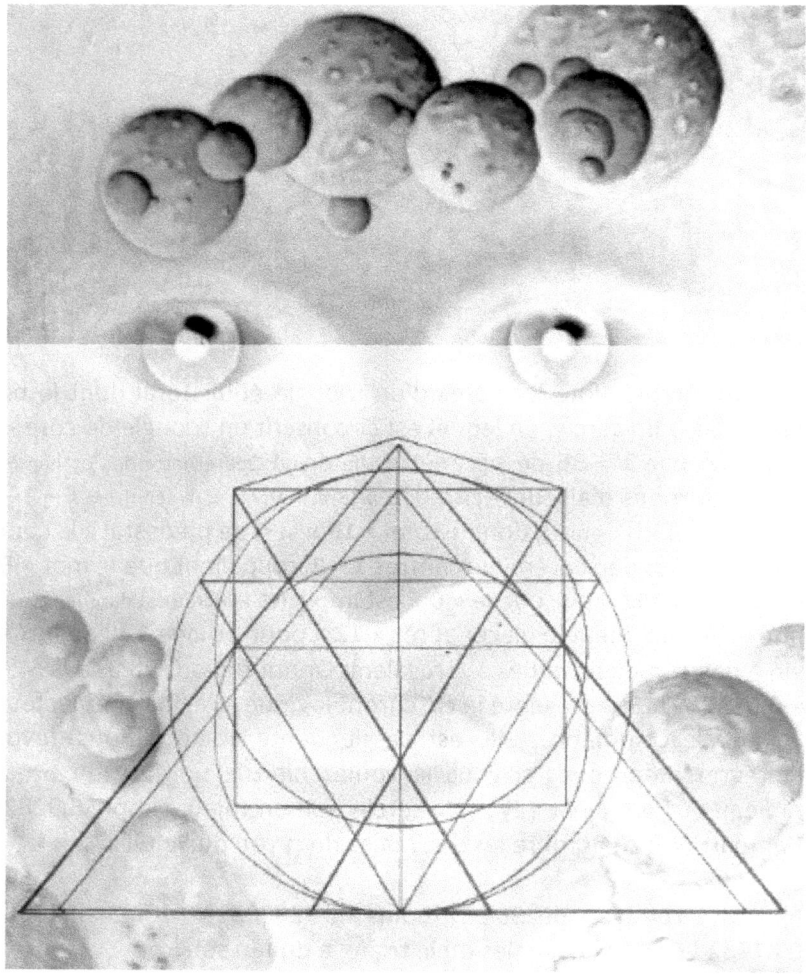

La géométrie et les nombres étant au cœur de la vie, il va de soi que toutes découvertes faites ou à venir, ne peuvent résulter que de la mise en application de ces deux disciplines.

Les « 9 chiffres » le Soleil, la Terre et la Lune sont ici corrélation.

Georges Vermard

Soupçon de vérité historique

En touristes crédules aux échos de la science, nous exposons notre innocence aux affirmations de la chose publique. Les non-dits, les dissimulations ou les mystifications, nous sont imposés, sans même que nous ayons la possibilité d'un sentiment dubitatif, qui prouverait nos capacités de raisonnement.

Escarbille dans le flot touristique, nous passons devant des coffrages ou des antiquités ouvragés, en leur accordant le plus souvent une attention superficielle. Ne sommes-nous pas tributaires en cela, de l'accoutumance à un univers technologique banalisé, lequel ne suscite plus de curiosités en notre mental saturé, ce déclic animateur. Mais il risque d'en aller différemment, si nous exerçons une profession qui consiste à usiner, tester ou assembler des matériaux. Nous ne manquerons pas alors, d'être interpellés par les formes exposées sous nos yeux. C'est ce type de réaction professionnelle qu'eurent maints experts en mécanique de précision, après s'être penchés sur des objets façonnés dans la haute antiquité. La curiosité a poussé ces techniciens à soumettre quelques exemplaires choisis, à la rigueur des systèmes d'études actuels. Les conclusions se sont avérées stupéfiantes, compte tenu de l'anachronisme de l'outillage utilisées.

Restons en Égypte et prenons pour exemple les blocs évidés du site de Gizeh. Il a été prouvé que « le trépan » s'engageait dans la roche granitique qui le compose, à la vitesse de 2,5 millimètres par tour. Ce qui signifie en clair, qu'un tel résultat ne pouvait être obtenu « à la main » selon l'expression consacrée. Si l'on procède par analogies, les trépans modernes tournent à la vitesse de 900 tours minutes, ainsi ne peut-on pénétrer que de deux millièmes de millimètres par tour. Cela nous amène à penser que théoriquement, les anciens égyptiens, utilisaient des foreuses qui tournaient 500 fois plus vite que nos machines actuelles. Si ce n'est pas le cas, seule une énorme masse faisant pression sur des outils aptes à le supporter, expliquerait une telle possibilité de pénétration. Seulement voilà, ce mode d'emploi ne saurait résoudre le problème, le poids provoquerait une intrusion brutale dans la pierre, qui se parsèmerait de micro-éclatements. En cet exemple concret, la roche étant soumise à des analyses spectrographiques, la percée montre alors une coupe rugueuse, endommagée par la brisure à l'aspect chaotique des minéraux composites. À l'inverse et dans les situations présentement étudiées, la netteté des orifices est parfaitement lisse, les parcelles minérales les plus dures, tels que le quartz, l'agate, se trouvent sectionnées à l'égal d'une matière tendre.

Les Égyptiens auraient-ils inventé le fil à couper la pierre ? Si nous négligeons cette éventualité, il demeure qu'aucun outillage de l'époque n'était censé supporter une pression de plusieurs centaines de kilos sans dommage pour son tranchant et le maintien de sa forme. Tungstène, titane, acier trempé était inconnus, même le bronze en sa composition étain – cuivre, n'était pas opérant à cette époque, le fer magnétique n'existait pas, le fer météorique était rare et d'une préciosité inusitée en outillage. Le cuivre durci à froid ou trempé à l'arsenic était la seule combinaison envisageable, mais elle ne saurait répondre à aucun des critères que nous venons d'exposer. Il reste les théories issues d'imaginations dévoyées, l'usage des infrasons, des coupes au diamant, des procédés de creusements chimiques, etc. Toutes ces belles hypothèses se heurtent à des processus d'authentification non envisageables, comment prêter une telle science, à un peuple qui ne connaissait pas la roue ? Les roches éruptives, le schiste métamorphique, le gneiss, le basalte, l'andésite, la diorite anorthositique, sont parmi les roches les plus dures qu'ait produit la nature. En la seule pyramide de Djoser à Saqqarah, plus de 30 000 vases ouvragés avec ces types de matériaux ont été découverts. En ce qui concerne certains d'entre eux, leur goulet d'étranglement est si étroit que l'extrémité de l'auriculaire peine à s'y introduire. Ils sont évasés avec une finesse sans pareille et certains possèdent, affirme-t-on, des anses évidées.

30 000 mille de ces vases en pierre furent découverts dans la seule pyramide à degrés de Djoser à Saqqarah.

Personne n'est en mesure de dater ces objets avec certitude, car pour compliquer les choses, des exemplaires identiques de ces vases ont été mis à jour parmi les ruines de couches de terrain réputées du paléolithique. On imagine que de telles découvertes s'avèrent extrêmement dérangeantes pour les partisans d'une évolution progressive à paliers graduelle de cogitation. Ce qui fait, que ces énigms sont généralement évincées des rubriques du savoir, sans même que leur existence effective se rattache à un mode consensuel !

- *Quelles étaient les méthodes employées par ces façonneurs, pour parvenir à des résultats aussi étonnants ?*

- *Et bien... et bien à dire vrai, nul ne le sait... ! Mais ne pourriez-vous pas changer de sujet de conversation, plutôt que de vous obstiner sur de telles banalités...hein...parlons des momies, par exemple...hein, des momies...c'est intéressant ?*

En d'autres domaines, certains hiéroglyphes profondément ciselés dans des couches granitiques, ne laissent entrevoir aucun éclatement des agrégats minéraux. La coupe est franche, comme celle produite par un couteau tiède sur une motte de beurre réfrigérée. Il en est ainsi des angles droits mesurés avec une absolue précision sur les sarcophages du

Serapeum de Saqqarah. Les surfaces usinées, le furent à un millième de pouce, ce qui s'avère égal, si ce n'est supérieur, à nos normes actuelles. De nombreux exemples de ce type pourraient être cités. Aussi en va-t-il de même, en ce qui concerne l'éclairage des tombeaux. Comment les anciens procédaient-ils pour décorer les tombes souterraines, sans l'apport de torchères ou autre type de luminaires recensés ? Aucune trace de suie n'a été relevée sur les lieux, point davantage de matière organique qui laisserait supposer l'emploi d'une flamme. Toutefois, comme le ridicule n'a jamais foudroyé personne, des démonstrations sont faites avec des miroirs de cuivre, reflétant partiellement la lumière solaire, pour prouver que la solution est là, à plus de 60 m de parcours labyrinthique sous le rocher. Si nous avions eu les qualités d'esprit pour l'imaginer, ce système aurait été bougrement utile à nos mineurs de fond, lesquels pendant des siècles, ont utilisé de misérables lampes à carbure d'acétylène. Alors même que leurs épouses demeurant à la surface, auraient pu orienter des miroirs ensoleillés jusqu'à eux. Ce n'est pas Josué qui nous contredira, lui qui, comme nous le savons, a arrêté le Soleil dans sa course.

Bon…ils vont nous mordre, éloignons-nous de leur soupe ! Regrettons tout de même, que cette « institution aux accents équivoque » répondant à des critères qui se veulent scientifiques, soit aussi éloignée de l'état d'esprit des physiciens du nucléaire ou des astrophysiciens. Lesquels sont moins affirmatifs dans leurs constatations et beaucoup plus nuancés sur la rationalité du monde que le sont ces gens de consensus. Face à leurs récentes découvertes sur l'ordonnance de la matière, ces physiciens du nucléaire, sont devenus pour la plupart, des savants humbles et réfléchis.

Si nous avions passé notre temps à améliorer la chandelle, nous n'aurions pas inventé l'électricité, certes, mais alors que faire de l'Académie narcissique des vendeurs de miroirs ? N'est-ce point eux qui éclairent le monde d'aujourd'hui, en nous faisant faveur de leurs conventions ou ce qui est plus détestable, de leur manière d'être et de raisonner ! Ces allusions à l'histoire réinventée ou accommodée ne se limitent pas, hélas, à la seule Égypte. Évoquons rapidement, si vous le voulez bien, quelques aspects de ces preuves troublantes qui ne cadrent pas avec ce que l'on nous enseigne, et que l'on maintient obstinément sous la chape du silence.

Peut-être pourrions-nous citer en premier, les cartes apparues au cours du XVI siècle de l'amiral turc Péris Reis 1513 et d'Oronteus Fineaus 1531. Sur ces cartes, les côtes de **l'antarctique** apparaissent avec leurs contours définis, alors que le continent ne fut découvert qu'en 1818. Rappelons que la couche de glace atteint à certains endroits 1500 m et plus, ce qui fait que de nos jours mêmes, on ne peut établir les contours géographiques des côtes qu'avec l'aide d'instruments aussi sophistiqués que le sonar.

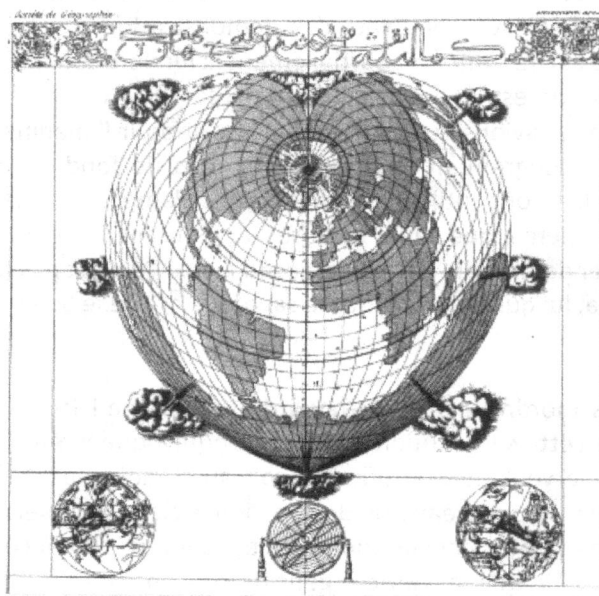

Carte géographique **du globe terrestre.** Année **1559**

Hadji Ahmed 50 ans après Colomb.

Le continent américain apparaît dessiné dans ses moindres détails.

Le professeur d'anthropologie Hapgood a eu l'opportunité de soumettre ces mappemondes, appelées communément portulans, au service cartographique de l'Air Force – USA. Le rapport qui lui fut adressé en retour est édifiant, en voici quelques extraits dénudés de détails :

« L'utilisation par l'amiral Piri Reis de la projection de portulans, centrée sur Syène, en Égypte est un choix excellent, car il s'agit d'une surface développable qui permet de conserver la taille relative et la forme de la Terre à cette latitude. À notre avis, ceux qui ont compilé la carte originale avaient une excellente connaissance des continents dessinés sur cette carte. La comparaison suggère également que les cartes-sources originales, compilées dans une lointaine antiquité, ont été établies alors que l'antarctique devait être libre de glaces. La projection cordiforme utilisée pour la carte d'Oronteus Fineaus suggère l'utilisation de

mathématiques avancées. En outre, la forme donnée au continent antarctique suggère la possibilité, sinon la probabilité, que les cartes-sources originales ont été compilées d'après un type de projection stéréographique ou gnomonique, y compris l'utilisation de la trigonométrie sphérique. »

Rapport : Service cartographique de la USAF –
8th Reconnaissance Technical Sqdn – SAC Westover, Mass.

Le diagnostic est flagrant, ces cartes auraient été établies avant le premier déluge dont nous évoquions la réalité dans les pages précédentes. Cela suppose beaucoup plus qu'une simple constatation, dès lors, ne nous faudrait-il pas admettre, qu'il y a de nombreux millénaires, une civilisation, dont on n'évoque jamais officiellement l'existence, avait la technologie nécessaire pour effectuer ces relevés. Quant aux imprécisions de certains documents, ils ne seraient alors pas dus à des approximations d'origine, mais à des copies de copies au rendu hasardeux qui ne manquèrent pas d'altérer les documents existants. Ayons le sens des réalités, cette constatation conserverait son caractère hypothétique, s'il n'existait pas de nombreux indices venant corroborer cette éventualité.

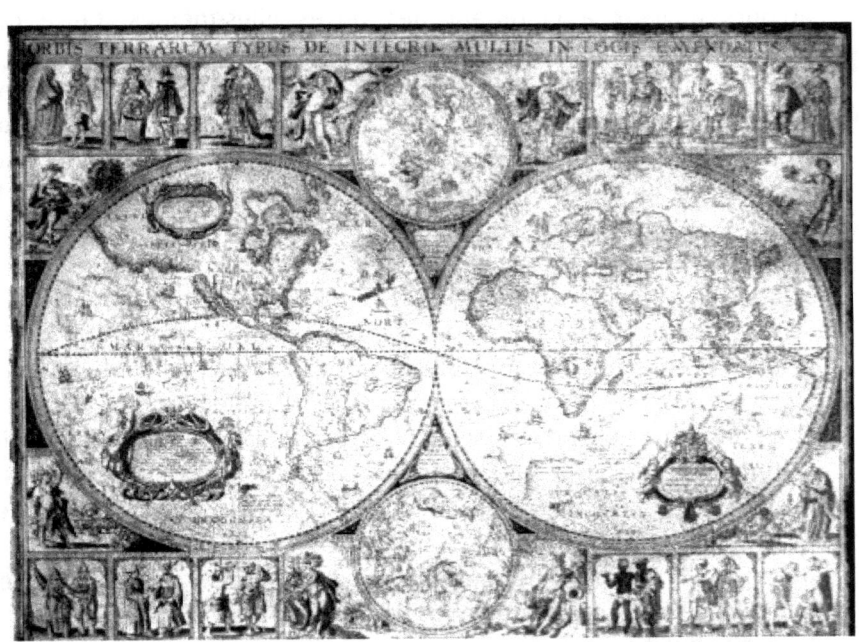

Nous avons pu relever une date à demi effacée sur cette mappemonde datée de 1586, carte reproduction que nous avons achetée à un antiquaire espagnol, il y a de nombreuses années. Sur cette figure, nous observons que les terres émergées du globe sont représentées telles que nous les connaissons aujourd'hui, à quelques détails près.

Les continents y sont figurés à leur juste place, et ce qui est remarquable, aux proportions requises. La date est à demi effacée, mais le style et les figurations de l'encadrement, nous permettent d'évaluer l'époque. Si nous nous attardons quelque peu sur les motifs d'illustration qui agrémentent le pourtour, nous avons là matière à réflexion. Les costumes des personnages évoluant en haut à gauche, sont caractéristiques de la fin du XVIe siècle. Or, si nous considérons que le continent américain a été découvert par Christophe Colomb aux environs des années 1500 de notre ère, il nous faut tenter le raisonnement suivant : En un demi-siècle, nantis des moyens de l'époque, les quelques rares armateurs royaux disposant de flottilles, auraient envoyé sur toutes les mers du monde des gens expérimentés capables de faire des relevés exacts, et d'évaluer les contours côtiers de toutes les terres de la planète ? Ceux-là auraient été nécessairement doublés de relevés topographiques, ainsi que des parcours fluviaux à l'intérieur des terres elles-mêmes. Cette carte détaillée du globe nous dessine les côtes avec leurs découpes précises, les mers et les lacs intérieurs, du Cap Horn à la Manchourie, du Groenland à l'Antarctique. Si nous ajoutons, selon toute probabilité, que cette carte est une copie approximative d'un document antérieur et sans aucun doute beaucoup plus conforme, nous avons là une énigme de taille ! La question se pose, où devons-nous chercher aujourd'hui la vérité historique, si ceux qui sont chargés de la diffuser se dérobent à ce devoir sociétal ? Bien d'autres étrangetés seraient propres à nous interpeller, et à nous donner à réfléchir sur le caractère immuable que l'on prête à l'histoire enseignée. Certains faits scotomisés arbitrairement au public, sont si déroutants, qu'avec l'assurance même de leur authenticité, nous avons des résistances à les tenir pour vrais. Si les « *non-dits* » étaient subitement révélés ils bouleverseraient à ce point l'histoire, que tous les enseignants dans le domaine, seraient de facto au chômage technique.

Pourquoi cela ? Et bien, peut-être qu'il est nécessaire, au regard de cette *intelligentsia instigatrice*, que nous bénéficions d'un état mental borné et plat sans ébullition neuronale aucune. D'ailleurs, n'est-il pas rasséranant de baigner en cette rationalité lisse, parfaitement adaptée à notre tiédeur existentielle ? Il est vrai que reposant en ce moule, nous ne sommes pas disposés à recueillir des nouvelles provocantes, dans le style d'une remise en question de nos enseignements traditionnels. Quant aux rares individus privilégiés qui ont accès à l'information, il s'avère pour eux, plus aisé d'occulter celles-ci ou de les travestir, que de prendre le risque insensé de les dissoudre dans le potage des élucubrations populaires. Reconnaissons qu'aujourd'hui, l'immense masse des individus évolue avec une absence inquiétante de cogitation au second degré, pourtant nécessaire à nos états de conscience.

C'est ainsi que toute information non conforme est jugée *dérangeante* pour nos capacités cérébrales, elle est alors occultée, au bénéfice d'une programmation lénifiante, conforme à notre candeur foncière. Devons-nous cautionner cet état de fait, sans légitime réaction ou prédire la fin de cette outrance ?

Les références suivantes, émanent du remarquable ouvrage de Michael Cremo et Richard Thompson « **Histoire secrète de l'espèce humaine** » Edition du ROCHER. Août 2002.

Présenté à la Royal Anthropologie Society – Des trous percés dans des dents de requins, vraisemblablement pour constituer un collier, furent découverts dans une strate remontant à 2,5 millions d'années.

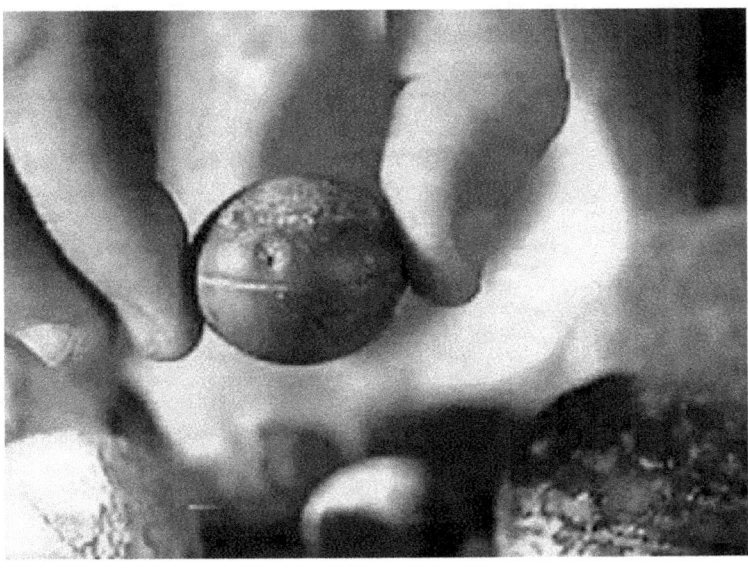

Dans une mine aurifère d'Afrique du Sud – Transvaal occidental, furent découverts à une très grande profondeur, dans un gisement de pyrophyllite, des centaines de petits globes. Ils sont faits d'un métal proche de l'acier, que l'on ne peut pas rayer, ces sphères pour la plupart sont creuses, leur contenu est composé d'une substance fibreuse indéfinie. Sur certaines, apparaissent en leurs diamètres trois cannelures qui cerclent leurs circonférences, les trois cercles sont à équidistance les uns des autres. La strate géologique en laquelle sont encore retirées de temps à autre ces boules affichent 2,8… non pas millions, mais *milliards d'années*. Cela fait-il la **UNE** des journaux ? Non, car la place est prise par les matchs de football interclubs.

En Idaho, Nampa - Une statuette féminine admirablement modelée, bien que cassée en plusieurs endroits, fut remontée d'un forage de mine, après un percement par trépan de derrick. La couche stratigraphique en laquelle elle fut extraite remonte au Pléistocène, soit une plage, allant jusqu'à 2 millions d'années.

Un géologue découvre au fond d'un puits de mine d'or californien, divers objets de facture assimilée au néolithique.

Il est contraint d'extraire ceux-ci d'une coulée de lave, prise sous d'autres couches géologiques.

Pointes de sagaies – mortiers de pierre et pilon à broyer se présentent alors à lui – La formation géologique en question, est vieille de 55 millions d'années.

En France même, près de Laon – Découverte d'une boule sertie dans la masse d'une couche de lignite, cette sphère de craie était parfaitement ronde. La strate réceptrice est évaluée de *45 à 55 millions d'années.*

En Dordogne, France – Dans la grotte dite » **La Quina** », 76 sphères d'une rotondité parfaite ont été trouvées parmi des outils rudimentaires, de même qu'un disque de silex de 20 cm de diamètre. *La strate correspond à des millions d'années.*

En France toujours, dans une carrière à **Saint Jean de Livet** – Ont été découverts des tubes en métal de tailles différentes et de formes ovoïdes ou semi-ovales. La couche exploitée est vieille de *65 millions d'années.*

À **Wilburton** a été extrait d'une mine de charbon, serti dans la couche même, un tonneau d'argent massif. La strate exploitée est vieille de *280 à 320 millions d'années.*

Université du Michigan – Un gobelet de fer a été retiré d'un bloc de charbon au fond d'une mine. La couche exploitée est âgée de *312 millions d'années.*

Une chaîne en or de 12 gr a été extraite et analysée, alors qu'elle se trouvait encore sertie dans un bloc de charbon datant du carbonifère soit *360 millions d'années.*

Dans l'Illinois – Boston, institut des recherches géologiques – Dégagé d'une masse rocheuse datant du précolombien, a été retiré un magnifique vase d'argent massif, finement sculpté, avec des motifs en guirlande. La couche en question est vieille de *600 millions d'années.*

Dans une mine de charbon au **Texas**, un mur fut mis au jour. Il s'étendait sur plusieurs tronçons de mine, et ses parois faites de parpaings étaient parfaitement lisses. La couche exploitée affiche *286 millions d'années.*

De très nombreuses empreintes de pas humains, certaines avec chaussures, ont été relevées dans différentes couches du paléocène à l'ordovicien. *108 – 187 - 213 – 214 – 355 – et 505 millions d'années.*

Nebraska – Au fond d'une de mine de Lehigh, datant du carbonifère, a été extraite une pierre plate comportant des dessins gravés. Le motif montre des visages de vieillards, représentés dans une sorte de rayonnement matérialisé par des traits. L'exploitation du puits de mine s'exerce dans des couches géologiques de plus de *360 millions d'années.*

Cette liste de découvertes surprenantes est loin d'être exhaustive, ce sont quelques exemples parmi des milliers. Ces faits sont compilés depuis environ deux siècles et répondent à toutes les époques. Les 9/10ième ont été soumis à des examens en laboratoire, sans que des *explications rationnelles*, viennent justifier leur présence en les divers lieux de leur découverte. La plupart finissent dans des musées si ce n'est dans leurs caves, avec des mentions édulcorées par les spécialistes, qui ont une aversion pour l'inexplicable. D'autres s'étiolent dans des collections privées, certains disparaissent à jamais, comme des épines que l'on retire pour ne point enrayer la bonne marche du progrès. Bien que ces exemples, n'aient au premier abord, rien à voir avec la quête qui est la nôtre, exclusivement axée sur le site de Gizeh, ces faits relatés posent un problème essentiel. Celui d'un *non-dit*, en ce qui concerne les individus scientifiquement responsables que le voisinage de l'homo sapiens avec le néanderthalien passionne davantage que la remise en cause de la paléontologie dite historique. Ce qui fait que ce type d'informations sensibles, est radicalement éloigné du domaine public par absence total de relais médiatique. Nous contestons la légitimité d'un pouvoir décisionnel en matière de découverte et celui du choix des formulations dans les déclarations émises. Nous ne pouvons que nous révolter contre les motivations d'intérêts qui consistent à taire ces découvertes que nous considérons *patrimoine de l'humanité*. Nous déplorons également le désengagement systématique des scientifiques qualifiés, eu égard à des faits aussi troublants ! Si de telles découvertes sont capables de contrecarrer l'histoire qui nous est enseignée, comment ne pas imaginer que la vieille Égypte, terre de toutes les inspirations, ne recèle pas son quota de mystères connus, mais non dévoilés !

« L'histoire justifie ce que l'on veut ! Elle n'enseigne absolument rien, car elle contient tout et donne des exemples de tout. Elle est le produit le plus

Orion et le Principe Créateur

dangereux que la chimie de l'intellect ait élaboré... »

Paul Valéry (Un regard sur le monde)

Georges Vermard

La Stèle de l'Inventaire

Aux alentours de 1850, l'archéologue Auguste Mariette, fit la découverte parmi les ruines du temple d'Isis, d'une stèle de calcaire, elle se trouvait au pied même de la Grande Pyramide. Entreposée depuis au musée du Caire, cette stèle est connue de quelques égyptologues sous l'appellation ; *stèle de l'inventaire*. Sur cette stèle, **le Pharaon Kheops** mentionne les restaurations qu'il effectua autour du temple de la déesse **Isis**. Il relate le fait en ces termes :

> *« Je trouvai la demeure d'Isis, maîtresse de la pyramide,* (sous-entendu, son temple) *à côté de la demeure du* **Sphinx**, *au Nord-ouest de la demeure d'***Osiris** ».

De quelle pyramide dont Isis est « *Maîtresse* » est-il ici question, si ce n'est **la Grande Pyramide,** *déjà existante à son époque ?* Car, s'il en allait autrement, il s'agirait de l'une de ces pyramides satellites placées aux pieds de « *la Grande* ». Mais alors, nous sommes dans l'aberrance la plus totale. **Isis**, la première dame d'Égypte, épouse et sœur d'**Osiris**, mère d'**Horus**, à qui la plus belle étoile du ciel est dédiée. *Isis aurait sa pyramide au pied de celle du roi Kheops ?*

Il y a fort à parier que si Kheops avait émis la moindre intention de ce genre, les minutes qui lui restaient à vivre, auraient été facilement décomptées. Mais il n'y avait aucun risque de cet ordre, le roi Kheops était *un grand initié*, comme d'ailleurs on l'exigeait des monarques des premières dynasties. N'était-il pas *le Hem Neter*, le premier serviteur des dieux ? Comment un tel « *serviteur* » peut-il envisager d'être plus élevé et plus grand que ses divins maîtres, puisque aucun temple dédié aux dieux, n'atteignait et de loin, la hauteur de la Grande Pyramide !

Ajoutons qu'après le meurtre d'Osiris, l'âme de ce dieu regagna les régions célestes qui lui étaient prédestinées, il s'agissait de **la constellation d'Orion**. La Grande Pyramide alors en deuil de son locataire divin (Osiris) dont elle était le bétyle temporel, adopta son épouse *la déesse Isis*, laquelle devint ipso facto « ***Maîtresse de la pyramide*** ». Ainsi le lien

Terre – Ciel était créé pour la durée du cycle précessionnel, il n'y a donc rien d'étrange à cette appellation de « *Maîtresse* » figurant dans le texte.

La seconde révélation d'importance, c'est *le Sphinx* dont il est fait mention sur la stèle. Les égyptologues orthodoxes déclarent, selon leur indispensable consensus vade-mecum, que le Roi Khephren fils de Kheops en est l'édificateur, mieux encore selon leur diagnostic, le Sphinx serait à son effigie. Comment la chose est-elle possible, puisque Kheops régnant cite le Sphinx dans le texte ? Nous imaginons mal un monument tel que celui-ci être à l'effigie d'un enfant inexistant ou en bas âge, ce rapprochement cocasse n'a d'ailleurs aucune affinité démontrée avec le Sphinx.

Bien évidemment, les mentions de ce texte dit de *l'inventaire* sont réfutées en bloc par les égyptologues orthodoxes, ils prétextent que ces écrits sont tardifs et qu'ils ne sont pas le reflet de la vérité, sous-entendu *la leur*. Tout cela est absurde, mais le pire, c'est que cette soumission aux conventions engendre une absence permanente d'objectivité. Tout en astreignant les non diplômés que nous sommes, à se soumettre en confiance à l'avis de ceux qui sont sensés savoir. Pourquoi sont-ils aussi obstinés devant les preuves ? Le beefsteak aurait-il ses impératifs que la vérité ne connait pas et jusqu'où leur est-il permis d'imposer au peuple leur inattaquable « science » !

> Plus loin lors de la lecture du texte, il est alors précisé : Que lui Kheops, *a érigé sa pyramide à côté du temple d'Isis.*

Si la demeure de Kheops est, comme les égyptologues l'affirment la main sur le cœur, *la Grande Pyramide*, il y a là, une préséance intolérable. Aurait-il été acceptable que la pyramide de Kheops, (monarque certes, mais avant tout simple mortel) recouvre de son ombre *la pyramide d'Isis*, il est inepte de le penser ? S'il en avait été ainsi, ce roi par le gigantisme de son œuvre et le défi lancé aux dieux, aurait entraîné la chute de la religion égyptienne. Soyons sérieux, à l'époque, cette simple évocation, aurait constitué un abominable sacrilège à effet blasphématoire, suivi de châtiment, car l'abnégation envers les dieux était de coutume et ils avaient préséance sur la vie des hommes. En ce temps-là, on adorait les dieux et on vénérait les Rois, mais il semblerait aujourd'hui que l'on a édulcoré l'usage de cette distinction sémantique.

> Kheops poursuit et affirme que : *Sa demeure est à côté du temple d'Isis* et qu'il *a édifié une autre pyramide pour la Princesse Hehoutsen* (fille ou sœur du roi).

Il se trouve que la pyramide dite d'Hehoutsen, est considérée comme étant l'une des trois pyramides secondaires ou satellites de la Grande Pyramide. Nous avons tout lieu de penser à la suite de ces écrits, que l'une des deux autres est celle du Roi Kheops et non la Grande. Si c'est le cas, ce ne peut être qu'un cénotaphe, entendons par là, un *monument dédié au souvenir d'un défunt,* en lequel il n'a jamais été déposé une dépouille mortuaire. Les pyramides dans leur ensemble, avaient une toute autre destination que celle qu'on leur prête sans preuves, le plus souvent avec un déterminisme impudent. Elles servaient avant tout de sanctuaire initiatique en lesquelles étaient pratiqué des cultes spécifiques. Plus rarement et en second usage, comme cela semble être ici le cas, elles se transformaient en mémoriaux dédiés à des princes ou princesses de la monarchie. Il est bien évident que nous ne pouvons exclure le fait, que dans la longue histoire du monde, des monarques souverains de dynasties aux traditions décadentes, aient pu se servir de la forme pyramidale pour sépulture, mais le temps plus sage que les hommes n'en a pas pérennisé le souvenir. Il serait en effet partial de notre part, de ne pas admettre que dans la tourmente des âges, certaines pyramides n'aient pas abrité une dépouille d'usurpateur idolâtré. Mais que cela ne nous contraigne nullement à penser, que ce fut le but initial de leur construction, aucune preuve écrite, aucune momie n'est jamais venue étayer cette hypothèse de tombeau ! La vérité est, que cet aspect des chambres qualifiées de mortuaires et les dédales qui y conduisent, sont représentés à dessein pour effectuer la rupture avec la notion existentielle. Nous n'avons plus certes, la science qui nous permettrait une juste interprétation, pour autant, nous ne devons pas remplacer celle-ci par des fantasmes.

La communauté scientifique spécialisée, veillant sur l'immuabilité de sa convention, a décrété que cette stèle était postérieure à la IV dynastie où vivait Kheops, et donc, qu'elle était « *une aberration pure et simple* ». Encore et toujours ce césarisme outrecuidant de cette gent infatuée, alors même, que ceux qui invalident ce texte avec l'impudence qui les caractérisent, authentifient avec la même conviction aveugle apparente, les graffitis plus que douteux de la quatrième chambre de décharge découverte par Wyse, attribuant la pyramide à Khéops.

Est-il convenable de préjuger que les scribes qui ont recopié ces énoncés (Stèle de l'Inventaire), ont inventé ou interpolé une histoire au regard de la postérité ? *L'égyptologie même, ne repose-t-elle pas sur la probité de l'élite intellectuelle des époques concernées*. Et pour quel motif aurait-on dénaturé ou interpolé des écrits qui ne soulevaient à l'époque aucune polémique ? Nous sommes depuis quelques décennies, en plein délire informationnel. En quelle communauté naîtront des égyptologues courageux, appliqués à exposer à un public respectueux de son patrimoine humain, la vérité sur les recherches entreprises ? Cela pour le bien de tous et non pour le confort professionnel de quelques-uns. Savoir dire ; *nous n'avons pas suffisamment d'information pour trancher,* où encore ; *ceci est une hypothèse vraisemblable !* Cela n'enlèverait rien au mérite qui est le leur, et assurément, cela revaloriserait une réputation, aujourd'hui passablement mis à mal.

Seule la voie spirituelle, délivrée de ses dogmes infantiles, nous conduira à une raison d'être !

10 435 ans avant notre ère, le Soleil d'équinoxe se levait dans la constellation du Lion. Selon nous, la Grande Pyramide était déjà construite depuis environ un siècle, la seconde, celle de Khephren était en cours d'achèvement. **Le Sphinx**, était encore à l'état d'ébauche, il étendait ses pattes rocheuses plein Est, vers le Soleil levant. À cette même époque, au Sud sur le méridien, le baudrier de **la constellation d'Orion** affichait une disposition semblable aux pyramides sur le plateau de Gizeh, la troisième pyramide, celle de Mykérinos, n'était pas encore en chantier. Le cycle précessionnel symbolisé par le parcours de la constellation d'Orion terminait son demi-cycle et était sur le point de reprendre de l'altitude.

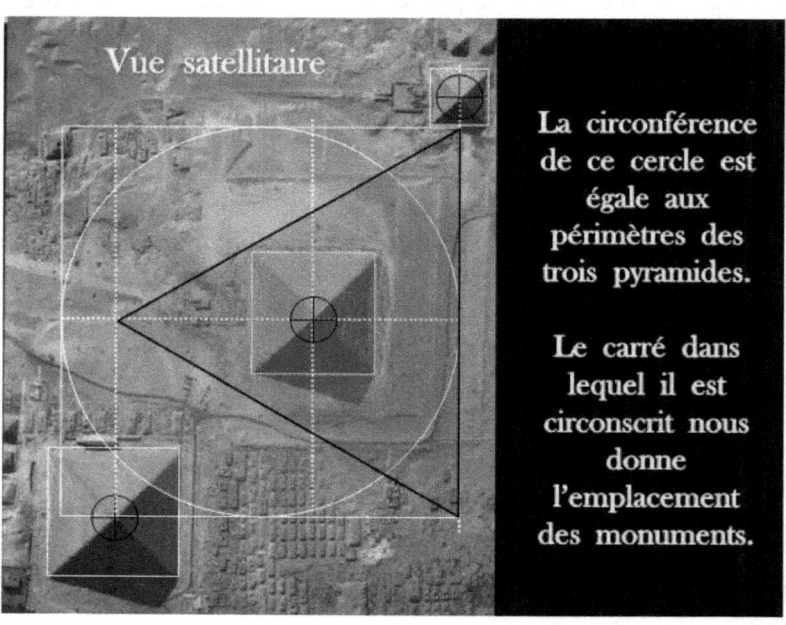

La circonférence de ce cercle est égale aux périmètres des trois pyramides.

Le carré dans lequel il est circonscrit nous donne l'emplacement des monuments.

2 500 ans avant notre ère, à l'époque du Roi Khéops, le point vernal se situait dans *les Hyades*, théoriquement dans *l'œil du taureau*. En amorçant un retour sur l'écliptique, donc, dans le temps, Robert Bauval et Graham Hancock, (auteurs d'ouvrages sur le sujet, **Mystère du Grand Sphinx**, Edition du Rocher). Ces auteurs ont constaté que 111,111 degrés séparaient ce second point du premier situé dans le Lion. Ils ont également découvert des similitudes in situ, avec la position du point vernal et les pyramides de Dahchour, attribuées à Snéfrou père de Khéops et fondateur de la 4ième dynastie.

Ces connotations laissent clairement supposer que les mythologies égyptiennes traitant des Temps Anciens, ne sont pas, comme ont tendance à le penser certains égyptologues orthodoxes, les fruits d'élucubrations au service des religions. Il y a là, une interprétation des textes qu'il nous faut connaître, avant tout avis péremptoire sur la question. Il ne fait aucun doute que le temps nous donnera raison.

Il est une égyptologie du consensus dont les pairs du XIX siècle ont été, le plus souvent à leur insu les précurseurs. Par la suite, il s'est progressivement développé une orthodoxie de l'enseignement, faisant barrage à toutes recherches innovantes, soupçonnées de venir bouleverser les conforts de l'acquis. Tentons de clarifier quelques termes réputés abscons, ayant trait aux Anciens Écrits. Les définitions que nous en donnons se trouvent en rapport avec nos propres recherches, elles peuvent surprendre, car les Anciens avaient un mode de pensée indissociable de la symbolique ancestrale que codifiait un enseignement caché. Il nous a fallu réinterpréter les termes employés, pour que ceux-ci aient une concordance relationnelle avec nos modes actuels de pensée.

Le Roi OSIRIS :

Dans le Royaume de Nout (le Ciel), Osiris est assimilé à **la constellation d'Orion** (Sah) et plus précisément à l'étoile Al Nitak. Ce voyageur des deux mondes, (n'est-il pas l'incarnation d'Orion : **le lointain marcheur**) devient le lien entre la constellation et la Grande Pyramide. Il nous faut préciser qu'il partage ce rôle avec sa sœur épouse **ISIS**, dont *l'étoile Sirius* est directement impliquée dans l'aspect schématique de la révélation. Les initiés voyaient en ce couple enamouré, *le lien naturel entre* **le Ciel et la Terre**.

Nous avons vu que les Anciens considéraient que, par le fait de sa mort, le dieu Osiris résidait parmi les étoiles et qu'**Isis** son épouse demeurait sur Terre. La déesse représentant *le carré base de la Grande Pyramide (la Terre, la femme)* et devenait par le fait même « **Maîtresse de ce monument** ». Les deux époux étaient alors vénérés sous la tutelle de ce « *sanctuaire d'amour* » dont il fallait sans cesse entretenir le lien de ces dévotions.

HORUS, fils d'Isis et d'Osiris :

Le faucon ailé incarne l'essor de la matière primaire, vers les couches les plus éthérées du subtil. Il symbolise l'intelligence humaine perfectible, agrégeant *l'intuitif et le discursif*. C'est grâce aux possibilités de déductions qu'offre cette intelligence, que l'être en évolution peut espérer aborder la logique d'un **Principe Créateur Universel**. Le prétendant à la sagesse doit donc aller vers « l'horizon » et tenter de pénétrer le Douât lumineux qui permettra « *l'éveil* ». Inutile de préciser qu'en ce qui concerne cette démarche, la Grande Pyramide est la référence incontournable. Des dizaines de mentions équivalentes à celle qui figure page suivante, prouvent combien les Anciens Égyptiens étaient axés sur les critères que nous dépeignons.

« *Ô Hor (Horus) ! Osiris est cette construction, Osiris est cette pyramide. Rapproche-toi de lui !* »

Jusqu'au moyen Empire, pour désigner les Rois, il n'y avait qu'une seule appellation celle d'Horus.

« LES SUIVANTS D'HORUS » (Chemsou Hor) :

Ils s'agissaient d'entités pourvues d'une grande sensibilité, d'une authentique intelligence, elles étaient dotées d'un niveau de conscience élevé, capables de véhiculer à travers les âges l'esprit de la **Tradition Primordiale**. Les textes les plus anciens, font souvent référence à ces êtres d'exception, à leur sagesse et leur immense culture. Ils sont à la base de la connaissance humaine, ils ont été des millénaires durant, le ferment des sociétés en évolution. Ils se sont employés à restituer à la communauté humaine ce que leur avaient enseigné les dieux. Ainsi ont-ils dispensé les arts, créé l'artisanat, préconisés les méthodes de cultures, suggéré les pratiques de soins, appliqué la morale et fondé les sociétés secrètes pour la pérennisation des valeurs fondamentales. On peut envisager qu'ils ont poursuivi de génération en génération leur mode d'éducation, cela nous le présumons, jusqu'au règne de Ménès aux environ de 3 000 avant JC. Doit-on les assimiler aux « *Akou* » ces êtres de lumière ou aux « *Akh de Ré* » âmes du ciel, c'est peu probable. Trop de temps a passé pour que l'on puisse répondre par l'affirmative, mais tout laisse supposer une succession. Les suivants d'Horus seraient en quelque sorte, les héritiers directs des Rishis, ces 7 sages « *les Apkallou* » êtres semi-divins, que les Anciens prétendaient être à la base de l'évolution humaine.

LES SEPT SAGES - contés par les textes d'Edfou :

Ils émergent de la nuit des temps, issus d'un « *Age Primordial* », puisqu'ils étaient originaires de « *la patrie des primordiaux* », une île que l'on pourrait supposer être l'Atlantide décrite par Platon. Toutefois, ces descriptions paraissent de beaucoup antérieures aux événements rapportés par Solon, peut-être faudrait-il les situer aux origines de l'Égypte, soit plus de 36 000 ans avant JC m (Manéthon). Ce sont eux, ces Sages, qui se trouvent être *les concepteurs* des édifices pyramidaux appelés « *hout-neterou* », ce qui signifie « *les demeures des dieux* ». Nous avons à faire à un monde antédiluvien, nommé *Zep tepi, au Premier temps*. Les textes hiéroglyphiques nous précisent :

« *Les dieux bâtisseurs qui ont façonné au temps primordial, les seigneurs de la lumière, les Esprits, les Ancêtres qui ont fait croître la semence à l'intention des dieux et des hommes, les Anciens qui ont vu le jour au commencement, qui ont illuminé cette terre lorsqu'ils sont venus ensemble.* »

Le dieu Thot aurait compilé en ses écrits les paroles des 7 Sages où il est déjà question de « *Tertres Sacrés* » dispersés sur les rives du Nil, protégés par des codes d'accès. Nous pensons à des formes pyramidales où des valeurs seraient dissimulées, attendant l'époque opportune de leur émergence. Il y a de fortes présomptions pour que cette époque soit la nôtre. Mais ces mystères sont tellement subtils, qu'ils demandent de très longues études, le non initié, ne peut y avoir accès par simple concours de circonstances. Ce qui fait que la vérité exposée aux yeux de tous, conserve pour le plus grand nombre les effluves du doute. Lorsque l'on passe trop de temps à la flamme virevoltante de la caverne, la lumière du jour est une agression.

ZEP TEPI – ou le « Premier temps » :

Ce fut celui d'un concept théocratique, qui une fois conçu, perdura des millénaires au sein de la communauté humaine. Les 7 Sages dont nous venons d'évoquer la présence se trouvent à la base de cette idéologie unificatrice. Les mystères étaient graduellement dévoilés en vertu du niveau de conscience et du degré d'adaptation de chaque individu. La symbolique jouait un grand rôle, sa souplesse d'utilisation permettait de rallier à des degrés divers d'acceptation, toute une population acquise à une réalité intemporelle qu'elle estimait parallèle à ce monde. La pensée collective répondait dans son ensemble, à une option qualifiée aujourd'hui à tort de **polythéisme.**

La prêtrise quant à elle, était subordonnée à une démarche infiniment plus complexe, elle relevait d'un **hénothéisme** effectif**,** dont Atoum (Tum) créateur de la genèse, était le sujet sommital. Il n'est donc pas étonnant qu'à un moment donné de l'histoire, perturbé par cette confusion, un roi (Aménophis IV - Amenhotep) ait été sollicité pour une simplification de ce courant de pensée. La reconnaissance d'un seul Dieu pour tous, ce que l'on nomme le **monothéisme**. Ce n'est d'ailleurs pas Dieu que les hommes contestent, c'est… « *le pour tous* » qui leur semble gênant ! Pour simplifier, s'il est question d'un Dieu unique autant qu'il réserve ses faveurs à l'ethnie dont on appartient. *Moralité, le monothéisme pourrait être une solution de paix universelle, c'est l'homme qui n'en est pas une.*

Quant à la tentative du Pharaon Akhnaton, réputé adorateur du Soleil, en rupture de filiation avec les prêtres d'Amon : Soyons réalistes, une telle opposition des phalanges du pouvoir, était difficilement admissible sans un schisme préjudiciable à la communauté, voyons plutôt une décision concertée. Entendons par là, contrairement à ce qu'il nous est enseigné, que les deux fractions étaient elles-mêmes les protagonistes inspirés de cette reconversion. Toutefois, la décision d'infléchir les rigueurs de la religion millénaire, ne pouvait venir de la prêtrise sans que le peuple ne soupçonne celle-ci d'être relaps à la cause sacrée de la tradition.

Les grands devins avaient décelé depuis peu, dans l'étude des manifestations stellaires, les présages d'un changement d'époque, la mutation s'accompagnait d'une simplification des mœurs. Cette tentative de substitution du polythéisme millénaire, représentait une gageure audacieuse pour le peuple égyptien. Aussi ne pouvait-elle être tentée que par *pharaon en personne*. Ce qui était à craindre c'est que la ferveur populaire soit réticente à cette mutation de la tradition séculaire et qu'elle n'adhère que partiellement à cette tentative. Ce fut le cas après la disparition d'Amenhotep IV, les prêtres comprirent qu'il leur fallait attendre une opportunité plus évidente. Elle se présenta des décennies plus tard en la XIX dynastie avec le départ des Hébreux, peuple déjà sensibilisé par un monopaganisme. Il émergeait de la ferveur bédouine et ne demandait qu'à se déifier et se mondialiser.

« **Le premier temps** » a dispensé son esprit à travers les âges et profondément imprégné les nilotes de son empreinte spirituelle. Les traces visibles à tous les échelons, sont sensibles dans les arts, les méthodes d'enseignements, les droits et devoirs de la société. C'est imprégnée de ces authentiques principes, que la civilisation égyptienne a pu franchir des millénaires de tradition, lesquels nous plongent aujourd'hui plus que jamais dans la perplexité. La grande prêtrise savait-elle des choses que nous ignorons ?

HORAKHTY – « Hor – em – Akhet » ou Horus de l'Horizon.

Initiée à la valeur des choses, l'intelligence humaine a pénétré la lumière nouvelle symbolisée par l'horizon. Horakhti devient par son engagement, la référence de « *La Connaissance Primordiale* » en laquelle se manifeste *le Principe Divin*. Il est un symbole énigmatique pour le profane, mais, Ô combien parlant pour l'initié. Le plus souvent, il emblématise le temps absolu vecteur de l'immuable vérité.

L'apport de lumière n'a pas ici pour figuration « Ré » mais la « connaissance ». Plutarque écrivait :

« Les dieux de l'Égypte sont porteurs d'une puissance qui surpasse celle de la nature et des hommes. Un Dieu Primordial a créé les dieux, a mis en ordre le chaos originel et créé les humains. »

Georges Vermard

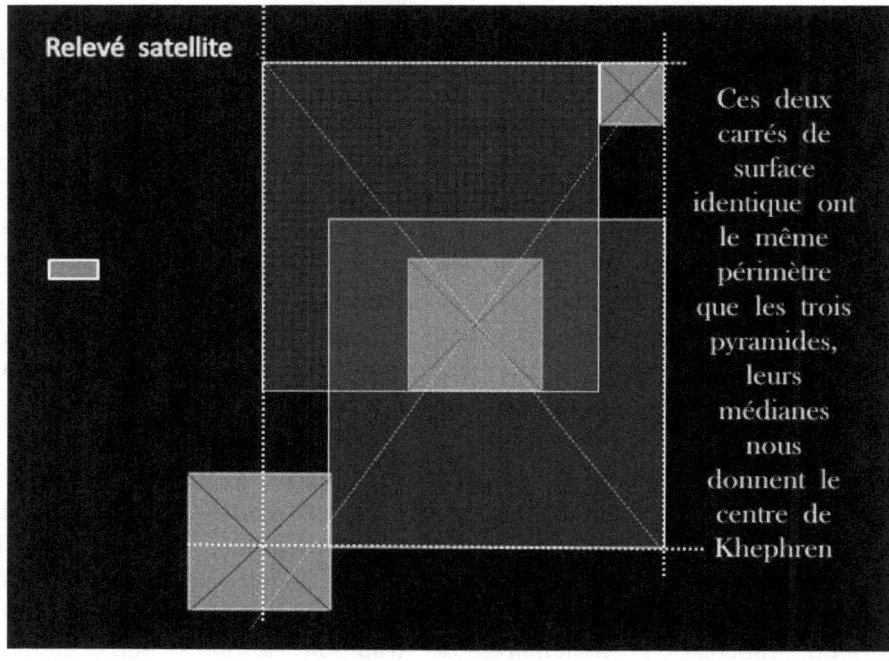

Relevé satellite

Ces deux carrés de surface identique ont le même périmètre que les trois pyramides, leurs médianes nous donnent le centre de Khephren

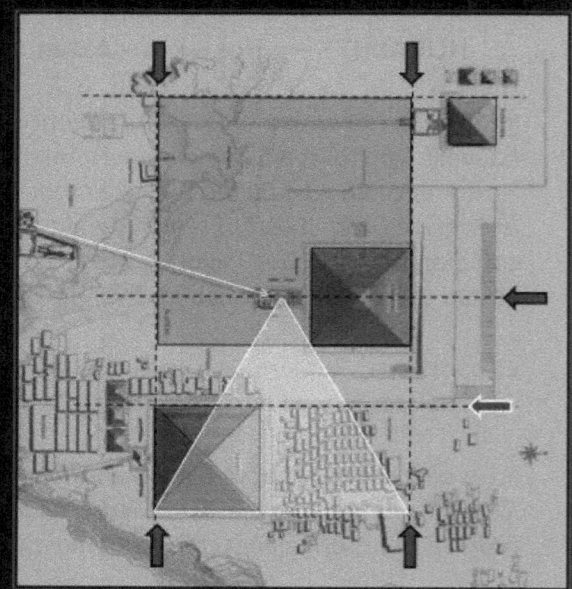

Union des trois diagonales des pyramides

Ce carré a une diagonale semblable aux carrés des pyramides.
Il réunit par ses côtés les trois monuments.

Nous voyons que la la chaussée parvient aux environs immédiats de la pointe du triangle dont la flèche jaune indique le milieu.

La terre de Sokar – Le royaume de Sokar – La maison de Sokar :

Il s'agit d'un lieu, d'une région restreinte située sur le plateau de Gizeh où se trouvent le Sphinx et les trois pyramides. Une divinité règne sur le site, Isis mère de l'intelligence horienne. Osiris père d'Horus est omniprésent, il est cet inlassable voyageur entre les deux mondes. Son bétyle, *sa demeure sur Terre*, est la Grande Pyramide détentrice de tous les mystères.

Un texte parmi les plus anciens, fait référence à un lieu du Douât. Cet endroit n'est pas clairement défini, mais nous expliquons par ailleurs ce qu'il en est du plateau, sur lequel sont érigés ces trois édifices témoins de **la Tradition Primordiale.**

À l'instar de ce hiéroglyphe (per) déterminatif de maison ⌐¬ un rectangle sacré précise la position des pyramides sur le site de Gizeh. La Grande Pyramide est ici 12 fois reproduites pour former avec l'effet miroir les 24 cases du jour.

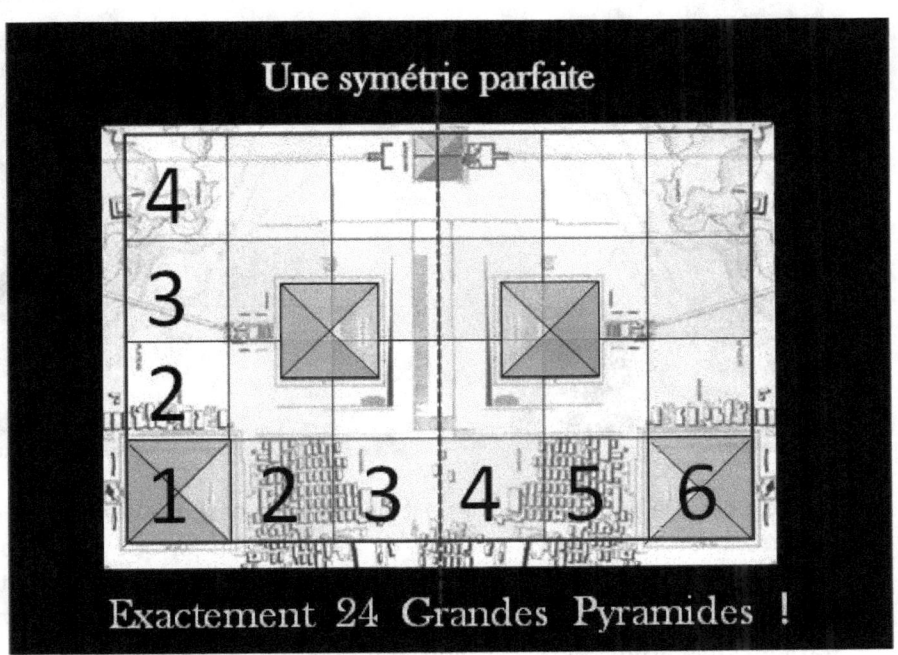

Le royaume de Sokar devient alors un paradigme géométrique et numérique en correspondance directe avec les régions célestes symbolisées par la constellation d'Orion.

Il nous faut avoir conscience que ces textes très anciens ne sont pour la plupart que des copies de copies des textes originaux qui eux-mêmes ne furent pas pour autant les écrits des Origines. Nous ne pouvons qu'espérer dans le professionnalisme des scribes pour juger de leur valeur. Il est donc fondamental que des recherches confirment par le tracé ces agencements révélateurs de mystères. La disposition de ces édifices que l'on considérait jusque-là érigés au gré de la topographie nous démontre qu'il n'en n'est rien. Ceux-ci possèdent des références géométriques, numériques et astronomiques de première importance pour une meilleure acceptation de notre système existentiel.

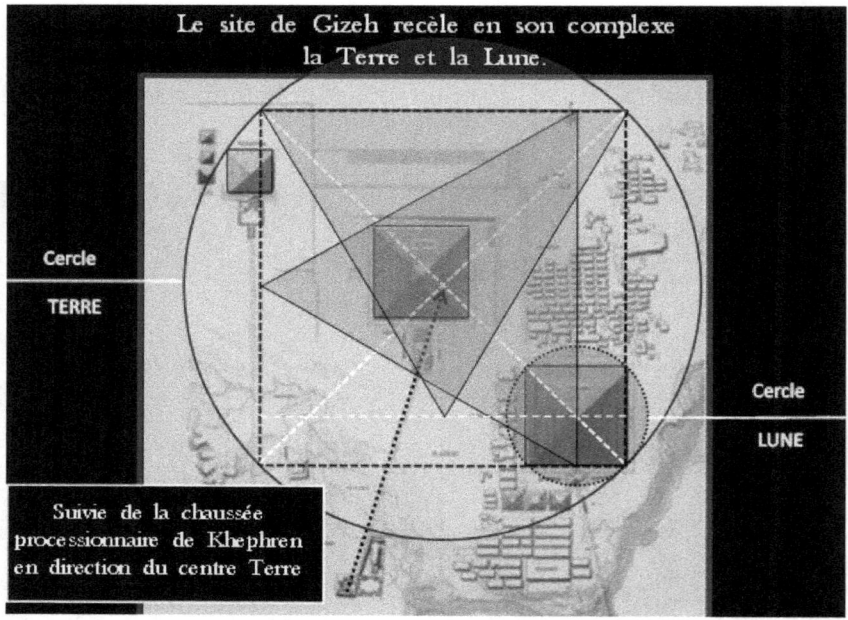

Les nombres, la géométrie et les astres sont à la base de la vie, c'est en pénétrant les points d'assemblage de ces harmonies, que nous nous imprègnerons d'une symbolique propre à synchroniser nos facultés cognitives sur le mode d'action des concepteurs. L'homme aujourd'hui navigue en la brume de ses illusions matérialistes, il a perdu « *la terre de Sokar* » aux rivages enluminés. Face qu'en un avenir proche, son intuition soit plus forte que les sirènes d'un révisionnisme d'obstruction.

Le Douât – (un point précis où converge les voies initiatiques)

Le Douât n'est pas aisé à définir sur le plan de la logique pure. C'est un espace privilégié où se plaisent à se manifester les apports divins. Le Douât est moins un lieu qu'un état de pensée, une agrégation des métamorphoses, un sas, une prédisposition à l'éveil. Il est semblable à la lumière, à la fois onde et forme. Le Douât est concret, par la magie des actes révélés (apports des fruits de la connaissance) et abstrait par le caractère métaphysique qu'on lui attribue. Beaucoup voient en le Douât un au-delà, un éden, un paradigme pour la conscience, un lieu idyllique où se rendraient les âmes des défunts. Nous préférons une vision terrestre propre au nirvana hindou, un « home » de sérénité, de méditation heureuse que pénètre le mystique de son vivant, quand il a des raisons pour se réjouir de la suavité des fruits que lui offre sa quête.

« RO – SETAOU » - Traduction : La porte des galeries.

Galeries fictives, certes, mais à plus d'un titre bien réelles. Le mieux serait de dire, que c'est là où convergent les voies initiatiques, matérialisées par l'harmonie des formes et des nombres. Le point de croisement des étoiles cadre d'Orion, est une excellente illustration de ce que peut représenter le lieu appelé *Ro-Setaou*. Chaque trait composant le croisement, doit se concevoir sous forme allégorique en des galeries qui se dirigent vers les étoiles. *Ro–Setaou* deviendrait la porte d'accès aux connaissances suprêmes, **la porte des étoiles** dessinées par les « 4 » étoiles cadre de la constellation d'Orion. Deux voies mènent à *Ro-Setaou*, l'une part de Bellatrix (espace de la pyramide réelle), c'est la voie sèche des alchimistes, la terre, le concret, la rationalité. L'autre, emprunte la voie de Rigel où l'espace pyramidale est virtuel, reflet dans l'eau d'un lac imaginaire, donc la voie humide (c'est aussi la forme inversée de notre schéma). L'une et l'autre voie (constellation du Lièvre) se rencontrent en un point de croisement pourvoyeur d'informations. Les tenants de **la voie sèche** (Bellatrix – Saïph), les tenants de **la voie humide** (Rigel – Bételgeuse) seront passés par le même indice d'angle, soit 51°51'14'' 39 angle exact de l'édifice sacré, (étoiles cadre d'Orion), ils traceront par leurs parcours la structure pyramidale. L'alchimie des légendes nous guident ainsi vers la transcendance, en nous présentant les éléments d'un choix, qui n'en est pas tout à fait un. Ce choix a cependant pour mérite, de nous faire entrevoir deux indices de réflexion, deux parcours en un. Lesquels par les voies sèche et humide, esquissent le haut et le bas, le Ciel et la Terre. L'une des voies conviendra davantage aux mystiques, aux intuitifs, aux spiritualistes, l'autre aux chercheurs, aux concepteurs, aux pragmatiques. Le miracle, c'est que les deux voies s'inversent et se confondent par l'effet du croisement pour mener au même résultat. Le croisement des étoiles cadre est donc « *la porte* » (seba – étoile) où a lieu le passage qui mène du tangible à la transcendance. Il suffira à nos chercheurs partisans du « *sec ou de l'humide* » d'adapter l'espace existant entre les « 4 » étoiles pour entrevoir le tracé de la révélation.

Le carré de Terre et le triangle isiaque 3 – 4 – 5, sont à l'origine de la démarche initiatique, rappelons-nous : **Isis** *maîtresse de la pyramide*. La divine harmonie des formes se manifeste dans le souffle qui égaye *les voiles d'***ISIS**, la déesse incarne la symbolique universelle, le révélé et le caché, la lumière et l'ombre. Son corps apparaît et s'efface, il fascine et trouble, il est et il n'est pas ! Cette symbolique de la femme est saisissante de réalité, comme le charme au parfum balsamique qui se dégage de sa présence physique. L'étoile Sirius représente la déesse parmi les multitudes étoilées, elle aligne sa beauté sur la base de la constellation d'Orion, lorsque celle-ci s'épanouit à l'horizon de moins 10 435.

« Nul mortel jamais, n'a soulevé l'aile de mon voile... »

« *Le lac verdoie ; ouvert est le lac nourricier où il navigue à l'horizon vers le lieu où sont nés les dieux. Ta sœur, ta compagne et l'étoile Sothis (**Sirius**).* »

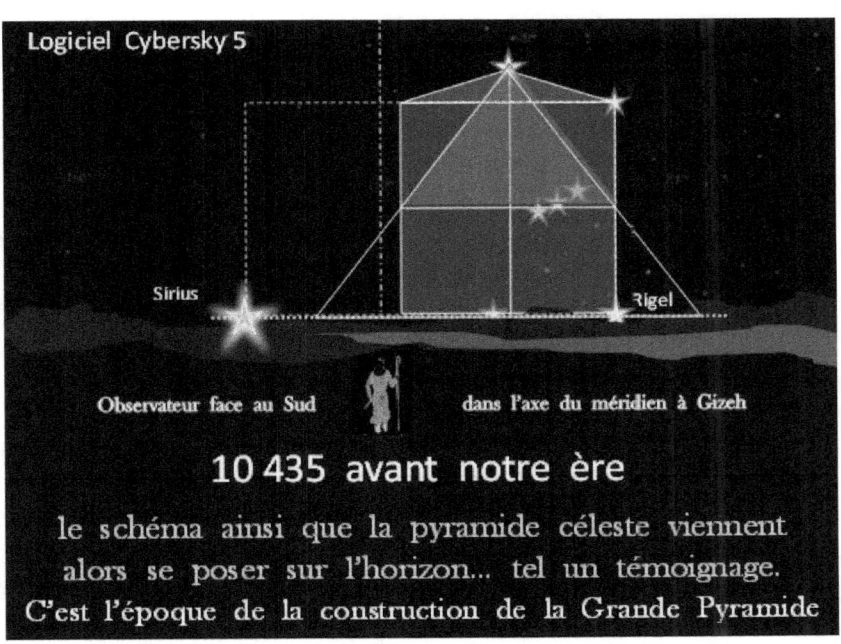

Georges Vermard

Les Mystères de la Lune et de la Terre

Si nous accordons un crédit absolu aux astrophysiciens et aux scientifiques en général, une de leur version prétend que la Lune satellite naturel de la Terre a été, il y a de cela des milliards d'années, capturée dans le système orbital naissant de notre planète. D'autres variantes se plaisent à imaginer un magma primitif géant qui se serait scindé en deux éléments, sous l'effet d'impacts météoriques et dont l'un des segments serait devenu notre satellite de bien des légendes. D'autres encore sont partisans d'une brutale rencontre de deux immenses météores qui auraient créé mutuellement un espace orbital d'équilibre. Les lois de gravitation auraient ensuite peaufiné leurs rotondités au fil de centaines de millénaires, pour devenir ce que sont ces deux astres aujourd'hui. N'ayant pas personnellement assisté à cet événement, nous ne saurions prendre parti, aussi considérons-nous qu'il n'est nullement impossible que l'une de ces hypothèses soit à retenir comme proche de la vérité. Nous ajouterons cependant le terme…*aux origines*, car point d'avantage que l'argile ne fait la poterie, on ne peut soupçonner la Lune et la Terre de s'être concertées pour adopter des mesures qui relèvent de la perfection. Mais, si ces distances et cycles, ces formes et rapports, ces diamètres et volumes sont les aspects d'un aboutissement miraculeux, que nous faut-il alors considérer pour temporiser notre imaginaire ? S'il s'agissait là d'une *forme élaborée du hasard*, ce serait plus merveilleux encore, car nous serions tenus à ne plus le contempler comme tel ce hasard. Il nous faudrait lui adjoindre *un système de pensée* un tant soit peu avisé pour réaliser de telles prouesses ! Certaines cérébralités, obéissant à l'enseignement reçu, nous susurrerons que ce ne sont là, que lois de la nature en concordance étroite avec l'effet du temps. Ils ajouteront volontiers, que ; *soupçonner une intervention divine ou conjecturer un état de pensée aux choses, fussent-elles astrales, relève de la psychanalyse*. Nous partagerions volontiers cet avis, si nous avions la possibilité de revenir à un âge où notre admiration pour les sciences ingérées, n'avait pour bornes que notre crédulité. Hélas, que d'eaux ont passé sous le pont, et avant que d'être formatés, nous avons appris à comparer, vérifier, chercher et tenter de raisonner. C'est à partir de là que nous avons décroché notre wagon de l'express scientifique, pour nous arrêter en rase campagne en un lieu nommé « *réflexion* ». Nous avons osé regarder la vie, non pas telle qu'on nous la conte, mais telle qu'elle existe réellement et nous avons pressenti là une différence. La Lune était plus belle que décrite, le lapin plus émouvant que celui en rose de la télévision, les étoiles plus mystérieuses et notre cœur plus tendre que nous ne le pensions lorsqu'il se trouvait à l'unisson de la nature du réel. Jetons « un œil » sur ce croquis !

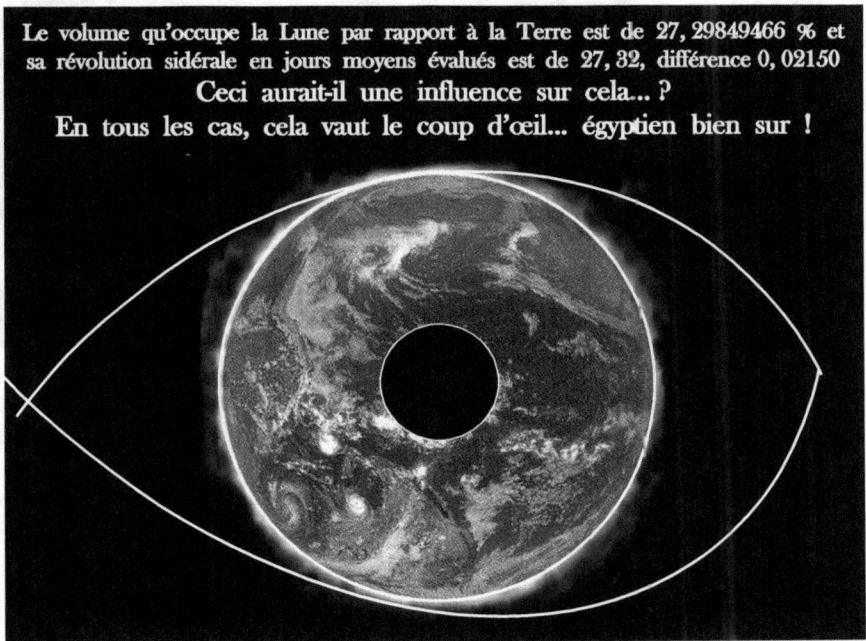

En observant les données numériques de la Lune et de la Terre, nous remarquons des petites coïncidences, sans grand intérêt, mais propres à éveiller notre curiosité. Surtout si nous nous employons à prendre non pas son diamètre moyen, mais son diamètre maximal (montagnes avoisinants 4000 m) nous obtenons alors 27,32 par rapport au diamètre moyen de la Terre. Autrement dit, les 4 décimales qui suivent le « 1 » de notre clé pyramide (1,273239544). Ce nombre clé est étrange et nous sommes convaincus qu'il a tous les aspects d'une grande constante universelle.

Nous retrouvons les décimales de ce nombre dans beaucoup de domaines concernant les critères existentiels. Les 27,32 % du rapport Terre – Lune, les 27,32 jours solaires moyens de révolution lunaire ou mois sidéral, les 273 jours de gestation de l'enfant dans le ventre de sa mère, les 273°,239 Fahrenheit du zéro absolu et bien d'autres concordances plus ou moins réputées. Il est tout aussi ahurissant de constater qu'à partir de la circonférence de « 4 » nous obtenons ce nombre « **1,273239544** » lequel placé au carré (X^2) et multiplié par 10 000 nous procure en kilomètres *le diamètre moyen de la Terre et de la Lune.* Nous pouvons nous interroger sur les diverses applications que celui-ci s'est autorisé en parcourant les siècles. Nous relevons ces décimales en alchimie, dans le compagnonnage avec les gens du devoir de vérité. Il apparait sous des formes inattendues dans certaines religions. Sa multiplicité, comme sa soustraction donne parfois des résultats inattendus et sa notoriété universelle est indéniable.

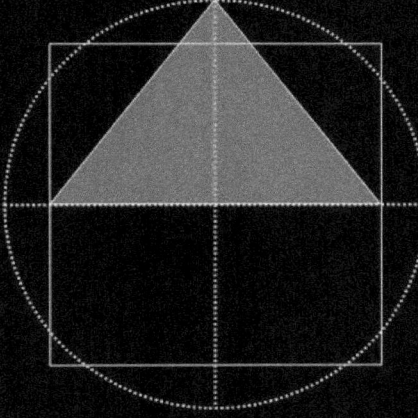

Avec le chiffre « 1 » placé devant 27, 3239544 ce nombre devient la clé qui ouvre la pyramide.

Le cercle a ici le même périmètre que le carré-base. Son Ø est de 27,32395 % supérieur au côté du carré.

La base pyramide réalise alors 10 002 km x 4 = 40 008 km
La circonférence de la Terre.

Si nous considérons ce cercle comme étant la Terre, la hauteur pyramide devient son rayon 6 367,47096 km

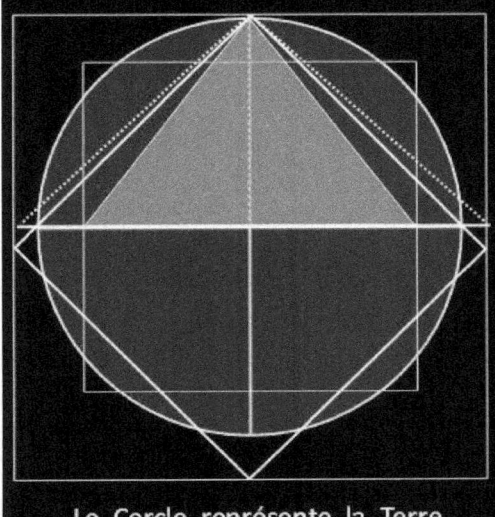

Il résulte de ce montage que nôtre Terre et la Grande Pyramide ne font qu'un.

C'est avec une logique géométrique absolue que le périmètre de la Terre placé en carré, nous procure le dessin en coupe parfait de la Grande Pyramide. Le schéma ci-contre en est la preuve.
Nous avons dans la plus grande extension de la base 326,8446123 mètres.

Le Cercle représente la Terre

N'avons-nous pas là une preuve manifeste de l'harmonie divine et universelle, lorsqu'elle se manifeste par la loi des nombres ?

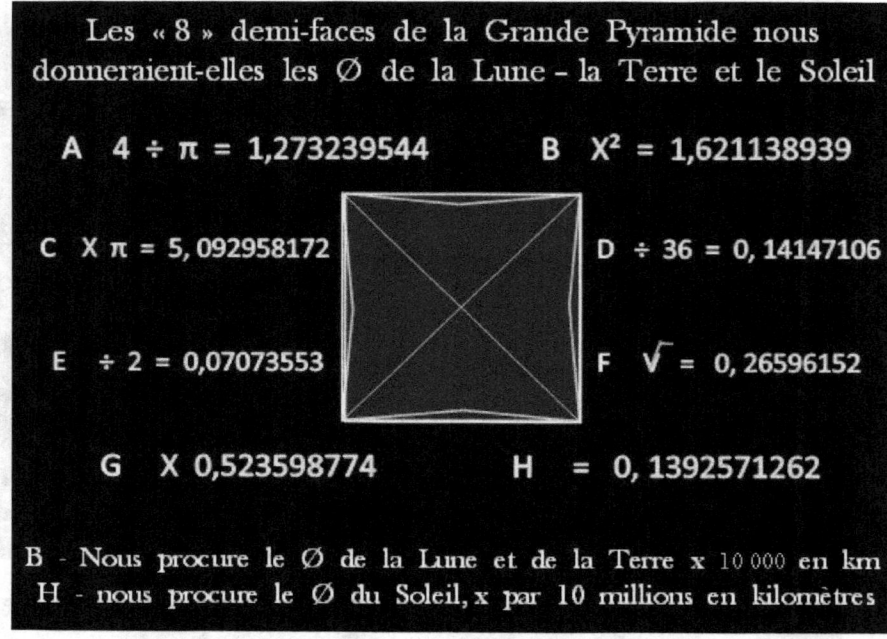

Si le signe des catholiques n'est que peu discernable visualisé de notre basse terre, espérons qu'il le soit, *vu du ciel*. Quant au signe des tailleurs de pierre du moyen-âge, il variait certes, selon le labeur et les hommes, mais son tracé traditionnel comportait pour les initiés du devoir un « 4 ». Peut-être pouvons-nous déplorer qu'à la renaissance, des commerces en tout genre, aient placardé inconsidérément en leurs boutiques ce genre de tracé, ceci pour afficher leurs compétences, sans en présumer la valeur initiatique. Ces deux nombres O et Ø « 4 et 1,273239544 » dont nous louons les valeurs réciproques, sont, à n'en point douter, à la base de la relation Terre – Lune. Souvenons-nous qu'en la genèse égyptienne, et dans l'ordre divin ou paraissent les dieux, les troisième et quatrième principes sont *Geb la Terre* et *Nout le Ciel*. Autrement perçu, le 3 et le 4 de la ligature Terre – Ciel. C'est précisément avec l'apport de ces deux chiffres que nous allons découvrir combien les mythologies ont des accents de vérité.

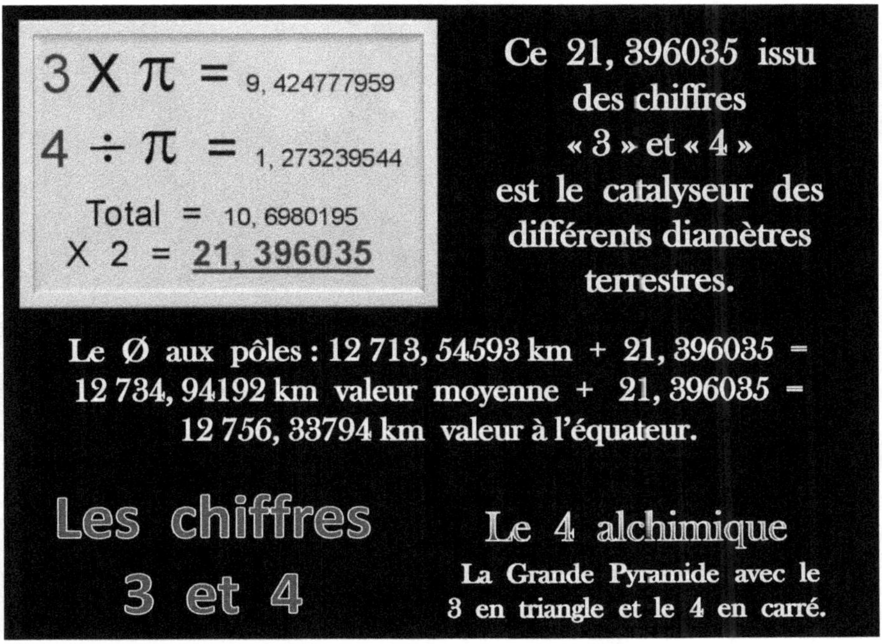

$3 \times \pi = 9{,}424777959$

$4 \div \pi = 1{,}273239544$

Total $= 10{,}6980195$

$\times 2 = \underline{21{,}396035}$

Ce 21, 396035 issu des chiffres « 3 » et « 4 » est le catalyseur des différents diamètres terrestres.

Le Ø aux pôles : 12 713, 54593 km + 21, 396035 = 12 734, 94192 km valeur moyenne + 21, 396035 = 12 756, 33794 km valeur à l'équateur.

Les chiffres 3 et 4

Le 4 alchimique

La Grande Pyramide avec le 3 en triangle et le 4 en carré.

Il nous faut admettre que le 3 et le 4, sont en tant que chiffres, à la base des dimensions qui conditionnent les deux diamètres (pôles – équateur) caractérisant la Terre. Non seulement cela ne peut pas être fortuit, mais cette association paradoxale des nombres pour rendre compte *de ce support de vie* qu'est notre planète, ne peut que relever d'un divin mystère. S'il nous est donné de prendre *pleinement conscience* de cet incroyable concours de circonstance, alors nous franchissons, sans le savoir, la porte pré-initiatique de *la connaissance universelle*. Car cette connaissance ne saurait se limiter à cette constatation, elle s'étale en un immense réseau de subtilité, qui fait de la vie une *double spirale évolutive*, animant tour à tour *le temporel et le spirituel*. Parmi les mystères relevés sur le plateau de Gizeh, nous pouvons constater le côté récurrent des formes et des nombres qui sied à la Lune et à la Terre. Cette observation s'étend à la schématique caractérisant la *Grande Pyramide*, notamment en ce qui concerne la base et la hauteur.

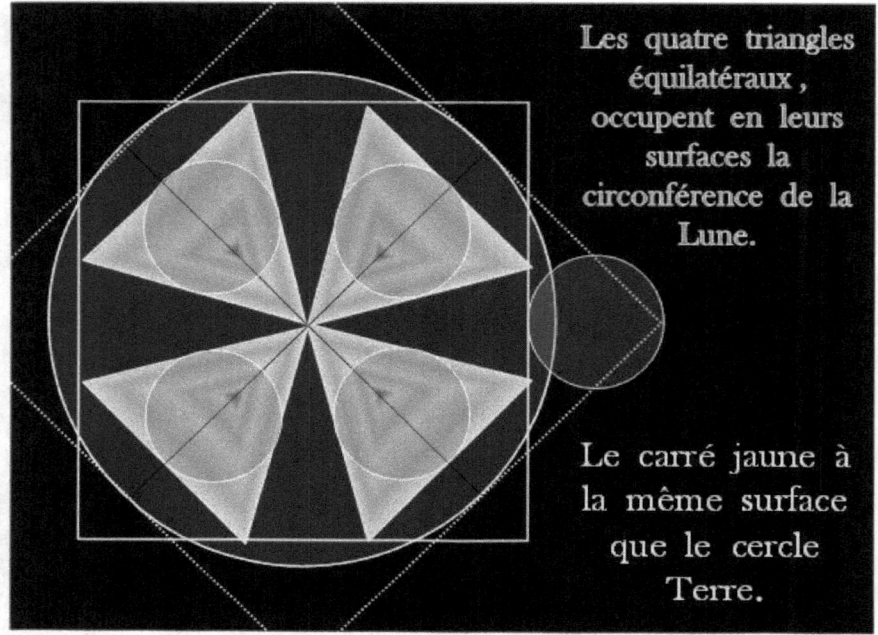

Les quatre triangles équilatéraux, occupent en leurs surfaces la circonférence de la Lune.

Le carré jaune à la même surface que le cercle Terre.

Nous constatons ici que la Grande Pyramide accueille avec une précision toute cartésienne la Terre et la Lune en son espace interne, comme si cet édifice avait été prévu pour cela. Le diamètre de la Terre est ici ajusté aux pentes et le diamètre de la Lune à la base. Pour ce cas de figure, la hauteur du monument correspond exactement aux diamètres des deux astres 16 211,38936 km, alors que la demi-base affiche les valeurs de la clé pyramide multiplié par 10 0000. Nous ne pouvons que demeurer perplexes devant une telle démonstration, impliquant les valeurs cachées de ce monument, réputé de tout temps consacré aux dieux. En demeurant toujours sur les strictes mesures de la Grande Pyramide, intéressons-nous à la base et plus particulièrement aux rapports existant entre les quatre côtés et celle-ci. Si nous couchons chacun de ses côtés sur la base, à la manière dont on le ferait pour un vulgaire emballage, nous obtenons une superposition de ceux-ci. Il n'y a en cela rien d'étonnant du fait que la hauteur de chacun des côtés est plus grande que la largeur de la demi-base. Ce qui est bouleversant, c'est que lorsque nous traçons un cercle dont la circonférence passe par la pointe de ces quatre côtés, nous obtenons le rapport au diamètre de la Lune par rapport au rond circonscrit dans le carré-base qui lui représente la Terre.

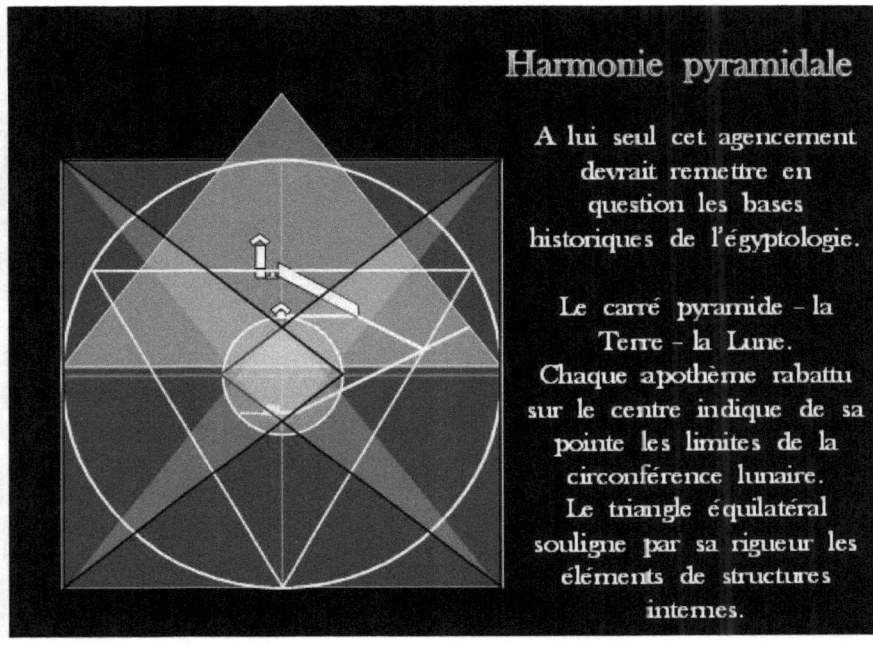

Harmonie pyramidale

A lui seul cet agencement devrait remettre en question les bases historiques de l'égyptologie.

Le carré pyramide – la Terre – la Lune. Chaque apothème rabattu sur le centre indique de sa pointe les limites de la circonférence lunaire. Le triangle équilatéral souligne par sa rigueur les éléments de structures internes.

Nous ne nous étonnerons pas que le triangle équilatéral qui épouse la circonférence terrestre ait des lignes qui recoupent l'architecture interne. La chambre de la reine sert de limite à la circonférence de la Lune et la chambre souterraine a des prolongements qui incite à la méditation. À lui seul cet agencement devrait remettre en question beaucoup de nos croyances, toutefois ce serait ignorer la chape de plomb qui pèse sur toute découverte non officialisée. Reconnaître la pertinence d'un tel organigramme serait par le fait même douter de l'authenticité du tombeau, et il y a trop de bouches à nourrir pour que cela soit envisageable. Savoir si l'on maintient ouverts ou fermés les magasins le dimanche oblige à une réflexion infiniment plus intense, plus cérébrale, plus circonspecte et engage des conflits frénétiques avec une mobilisation permanente des personnalités intellectuelles les plus notoires, *mais là votre truc, non… c'est du gadget !*

Bon…si c'est à ce point « tendance », nous ne mobiliserons pas nos modestes facultés pour décrocher la Lune !

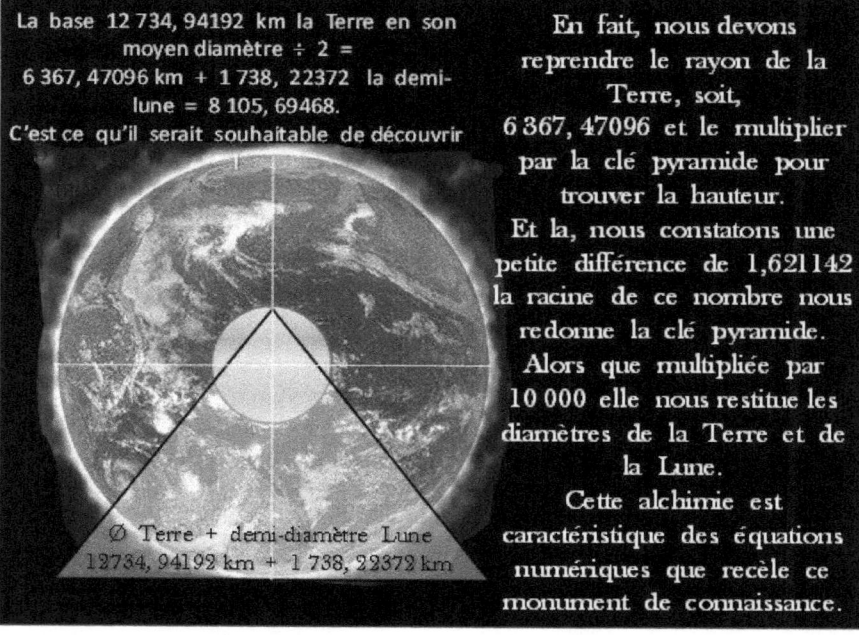

Cependant, pour des civilisations qui seraient plus avancées que la nôtre, ce type de constatations constituerait une évidence à examiner avec la plus grande attention. Son évaluation serait si importante qu'elle serait appelée à modifier en profondeur le cours des choses et l'ensemble des esprits les plus éclairés se pencherait sur la question.

Aucun risque aussi subversif en la nôtre, à moins que ne se dissimule derrière tout cela une rentabilité quelconque. Nos gouvernants se pencheraient alors sérieusement sur la question, non pour chercher à en apprécier le caractère merveilleux, mais pour en calculer l'indice de rentabilité. C'est pour cela qu'à échéance, nous sommes « foutus ».

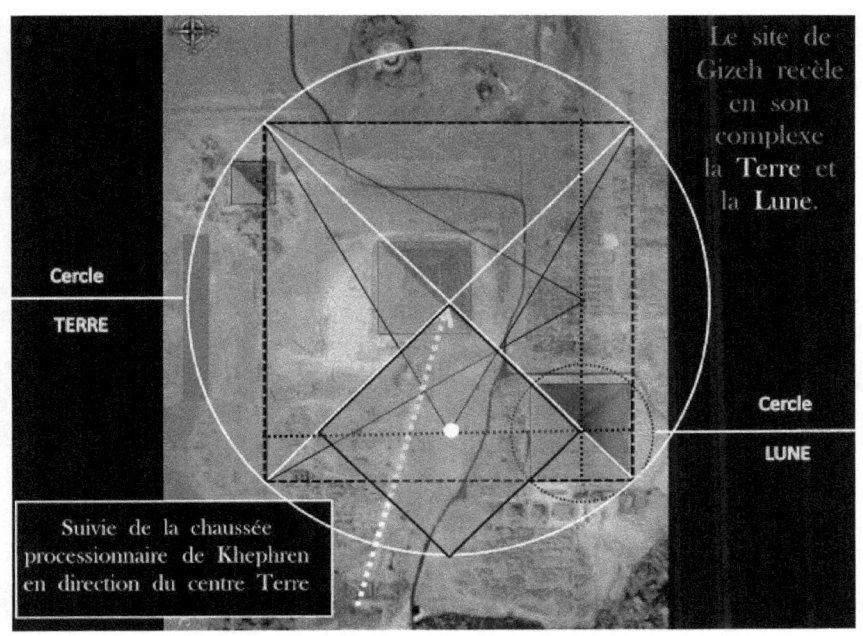

Le site de Gizeh recèle en son complexe la **Terre** et la **Lune**.

Cercle **TERRE**

Cercle **LUNE**

Suivie de la chaussée processionnaire de Khephren en direction du centre Terre

Il manquait une notion pensante à ces trois éléments Terre, Lune, Pyramide, elle nous est donnée ici par le pentagramme, forme symbolique de l'homme.

En alchimie le pentagramme exprime la puissance des forces complémentaires, ses pointes en opposition attestent du principe de l'androgynat, masculin, féminin. Il passe pour être la clé des hautes sciences. Le pentagone était vénéré par Pythagore, par Paracelse. Chez les anciens égyptiens, il était à l'effigie d'Horus, le combattant vertueux qui fera un jour triompher l'intelligence en provoquant la méconnaissance tel un mépris à vivre.

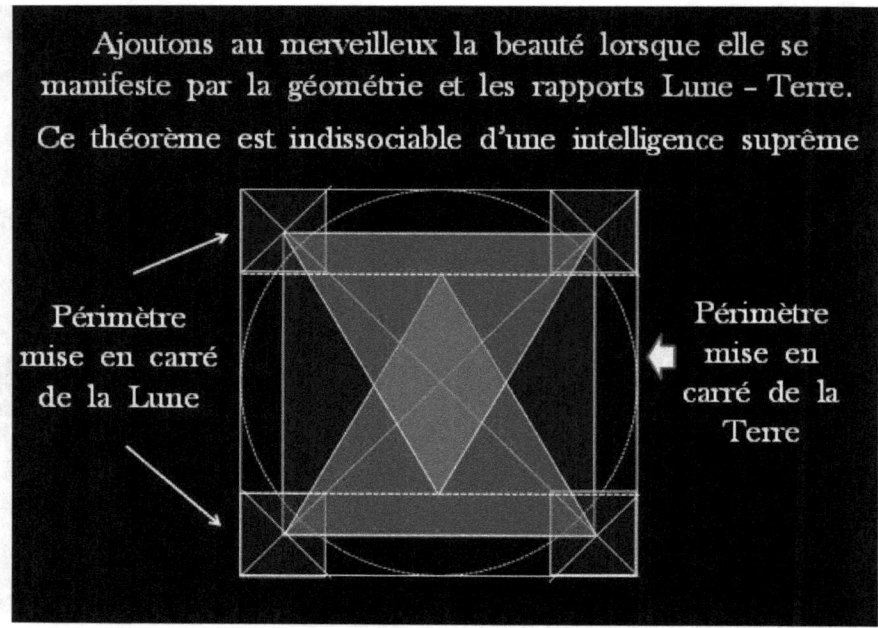

Ajoutons au merveilleux la beauté lorsque elle se manifeste par la géométrie et les rapports Lune - Terre. Ce théorème est indissociable d'une intelligence suprême

Périmètre mise en carré de la Lune

Périmètre mise en carré de la Terre

Si nous étions d'astrales entités, nanties de tous les attributs angéliques du discernement et que nous manifestions le désir de venir en aide à de misérables spécimens humains qui font de leur auxiliaire de vie une déchetterie, comment nous y prendrions-nous pour leur faire comprendre que *la Terre, le Soleil, la Lune* sont les ingénieuses représentations d'un principe universel, et qu'à ce titre, ces astres doivent faire l'objet des plus grandes considérations que ces anthropoïdes soient capables de discerner. Forts alors de ce que nous savons, nous les inspirerions à côtoyer les voies de la prescience afin qu'ils découvrent les relations à établir entre ces supports existentiels et leurs subtiles représentativités. Ce qui les amènerait à exploiter la loi des nombres hors de leurs intérêts exclusifs, à établir des analogies et à rechercher des corrélations. Peut-être parviendraient-ils à considérer que ces trois astres, ont une filiation divine et que cela les placent eux-mêmes dans des indices de réciprocité.

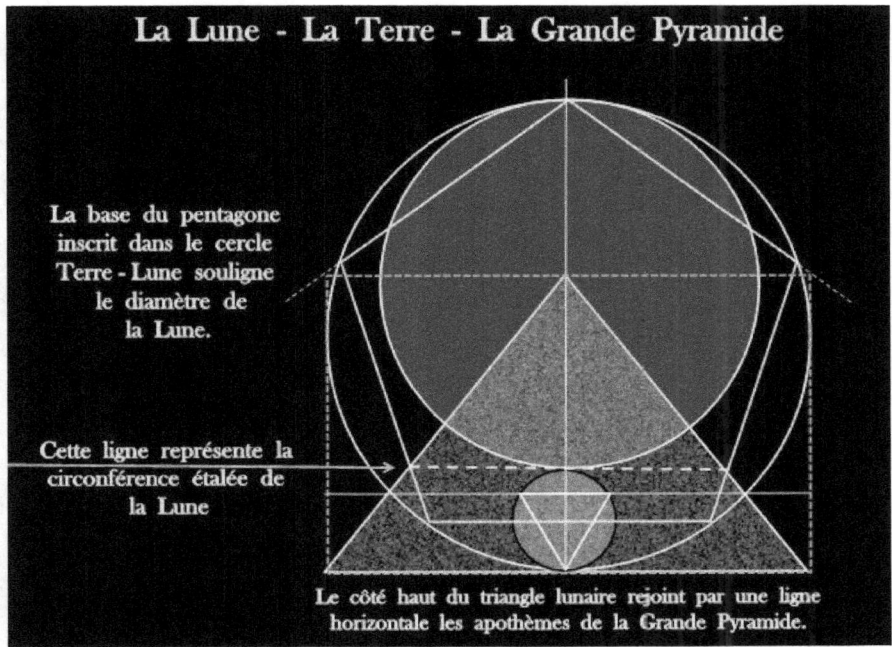

Suivons les points de raccordements pour nous émerveiller des concordances.

La Lune et la Terre dont on retrouve les agencements aux principaux carrefours de lignes de la Grande Pyramide, représentent une perpétuelle source d'émerveillement. Il est communément impossible que le phénomène « *hasard* » se soit immiscé dans la pluralité des organigrammes liant les deux astres. Nous sommes contraints d'établir d'autres rapports d'affinités que ceux qui impliquent les nombres et la géométrie. C'est là précisément qu'intervient le ressenti et que celui-ci force la raison à franchir le seuil de ce que nous estimons être le raisonnable. S'il est démontré qu'en aucun cas il ne peut s'agir de circonstancielles coïncidences, alors il nous faut envisager un rapport intelligent entre ce que nous considérons être les masses inertielles de la matière et nous. Si tel est le cas, cela devrait changer notre regard, sur ce que nous appelons « *la vie* ».

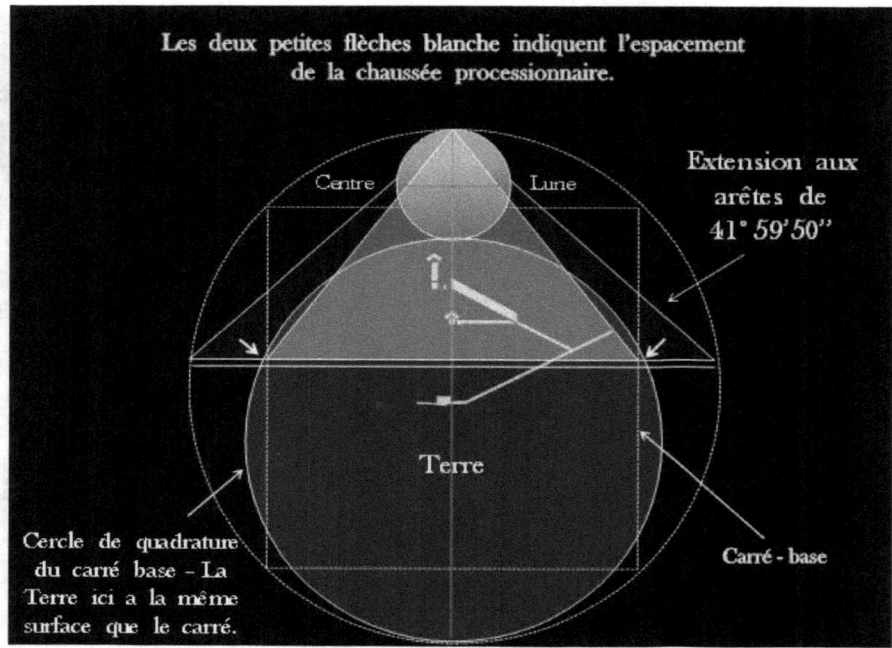

> Ces graphiques que nous exposons ne sont pas pour ceux qui croient à un **Principe Créateur Universel… assistés de quelques omniscientes entités,** mais pour ceux qui croient au tombeau de Kheops, avec l'intention toute altruiste de les inviter à la réflexion !

Pourquoi ces maîtres à penser ont-ils autant insisté sur les mesures concernant *la Terre et la Lune* ? Et bien tout simplement, parce que les êtres humains que nous sommes y posons les pieds, et qu'il est bon de savoir sur quoi on les poses ! Si aujourd'hui, il nous est si difficile de vivre en communauté, c'est peut-être que nous avons une vision psychique trop restreinte du monde qui nous entoure. Si seulement nous pouvions nous faire à l'idée que nous ne sommes pas *un accident de la nature,* que nous avons la possibilité d'une *raison d'être* et qu'il est urgent et salutaire que l'on cherche à la découvrir. La raison dominante de notre existence consiste en une seule chose, **développer notre état de conscience** afin qu'il soit plus digne que celui dont nous avons hérité à notre naissance. C'est chose facile d'être perfectible lorsque que nous sommes animés *d'une dynamique de connaissance,* à l'opposé, c'est vain et utopique, lorsque que nous ne pensons être qu'une *incidence chromosomique*. Le plus performant des moteurs n'est rien sans l'énergie dont il dépend, il est rabaissé à un objet inerte dont le fonctionnement même est imaginaire. Il est donc de notre devoir existentiel, non point de passer chaque instant à amasser des richesses superfétatoires eu égard à la transcendance, mais de tenter notre démarche vers *une raison de vivre*. Il se peut que celle-ci, soit, pour de multiples raisons, éloignée de *la démarche de connaissance* que nous préconisons, mais le fait qu'elle revête un idéal en lequel nous espérons est louable s'il est suivi de la conduite qui lui sied. Les Grands Initiés, concepteurs du site de Gizeh, ont fait choix de placer au centre de la quête *la Terre et la Lune,* sans doute se sont-ils dits qu'aucun élément ne peut sensibiliser l'intelligence mieux que ceux-là. La Terre n'est-elle pas Mère avant notre mère et la Lune n'est-elle pas sœur confidente de notre intuition noétique ? Ce sont là les deux critères principaux de notre conformité existentielle, il n'est donc pas étonnant qu'ils fussent pris pour indice de référence. Nous verrons que le troisième élément majeur est le Soleil, et que cette trilogie est incontestablement à la base de la connaissance suprême, l'alchimie ne nous en apporte telle pas la preuve la plus enluminée ?

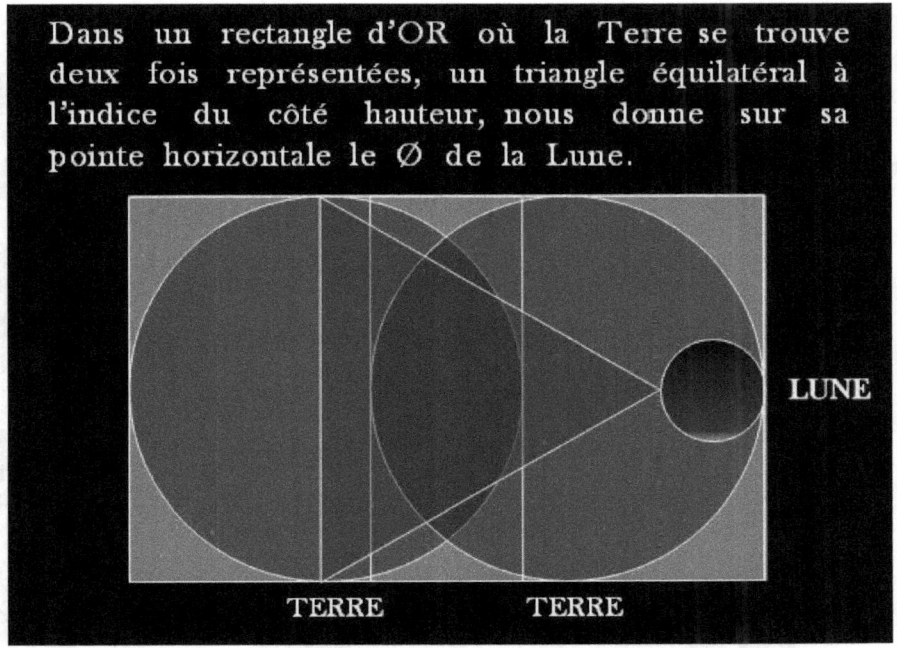

Dans un rectangle d'OR où la Terre se trouve deux fois représentées, un triangle équilatéral à l'indice du côté hauteur, nous donne sur sa pointe horizontale le Ø de la Lune.

Les Anciens initiés aux valeurs universelles, nous rappelaient, avec cette belle humilité innocente qui les caractérise, que *la Terre était carrée.* Cela ne manquait pas de susciter les sourires condescendant de ceux, qui *savent bien que la Terre est ronde*. Mais à la réflexion, si on cultive l'erreur à dessein, peut-être que c'est par ces portes branlantes que l'on pénètre les paradigmes secrets de la connaissance.

Aussi est-il logique que nous entamions les réformes de notre enseignement, par ce qui est le plus essentiel à nos conditions de vie. La Terre bien évidemment, tout en sachant que la Lune est son indispensable balancier. C'est sur cette base initiale que l'un des deux astres s'est un jour apprêté à recevoir la vie donnée par le Soleil et l'eau.

Douter que des rapports numériques de causalité universels régissent le monde en lequel nous évoluons, ne nous apparait pas être une preuve patente de qualité d'esprit. Les nombres, la géométrie gèrent l'équilibre en ce monde de matière innée, ce qui fait que des éléments composites de définition semblable ont servi de base à ce que nous nommons la vie. C'est selon toute probabilité, ce que cherchaient à nous faire comprendre, ces édificateurs des monuments pyramidaux du site de Gizeh. En ayant disposé judicieusement ces édifices à l'encontre de la naturelle topographie des lieux, ils ont démontré leur volonté de laisser en la pérennité des âges, un message. Celui-ci nous démontre de façon patente, le caractère universel de la création, et au-delà, la conformité intelligente qui gère la raison des choses. Ces êtres omniscients ont ordonnancé ces monuments, en fonction de ce qu'ils pensaient être nos capacités de discernement. Sans omettre un espace ludique d'appréciation, pour nous permettre de subodorer les substrats que nous devrons de discerner et les secteurs qui conviennent à leurs numériques.

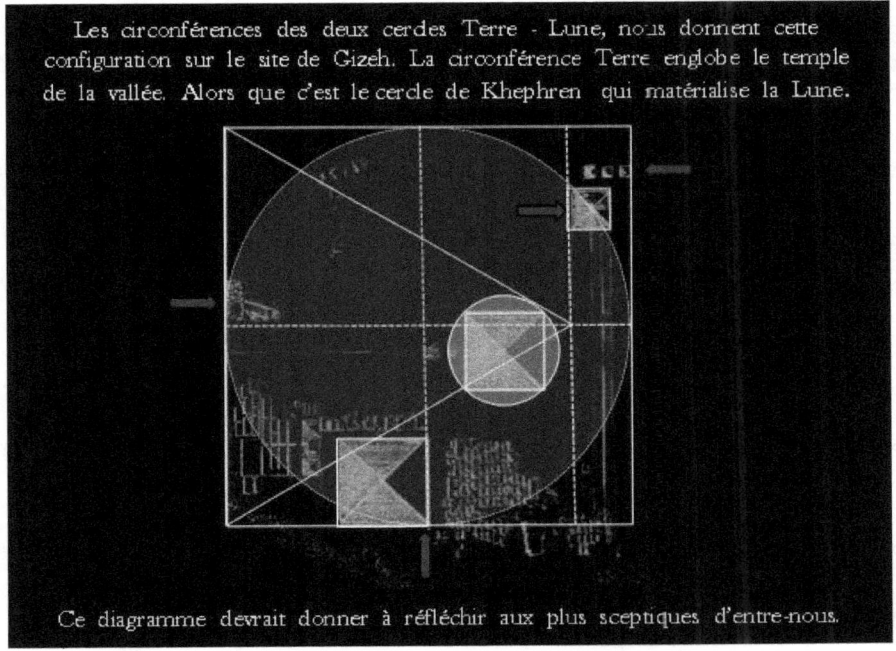

Les circonférences des deux cercles Terre - Lune, nous donnent cette configuration sur le site de Gizeh. La circonférence Terre englobe le temple de la vallée. Alors que c'est le cercle de Khephren qui matérialise la Lune.

Ce diagramme devrait donner à réfléchir aux plus sceptiques d'entre-nous.

Nous avons ici un bel exemple de ce que ces *êtres de lumières* tentent de nous faire comprendre. Hélas, beaucoup d'entre nous ne réfléchissent qu'en fonction de l'enseignement qu'ils ont reçu et des éléments matériels coutumiers dont ils sont le plus souvent tributaires. Aussi rejettent-ils avec suspicion, tout ce qui leur semble ne pas être conforme à cet apriori. Nous pouvons le déplorer, car nous avons le sentiment très net que ceux qui ont élaboré Gizeh, désiraient par cette réalisation de génie, nous aider à franchir une étape. Peut-être envisageaient-ils *un choc émotionnel*, provocateur de nos états cognitifs, au point de nous faire franchir une orbite évolutive salutaire.

Sans doute, ignoraient-ils, ces vertueux concepteurs, à quel point nous aimons patauger dans la gadoue et jouir au jour le jour de nos indices boursiers.

Encore quelques déluges et si les pyramides résistent aux déferlantes dévastatrices, le message sera toujours là pour une nouvelle tentative.

« Voyez-vous chers initiateurs, nous avons encore quelques têtes à couper au nom de Dieu et aussi à mitrailler quelques écoliers. Mais reconnaissez que nous progressons depuis les tranchées de 1914, et s'il y a encore quelques dommages latéraux, ce ne sera plus le cas dans les millénaires dématérialisés suivants.

Ne nous avez-vous pas appris que la patience est la première des vertus ? Non mes amis, ne pleurez pas, nous sommes tout de même quelques-uns à penser autrement, voyez, nous trouvons même intelligente l'illustration suivante... ne désespérez pas !

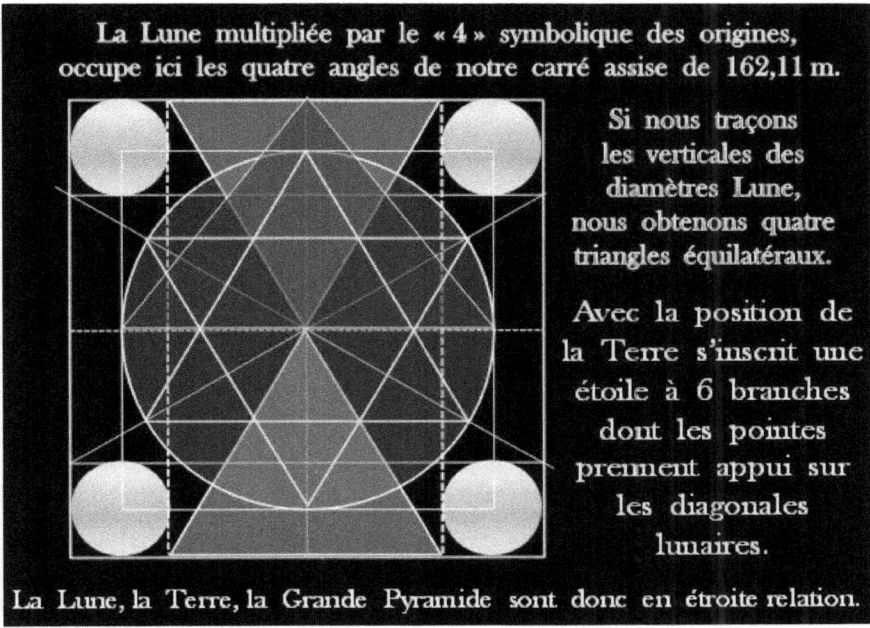

*Nous avons bien remarqué que la Grande Pyramide en rouge, coïncide avec le diamètre de la Terre et la circonférence de la Lune, que le carré entourant la Terre a ses angles qui pointent sur le centre de la Lune, que les diagonales des circonférences lunaires engendrent les pointes des deux triangles équilatéraux circonscrits, et que les deux autres se juxtaposaient à la circonférence de la Lune pour former le sablier du temps. Mais nous n'avons pas appris cela à l'école **Messieurs de L'ailleurs**, donc... nous regrettons beaucoup, mais nous ne pouvons que rejeter de telles élucubrations... !*

Serait-ce possible, près d'un demi-siècle de recherches pour en arriver là ? Soyons réalistes, se peut-il que d'aussi piètres babioles puissent trouver place dans les rouages parfaitement huilés du *politiquement correct* ? Non bien sûr, mais il nous faut savoir qu'il demeure dans le silence de l'anonymat, une pensée muette riche d'intellection à l'écoute des odes honnis de l'hédonisme, c'est parmi celle-là que la vérité un jour, se désolidarisera du chaos.

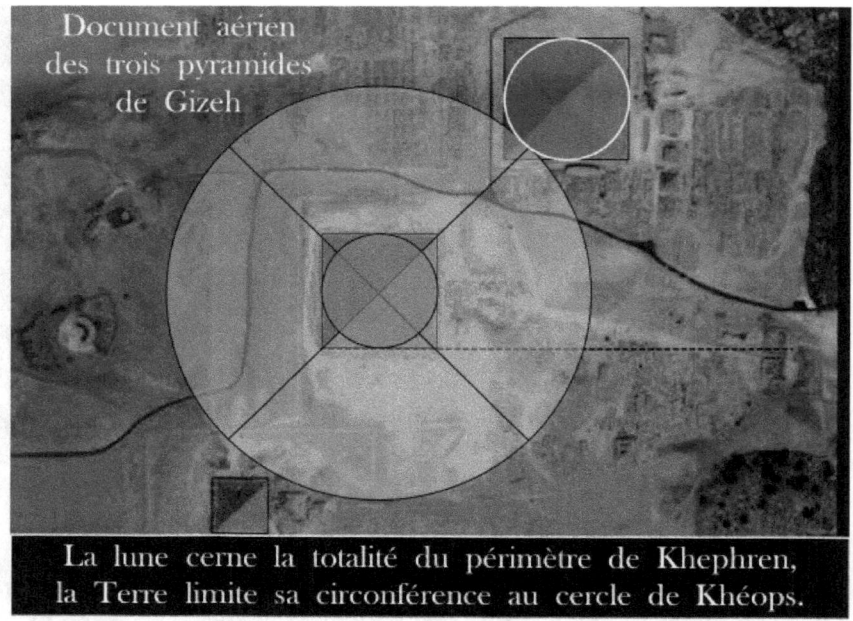

La lune cerne la totalité du périmètre de Khephren, la Terre limite sa circonférence au cercle de Khéops.

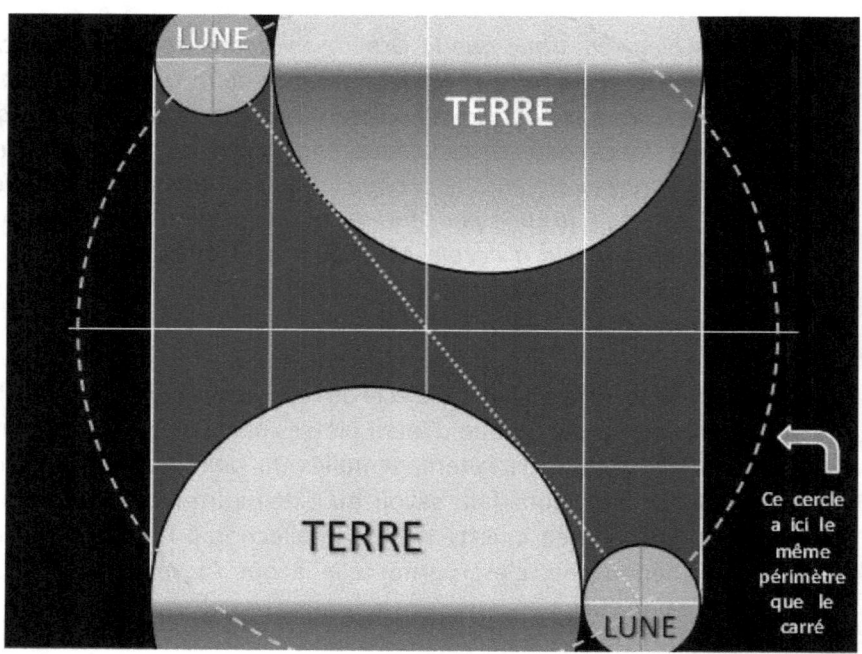

La Terre et la Lune semblent jouer à nous surprendre sur l'échiquier de leur relation, le cercle du périmètre carré passe par le centre de la Lune, et la diagonale rejoint l'angle formé par le périmètre et le cercle. la Terre ici n'est-elle pas l'engrenage de Khéops ?

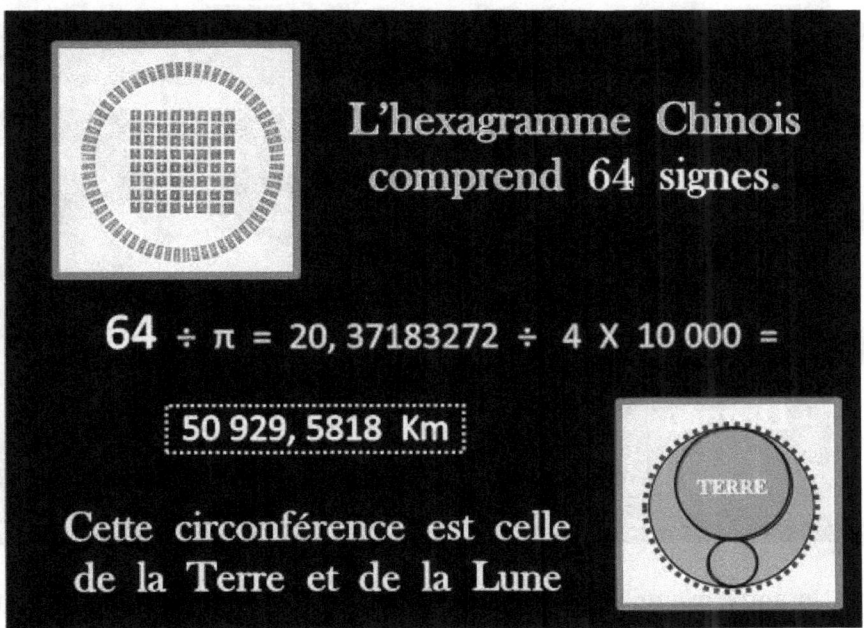

La qualité des nombres est indéniablement à l'origine d'une multitude de formations organisationnelles, dont l'efficience dépend beaucoup des connexions géométriques de circonstance.

Ces agencements parfois forts complexes sont souvent à la base des structures moléculaires. Nous les nommons « *grandes constantes universelles* » pour les différencier des multitudes numériques qui les complètent de leurs unités de fonction. Le total 64 de l'hexagramme Chinois, fort judicieux sur un plan ésotérique, n'échappe pas à ce système de valeurs. Il corrobore de manière évidente le rapport Terre – Lune en fonction de l'application ci-dessus.

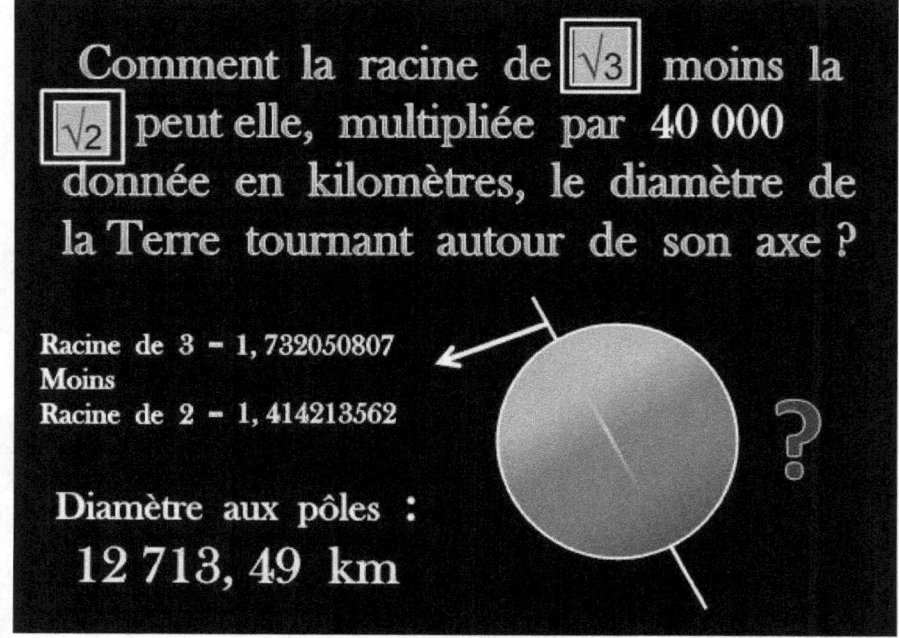

Un autre exemple des *grandes constantes universelles* nous est donné avec les racines de 2 et 3 et le diamètre de la Terre aux pôles.

Nous avons d'autres références avec le périmètre de la Grande Pyramide, lorsqu'il est converti en minutes sexagésimales. Avec l'illustration précédente, la différence en mètres après la virgule, est de 52 mètres, ce qui est négligeable pour le diamètre de la Terre.

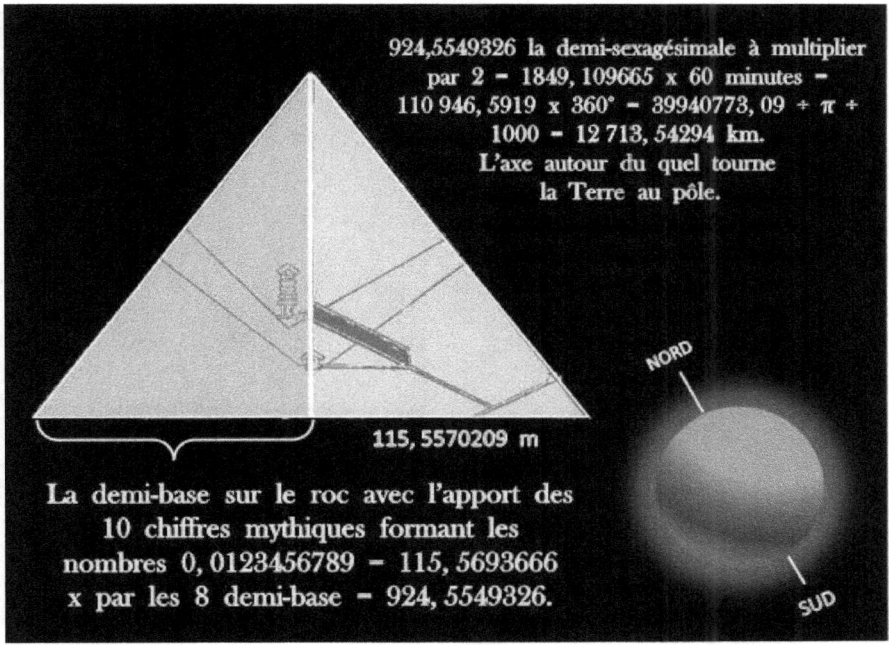

La encore il est flagrant que l'apport des 10 premiers chiffres sous la forme de 0,0123456789 engendre une correspondance numérique qui s'applique parfaitement au périmètre de la Grande Pyramide.

Si notre esprit ne réagit pas à cette notion des choses, cela ne signifie pas que ces formules sont banales, mais que notre intellect est profondément soumis aux conformités de l'enseignement reçu et qu'il ne peut s'en défaire sans dommage pour sa stabilité. Il y a donc un ukase suivi d'un désintéressement, afin de retrouver une sérénité neuronale indispensable pour le calcul de ses intérêts boursiers.

La vie est bien faite, la sélection naturelle, c'est nous qui n'avons pas assez de recul et de présence d'esprit pour en juger !

Le périmètre de la Grande Pyramide est égal à 924, 4561672 m
cette valeur est celle de la demi-minute sexagésimale.
924, 4561672 x 2 = 1 848, 912334 = 1 minute x 0, 060 =
110, 9347401 km soit : 1° de circonférence

231, 1140418 m

La latitude du plateau de Gizeh
étant de 110, 935 km,
voilà un beau concours de
circonstance.
De surcroît, cette latitude voisine
avec le Ø de la Terre aux
pôles sans l'épaisseur moyenne
de la glace au pôle sud, c'est
aussi l'axe sur lequel tourne
la Terre.
110, 935 km x 360° ÷ π =
12 712, 21 km

Voilà un bien joli concours de circonstance concernant la Terre via la Grande Pyramide, à moins que ce ne soit là que les propensions numériques que nous évoquions il y a un instant, les deux peut-être ? Chacun des côtés du carré-base nous donnerait le diamètre de la Terre aux pôles ôté de l'épaisseur de la glace, évaluée à 1300 mètres en moyenne. Il est bien évident que l'on ne peut pas prêter aux égyptiens de la IVème dynastie de telles connaissances géodésiques. Il nous faudrait alors admettre un singulier concours de circonstances ou un apport extérieur scientifique tout fait improbable à l'époque officialisée par « l'intelligentsia ». Il ne devait pas en être de même en moins 10 435 avant notre ère, au départ du cycle précessionnel de la constellation d'Orion. Les concepteurs réalisateurs de ces œuvres d'art avaient à n'en point douter, la possibilité d'établir des relevés précis, les cartes du XVème siècle que nous décrivons par ailleurs en cet ouvrage ne le prouvent-elles pas sans équivoque ?

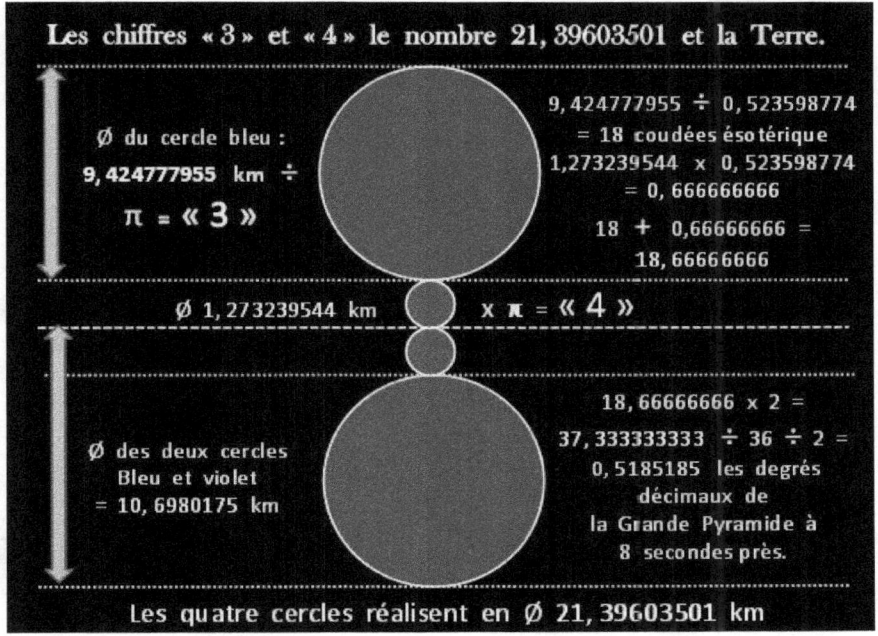

En cette représentation le doute s'estompe dans la rectitude numérique, la Terre est équilibrée par des constantes universelles, qui ont un rapport direct avec l'esprit de la genèse égyptienne. Geb et Nout troisième et quatrièmes naissances divines incarnant *la matière* et *le ciel*, sont représentatifs des chiffres 3 et 4, ceux-là nous donnent le 21,396 des rapports pôles – équateur. Pour mieux comprendre tout l'intérêt du système cosmique sur lequel nous gravitons, remémorons-nous cette illustration où sont exposés les chiffres 3 et 4 générateurs de ce nombre additif et soustractif permettant de retrouver les véritables proportions de notre planète. Aussi, devrions-nous méditer sur l'invraisemblable raison qui fait que ces deux chiffres mythiques soient les occurrences numériques de notre support de vie.

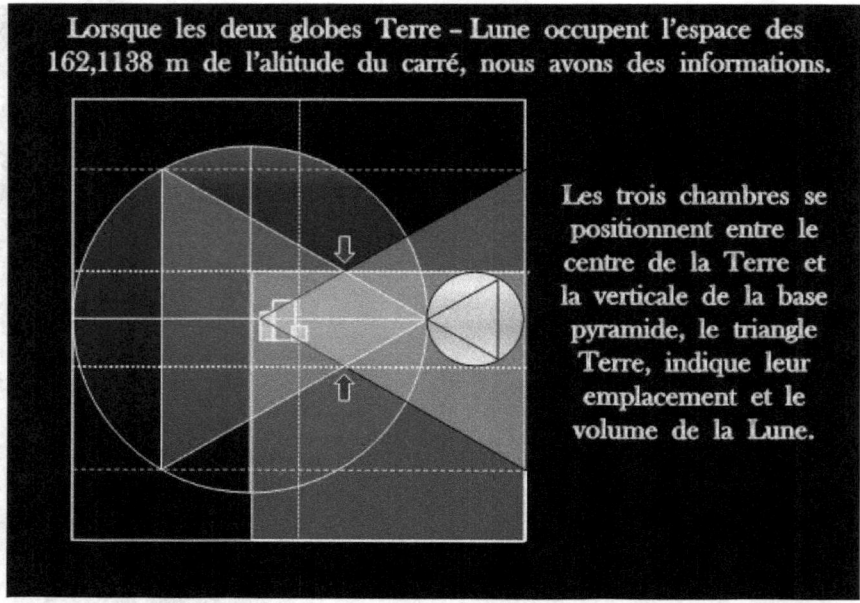

Notre planète et son satellite naturel la Lune ne peuvent en aucun cas être le résultat de la malléabilité du hasard. Ses cycles, ses formes, ses mesures ont été pensés en fonction d'un unique critère de base. Il repose sur les capacités cognitives qu'il est de bon ton d'attribuer au genre humain. Sans doute pour que le produit de cette intelligence participe au continuum créatif de l'évolution. C'est ce que pensaient les anciens égyptiens en coopérant au maintien de la nature du créé. *La philosophie existentielle* devrait largement précéder en nos esprits, *profit et croissance,* ces deux mots condisciples qui obnubilent nos esprits rationalistes. Par son attachement immodéré aux valeurs matérielles, l'homme évince son capital conscience, seul garant de son évolution. Pour évoluer, la société n'a nul besoin d'un esprit collectif assujettissant, mais d'un comportement philosophique associatif, basé sur l'analyse profonde de la nature. En tant qu'individus physiques, nous ne sommes pas dissemblables des éléments que nous étudions, notre composition est identique, ce sont nos déductions qui divergent.

> 10 935,04203 km pourrait être la plus grande circonférence de la Lune, 4, 284 km au delà du diamètre moyen de 3 476, 44744 km
> x 12 734, 94191 km Ø moyen de
> la Terre, résultat à divisé par 100 =
>
> ## 1 392 571, 263 km le Ø du Soleil.
>
> Nous conviendrons que ce résultat alchimique **Terre - Lune - Soleil** pourrait nous donner à réfléchir.

La Lune sur sa face invisible possède un profil de surface en surélévation de plus de 4 km, relevé par les mesures de télémétrie laser. Sa face visible affiche des fosses abyssales plus profondes encore ce qui lui donne une circonférence moyenne de 10 921,58174 km. Si nous tenons compte de sa plus grande circonférence, nous obtenons le résultat affiché ci-contre. Soit Lune 10 935, 04203 x par Terre ø 12 734, 94191 km divisé par 100 = ø du Soleil. Cette arithmétique ne saurait être désavouée par les alchimistes, lesquels nous réitèrent à longueur de textes, qu'il nous faut d'abord méditer sur ces trois astres familiers pour entrevoir la lumière du triangle. L'approche philosophique n'en vaut-elle pas la peine ?

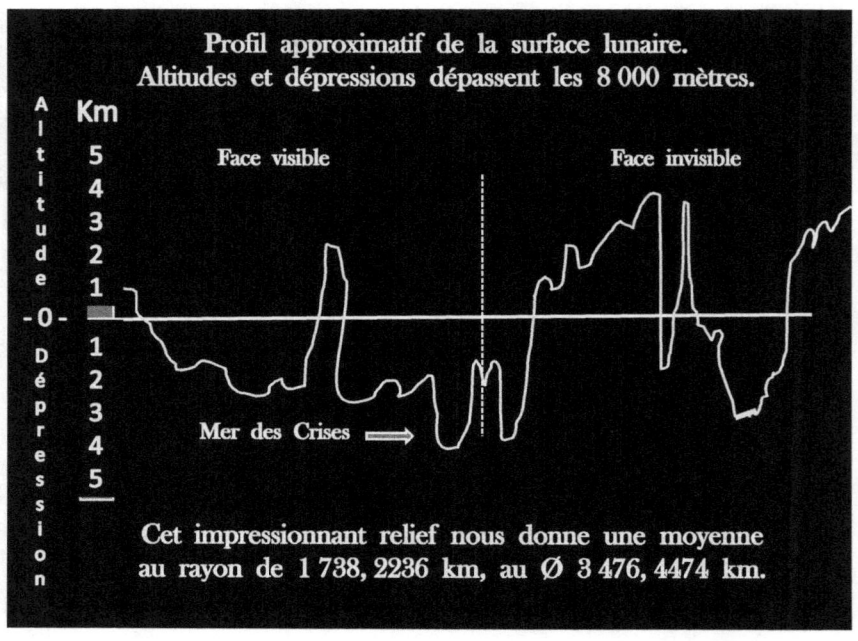

Les mystères du Soleil

Nous avons pu observer tout au long de ces pages, que notre étoile, elle aussi a ses mystères, qui coïncident avec les valeurs inhérentes à la Grande Pyramide. Cela ne saurait nous étonner, compte tenu que cet astre nous apporte la lumière et la vie. Cependant sa présence dans certain organigramme semble vouloir nous indiquer autre chose que sa participation aux arcanes de Gizeh. Prenons pour exemple la valeur de son disque et plus particulièrement son diamètre, la plupart des relevés de source scientifique nous donnent 1 392 530 km. Nous n'avons de pas de télescope professionnel, mais nous avons la possibilité d'effectuer des calculs différents de ceux qui nous sont livrés par des sources officielles. Nous les obtenons par l'étude et les recoupements de ce que nous estimons être, des Grandes Constantes universelles. La nature ne commettant que peu d'erreurs en matière de symboles numéraux, nous pouvons considérer que la valeur que nous avançons est plus exacte que celle officiellement admise. Non que nous tentions par bravade à rivaliser avec la science actuelle, détentrice de matériels sophistiqués dont nous n'avons même pas la moindre notion de maniement. Non, nous obtenons ces données par la voie ancestrale que nous avons choisie pour référence de vérité. Cela étant, la valeur du diamètre solaire par nous exposé est de 1 392 571,262 kilomètres. Les apparents 262 m après la virgule, évidemment théoriques, peuvent raisonnablement prêter à sourire. Probablement amèneraient-ils aussi le nôtre de sourire, si nous nous bornions à être des observateurs rationalistes détachés du contexte. Il est notoire que les scientifiques actuels ont une approche différente et que le sourire en question, est motivé par une précision jugée superfétatoire. Alors que pour nous, celle-ci a des connotations subsidiaires tout-à-fait intéressantes, avec des méthodes d'applications non conventionnelles.

Pour exemple ; un voyageur résidant à Paris, lequel aurait pour intention de descendre vers le sud pour aller rejoindre le pôle nord, amènerait également le sourire narquois des gens qui « savent ». Cependant l'itinéraire de ce voyageur serait aussi juste que celui qui aurait fait choix de partir vers le nord, la différence résiderait uniquement en *un facteur temps*, mais nullement en une erreur de discernement.

Mais revenons à notre Soleil et à son diamètre, la différence relevée entre le fruit de la science et celui (sic) de l'extrapolation, est exactement de 41,262 km ou 20 km au rayon sur près d'un million quatre cent mille kilomètres ou encore l'épaisseur d'une lame de rasoir à 100 mètres. D'autant que les deux valeurs indiquées peuvent s'expliquer, s'il est question du facteur *temps,* nous supposons que la nôtre est une évaluation moyenne étalée sur un nombre considérable de millénaires. La grande Pyramide détient donc en ses flancs la Lune, la Terre et le Soleil et cela sous des axes les plus inattendus.

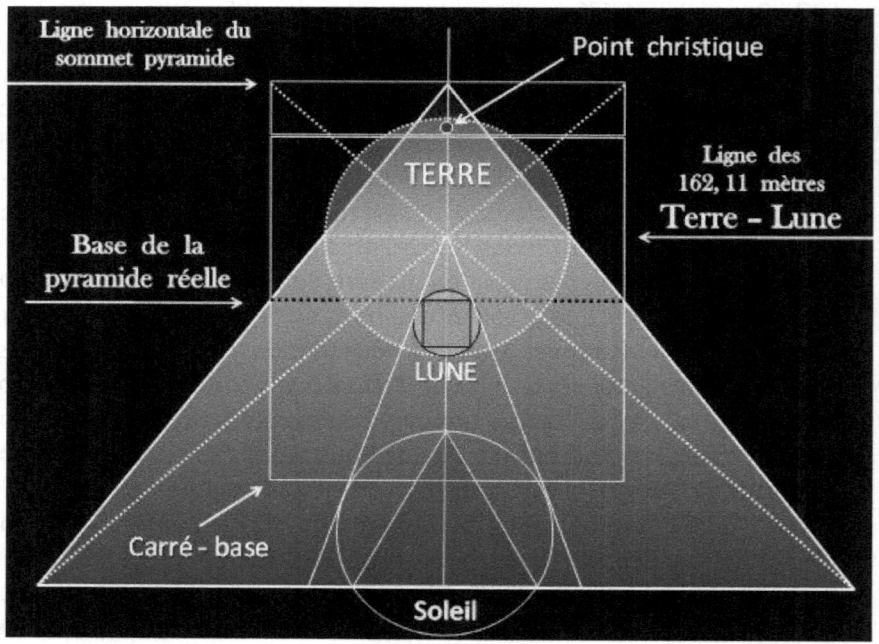

Notre lecteur aura saisi que la référence en laquelle s'inscrit le soleil est à une échelle différente de celle réservée à la Lune et à la Terre, le tout étant fonction de l'indice volumétrique de la Grande Pyramide. Le plus troublant c'est que ces trois astres et la constellation d'Orion occupent des places désignées sans que cela ne modifie en rien l'architecture intérieure. Si nous ajoutons à cela la rigueur du nombre Pi, du nombre d'OR, des racines de 2 de 3 de 5, les angles de l'arc-en-ciel et les suites numérales telle que 0-1-2-3-4-5-6-7-8-9 ou 1,1111111111, nous avons là matière à méditer !

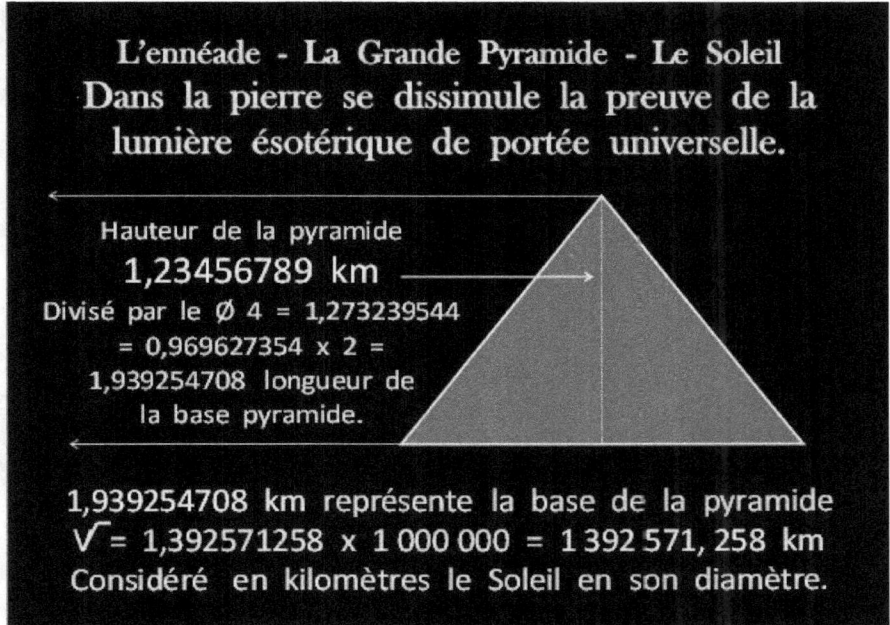

Si nous reprenons le nombre qui définit la base de la pyramide proportionnelle, soit : 1,939254708 et que nous cherchions le périmètre de la base, nous trouvons 7,757018832 ÷ 1, 2 3 4 5 6 7 8 9 = 6,283185311 ÷ 2 = π 3,141592653. Normal, me direz-vous, oui bien évidemment, mais quelle beauté pour un tombeau ! Avec la plupart des calculs, il nous faut moins considérer le Soleil comme étant notre étoile intime, que comme étant *la lumière subtile du témoignage*. Le Soleil nous transmet une vérité immuable, celle qui consiste à pressentir la nature matérielle de ce monde avec un indicible soupçon de spiritualité. Bien évidemment, comme nous l'avons décrit par ailleurs, ce sont les nombres qui possèdent les qualités requises pour effectuer les choix nécessaires imposés par leur complexité évolutive. Mais qui, leur a donné cette possibilité d'agir ? Dire que celle-ci s'est réalisée naturellement, c'est enjamber la fenêtre du douzième étage pour éviter la lenteur de l'escalier, mais est-ce bien raisonnable ? À l'évocation de ce que nous avons démontré jusqu'ici, nous pouvons, pour le moins avoir un doute, sur des engendrements successifs qui finiraient avec un bon sablier par créer miss monde.

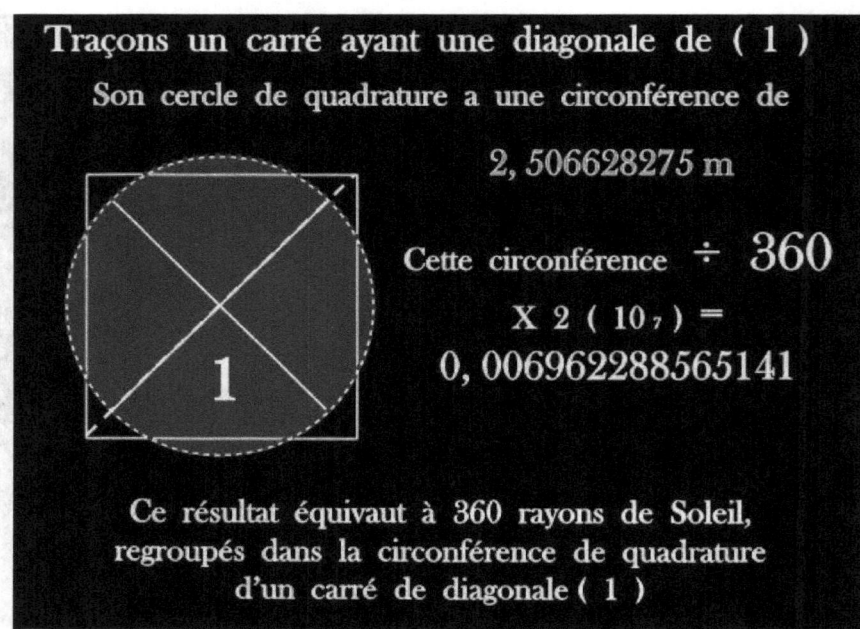

Normal, c'est bien connu ; *on fait dire n'importe quoi aux nombres* ! Ah bon, alors c'est peut-être pour ça que le *Principe Créateur* s'amuse tant avec eux ? Nous ne sommes pas ici dans le domaine des éventualités stochastiques dues au hasard ou encore des statistiques politiciennes offertes au gré des conjectures ! Nous sommes dans la gamme *des grands principes qui régissent l'univers,* et à ce titre, nous nous devons d'examiner ces rapports aux nombres avec une certaine réflexion. D'où nous viennent ces centaines d'équations qui corroborent le concept immanent d'une intelligence universelle ?

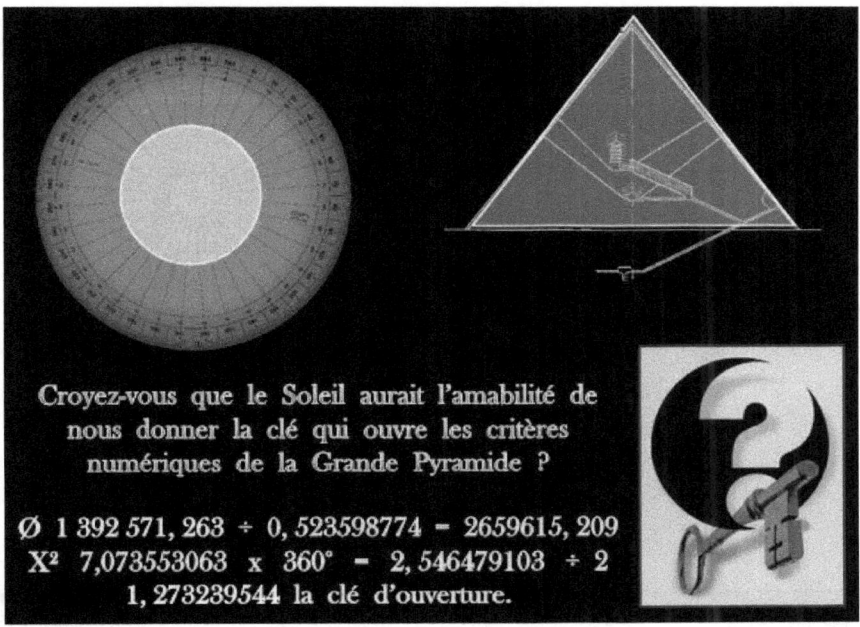

La Grande Pyramide focalise un nombre considérable de données, qu'elle répartit en sa structure, angles de pentes et situation sur le terrain. Une clé correspondant au diamètre du chiffre « 4 » permet une première appréciation de ses mystères. Le Soleil se métamorphose en lumière avec l'évidente intention d'éclairer les esprits « tout azimut » lequel est donné par le nombre 360°. Nous retrouvons ici le langage sibyllin, que nous avons partiellement étudié avec les illustrations alchimiques. Il nous faut voir les choses au-delà de leur représentativité, en cette nébuleuse du ressenti que dissimule l'intuition. *L'unique intellection* à tendance à se mécaniser dans la froideur du raisonnement, *l'unique intuition* à se dissiper en des considérations marginales, il est donc nécessaire pour jouir d'un certain bon sens, de maintenir l'équilibre entre ces deux natures. Cette position, si elle est adoptée, impose le recul pour estimer la valeur de ce qui est nouveau pour nous. Le problème posé sera alors résolu, le plus souvent à notre insu, comme si la solution était déjà inscrite en la numérique d'un ailleurs noétique.

Le Ø du Soleil est de 1 392 571,262 km son rayon est donc de 696 285,631 km. Multiplions le rayon du Soleil par « 36 » nombre sacré, nous obtenons 25 066 282,72 plaçons ce nombre au carré X^2 = 6,283185292 divisé par deux = **3,14159265** le nombre π. Moralité : le nombre pi est inscrit par le cercle (360°) dans un rayon de Soleil. *Merci Akhenaton*.

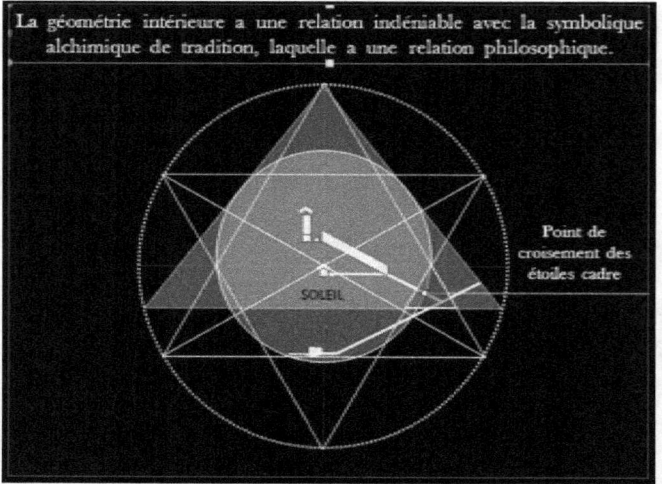

La géométrie intérieure a une indéniable relation avec la symbolique alchimique de tradition, laquelle a pour dessein de provoquer une connexion philosophique.

Il est amusant de constater que lorsque l'on place à l'échelle, des éléments aussi importants sur un plan physique que, le Soleil, la Terre ou la Lune, nous obtenons presque toujours des ramifications avec la schématique structurelle de la Grande Pyramide. Ce qui pourrait signifier que celle-ci vibre aux mêmes indices d'application.

Il semblerait que les nombres ont aussi une affinité secrète qui les incite aux formules de synthèses. Cette propension nous semble comparable aux antiennes liturgiques dont les formules solennelles ont une disposition à transférer des références primordiales à la proue de toute idéation.

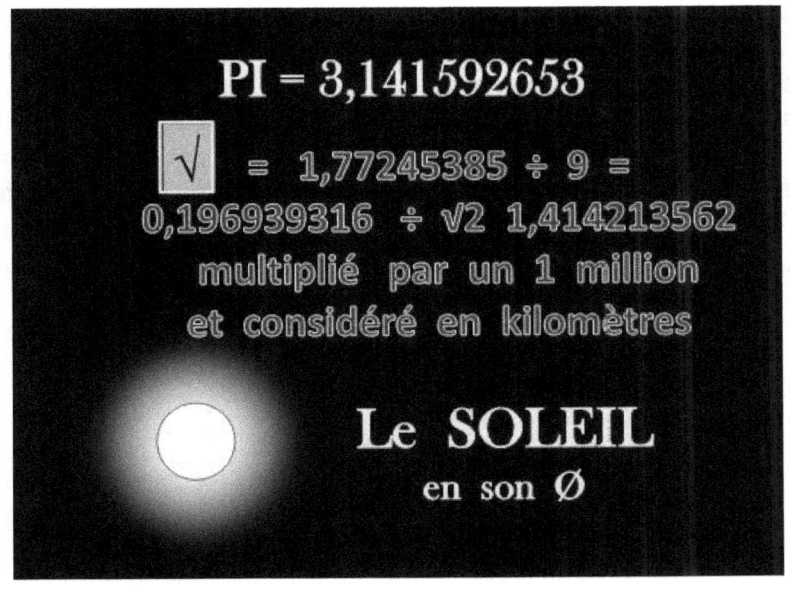

Nous avons là deux exemples significatifs de cette tendance à faire se concorder des valeurs primordiales pour satisfaire à une démarche éminente. Il est indéniable que le procédé conforte une combinaison d'éléments physiques en déploiement.

Il en est de même pour la relation nombre – géométrie, nous retrouvons fréquemment ce que nous pourrions qualifier d'attirance réciproque. Dans quelles perceptives se manifesterait ces corrélations s'il n'y avait de profondes raisons à ce qu'elles se produisent. Nous inclinons résolument pour l'existence d'une *intelligente supérieure* qui ambitionnerait à stimuler par des jeux de références archétypales nos capacités intelligentes *fatalement inférieures à la source*. À l'évidence, nous pourrions envisager une profusion de solutions exercées à atteindre ce but, sans pour autant que cette démarche revête le caractère d'une défiance. Mais ce serait ignorer *la nécessité à se mériter soi-même*, cet aphorisme conditionne la démarche volontaire d'évolution, le choix est alors naturellement restreint. Il se limite à des options que l'on peut ou non considérer essentielles pour son déploiement individuel. En résumé, nous en déduisons que le parcours intérieur que nous serions appelés à suivre, est jalonné d'éléments précepteurs de notre noétique. Ils auraient pour fonction d'apparaitre opportunément sur la voie que l'on suit, avec l'intention *paternelle* d'animer les capacités de discernement. Les êtres humains étant répartis sur des échelons mobiles d'appréciation, ce genre de déductions ne peut concerner qu'une minorité d'individus. Non que les autres auraient été distingués par la grâce divine, mais par le fait qu'ils ont fait l'effort de s'élever au-dessus du grégarisme ambiant, et qu'ils aspirent à un autre système de valeurs. Le matérialiste opportuniste s'élève au-dessus de la masse flottante en prenant appui sur les têtes surnageant qui l'entourent. Nulle comparaison avec l'aspirant à l'élévation dont l'esprit se maintient au-dessus du tumulte des eaux.

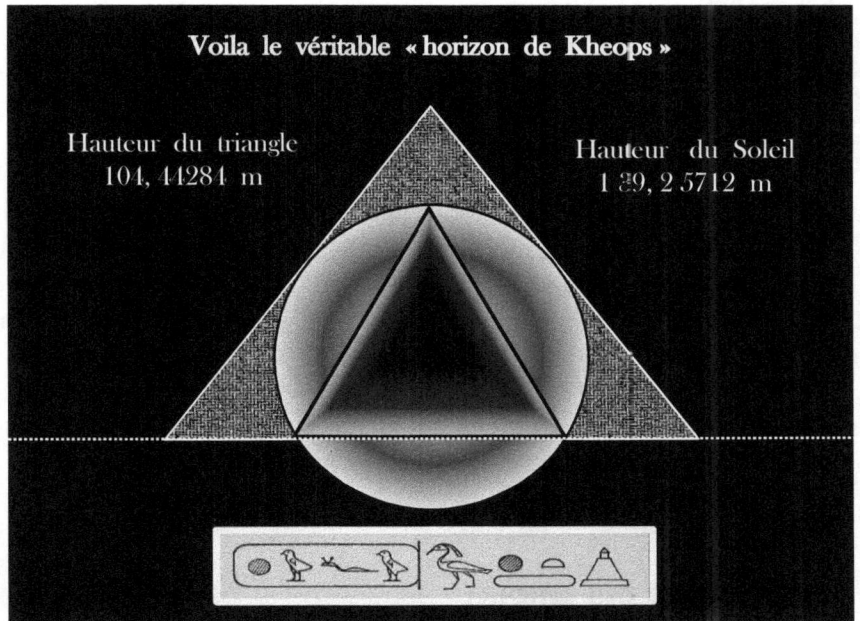

Le roi Kheops parlant de la Grande Pyramide qu'il avait, selon toute probabilité restaurée, évoque une vision sous l'appellation « *Horizon lumineux de Khoufou* » mastaba de pen-Merouou à Gizeh. Les égyptologues se sont toujours interrogés sur le bien-fondé de cette appellation. Cette effigie du triangle solaire circonscrit, au trois-quarts surélevé, dont la circonférence épouse les apothèmes, pourrait bien être la meilleure illustration de cette appellation « *Soleil Horizon* ».

Georges Vermard

Le Graal et la Tradition

Au fil des valeurs que nous faisons figurer, nous espérons rendre compte de la réalité des légendes aux origines de la Connaissance, mais aussi de leurs profondes raisons d'être, tant elles véhiculent des perceptions essentielles au développement humain. La géométrie et les nombres, aussi rébarbatifs qu'ils nous apparaissent au premier regard, ne se contentent pas d'êtres corollaires au phénomène de connaissance, ils étoffent d'une réalité mathématique les mythologies. Lesquelles sans eux, ne seraient que des images abstraites empruntées au jardin de l'idéel.

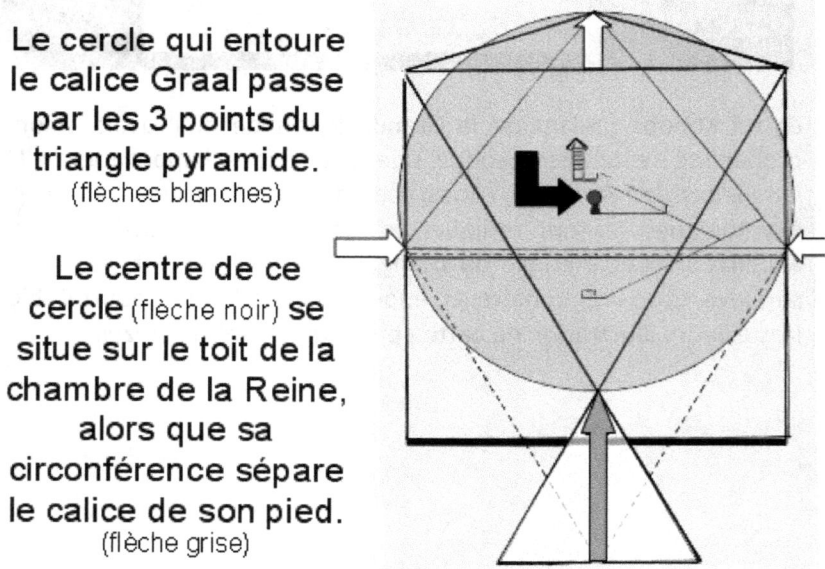

Le cercle qui entoure le calice Graal passe par les 3 points du triangle pyramide.
(flèches blanches)

Le centre de ce cercle (flèche noir) **se situe sur le toit de la chambre de la Reine, alors que sa circonférence sépare le calice de son pied.**
(flèche grise)

Puisque les nombres nous y invitent, survolons au passage les aspects de cette mythologie Graalique, répandue selon la légende, dès le premier siècle par **Joseph d'Arimathie** en Midi-Pyrénées et en Grande-Bretagne. Joseph d'Arimathie serait celui, parmi les proches du Christ, qui aurait recueilli le sang du supplicié (Sangréal ou San Gral). Le vase contenant le précieux liquide, aurait dès lors, pris l'appellation de « **Graal** » = agrada =

agréé par... ou encore, pour être moins restrictif, « *le symbole par excellence – l'authentique* ». En occitan où il a séjourné, ce pourrait être le nom d'un vase « *grasale* » ou d'un livre « *graduale* », il semblerait qu'il y a autant de comparaisons que d'auteurs et autant d'interprétations que de méconnaissances ?

Si nous nous astreignons à décomposer le nom de ce porteur de message, il est à même de nous donner à réfléchir. Le mot « **Joseph** » en hébreu signifie « *il ajoutera* », on peut aussi entendre « *celui qui prend le relais...* » celui qui véhicule de nouveau la parole de vérité, le détenteur de la pensée ou encore celui qui est chargé de... ! **Ari**, signifie en indo européen « *roue solaire* », cercle de lumière, en étant plus spécifique « *le symbole divin* ». Il n'y a pas lieu de s'étonner outre mesure, lorsque l'on sait combien les racines celtiques étaient liées au sol galiléen. L'abréviation du mot mathématique « *math* » se trouve que dans la mythologie celtique, **Math** était un grand magicien, manipulateur des nombres. Il vivait les pieds posés sur les genoux d'une vierge, (le pied du Graal n'est-il pas posé sur la ligne d'**Isis**,). En Inde, les monastères où vivent les initiés shaddous, experts en interprétation numérale, sont appelés « *Math* ». Matha – mathi – mathesis en latin, *c'est l'action d'apprendre, de pénétrer la connaissance*. À ce titre, nous donnerions volontiers une connotation égyptienne au mot « **Arimathie** ». Terme que l'interpolation des textes pour vaincre la gnose, fait passer pour un jardinier, mais après tout, ne l'était-il pas philosophiquement parlant ? La science d'alors était principalement issue d'Égypte, exportée en Palestine, elle avait naturellement imprégné les milieux esséniens. C'est ainsi que le nom d'**Arimathie** pourrait s'écrire : il aurait pour définition « *le Maître de justice* ». Ce qui correspondrait assez bien au rôle attribué à ce mystérieux personnage, messager du Graal. Arimathéos en grec ou « *arima* », en langue scythe ce mot signifie « 1 », **Joseph** serait celui que les Pairs ont désigné pour propager la quête.

Avec **Arimathie**, ce serait la connaissance acquise à la lumière du nombre, seul message à être perçu dans toutes les langues du monde. Le disciple aurait été porteur des divins arcanes, et le **« Graal »** qu'il aurait fait voyager en Occident serait devenu par le fait même, l'objet symbole de sa mission universelle. Les formes pérennisées du Graal au sein de la pyramide « avaient » pour mission, de révéler le mystère caché en l'intuitif des êtres pensants, et de stimuler la réflexion des sommités savantes.

Que ce personnage « Arimathie » ait ou non existé, a en soi une importance relative. Ce qui est important, c'est que les composants numériques et géométriques qu'il était censé exporter afin de corroborer la foi, soient aujourd'hui encore, bien réels. Des auteurs cathares tel que Walter d'Aquitaine, furent semble-t-il, à la base des récits sur le Graal. La légende fut reprise par Guyot de Provin, puis en 1 190 par Chrétien de Troyes, ensuite par Robert de Boron avec son roman « **l'Estoire dou Graal** ». D'autres narrations devaient ressurgir quelques années plus tard sur un plan plus sophistiqué avec le « Parzival » de Wolfram Von Eschenbach. Les noms que nous citons sont les plus connus, ils furent précédés ou suivis d'une quantité de petits auteurs discrets, dont l'histoire n'a retenu que partiellement l'identité. Certains éléments de composition issus de « *La Tradition Universelle* » encore persistants au Proche-Orient, furent rapportés par les Croisés. Compilés, traduits, interprétés, ils vinrent corroborer les légendes du Graal déjà profondément enracinées en Ecosse et en Irlande. Par la suite, des chroniqueurs rattachèrent avec plus ou moins de bonheur ces fragments de Gnose aux épopées celtiques traditionnelles, cela dans le langage christianisé et confus de l'époque. Tout laisse supposer qu'aux environs de l'an mille, en Occident, et ce, pendant les quatre ou cinq siècles qui suivirent, un message ésotérique émanant du Proche-Orient, vint attester la « *Gnose révélée* » du premier siècle de notre ère. Il se heurta à l'ignorance et l'intransigeance d'un cléricalisme de fonction, dûment installé dans ses prérogatives. Aussi, dut-il, ce message, adopter des formes trompeuses pour persister en la tâche assignée.

Le vitrail de Roland (Cathédrale de Chartres), en est un exemple type. La lance brisée, forme un fronton de 144°, tout à fait semblable au linteau. *C'est la rencontre de l'orient et de l'occident.* Fortuitement, le mot Maghreb en arabe, signifie « *Occident* ».

La lance horizontale représente le côté d'un triangle équilatéral dont les jambes des cavaliers tracent les deux autres côtés. En fait, beaucoup de représentations sibyllines, font référence à **la Tradition Primordiale.** Si nous jetons notre dévolu au hasard des mots employés en cette quête, nous constatons que, le chevalier Gauvain observe que dans la salle du château où se tient le Graal, se trouvent vingt-deux chevaliers (22 lettres ou arcanes), il y a 22 diviseurs entiers du cercle de 360°. Ces chevaliers ont tous cent ans, bien qu'ils n'en paraissent que quarante. Un rapide calcul nous conduit à cette évidence : 100 x 22 = 2 200 ans. Il est troublant de constater que c'est (à 7 mètres près) le périmètre total des trois pyramides sur le plateau de Gizeh (2 207,733478 m). Une abréviation probablement, alors qu'en années, ce moins 40 nous donne **2 160 ans** (période de temps couvrant un signe zodiacal.) Pelesvaux, autre héros chevalier, fait décapiter 12 de ses ennemis ; l'âge cumulé des amis, multiplié par les vies passées des ennemis morts (période de temps écoulé) nous donne : **2 160** années x 12 signes = **25 920** ans (le cycle précessionnel).

Nous verrons plus loin, combien ce cycle précessionnel est étroitement impliqué dans la quête du Graal. Certes ce type de calcul peut apparaitre très approximatif eu égard à la rigueur que nous recherchons. Mais n'oublions pas que les prosateurs initiés s'adressaient ici à des guerriers, qu'il fallait séduire avec des termes approprier à leur mode de vie.

Le sang (**100**) des douze ennemis (12 signes zodiacaux, notion de temps qu'il faut dominer pour triompher), est recueilli dans un chaudron (cycle cosmique), il est question d'un cercle d'or (le Soleil) son nombre secret à conquérir et de la flamme du dragon (la langue de lumière, triangle dans le cercle).

Pour les chevaliers de l'époque, il s'agit de triompher de la tradition secrète, comme l'on triomphe de l'œuvre au noir, de ses ennemis ou d'un animal fabuleux. Nous observons qu'il existe une demeure où se trouvent les têtes coupées de **200** hommes. Interprétons : couper en deux = 100-mètres. Alors que 200 (100 + sang) constitue la hauteur du calice Graal. En chassant au loin l'insignifiance, l'horreur stimulait la réflexion et provoquait l'interrogation, d'où émergeait l'hypothèse.

Relevons que c'est en « la tête » que se tiennent les domaines de la raison, mais le cerveau doit être animé par « le sang » (vie intuitive). Le « **100** » est le « *maître guide* » de la juste mesure (intelligence subtile), il occupe la profondeur du calice avec **200 m**. Il est alors dit, que **Le Graal,** à l'instar des « **5** » points de la pyramide se fragmente en 4 parties triangulaires de 100 m, plus une autre partie triangulaire (le pied).

« 4 » pour le Calice et « 1 » pour le pied du calice .

Le Graal est dans le château quadrangulaire dit des « **4 cornes** ». Hélas, le château tombe en ruine, (c'est bien l'aspect actuel de notre pyramide). Ne prend-on point la peine de nous préciser que le paysage alentour est désolé et stérile (il l'était au XIIe siècle). À l'image des éléments du Graal, la Grande Pyramide est composée de quatre angles et d'un sommet (symbolique de l'étoile pentagonale). À la lecture des différentes légendes, il est fréquemment question d'un mystérieux échiquier, ayant trait à **La quête**

du Graal.

Ce jeu comprenant **64 cases** n'a apparemment pas nécessité de partenaire pour s'animer ; aussi a-t-il le don d'exaspérer les chevaliers en leur quête.

Pas de partenaire signifie ; recherche personnelle.

64 ÷ **36** (ce dernier nombre était considéré sacré dans l'Antiquité) =

1,777777777 √2 =

1,333333333 x 100, cette valeur marque le centre du Graal. Retirons l'échiquier de « l'O » où selon la légende, il est régulièrement précipité, compte tenu que cet échiquier est perforé par « **une lance** », Voyons en similitude la diagonale du triangle pourfendant le calice. À la pointe de laquelle apparaît une goutte de « **100** » christique.

100 - 64 = **36** : trois valeurs importantes en la quête.

Ce « 64 » nous évoquent bien évidemment les fonctions dites du héquat égyptien. Souvenons-nous de l'œil d'Horus, de l'Oudjat aux 63 – 64 fractions que nous avons par ailleurs étudiées. Il est troublant de constater que ces deux valeurs de l'œil symbolique sont représentatives de la Terre :

63 + 63 = 126

64 + 64 = 128

$= 254 \times \pi = 797{,}9645338 \; X^2 \; 636747{,}3972$

Multiplié par deux, divisé par 100 et considéré en kilomètres, nous avons le diamètre de la Terre **12 734,94 km**.

Si nous allons plus loin, l'Oudjat est représenté par le nombre « 64 », semblable en cela aux *64 signes de l'hexagramme chinois* :

$$64 \div \pi = 20{,}37183272 \div 4 = 5{,}09295818 \times 10\,000 =$$

50 929,5818 km, (considérée en kilomètres, la circonférence **Terre – Lune**).

Mais persévérons en notre mythologie moyenâgeuse occidentale : Cette lance dont il est fait allusion, tue 9 hommes à chaque jet ; ce sont là les croyances au premier degré, les 9 ombres de la raison. 36 divisé par 9 = « **4** » **le chiffre base de la tradition**. La lance détient les « **9 étoiles** » ; 7 d'**Orion** et 2 de **Sirius**, composant le schéma avec les dieux de l'ennéade. La déesse **Isis** incarne la vierge éternelle en la représentation de **Sirius**. Elle est liée à son étoile sœur incarnée par Nephtys. Sa couleur apparente est le bleu de sa mère Nout, mais sa couleur intérieure cachée est le rouge, (sous la peau, en d'autres termes, sous l'apparence), elle est tenante de la source de vie. Comprenons qu'à chaque jet, la lance soutire un résultat de 9 chiffres, il nous faut comprendre les 9 dieux de la Genèse Égyptienne, par le « 100 » versé, l'allégorie révèle la composition des nombres.

« *La colline blanche, le Roi blessé et le poisson* » sont autant d'indices sur le sentier de la quête. Le chevalier Gauvain découvre sous l'eau un château (pyramide reflétée) appelé « **le pays de verre** ». Cela incite à visiter l'intérieur. Plongée en cette « O », la moitié de son épée lui apparaît brisée, elle l'est en effet. Depuis le sommet de la Pyramide réelle, jusqu'à la pointe de la Pyramide virtuelle, il y a bris de la lame au passage de l'eau « **de mr** » (pyramide en égyptien). Ce n'est pourtant là qu'illusion, le chevalier intuitif et méritant, retirera de la pierre (Pyramide) la lame intacte (Excalibur).

La tête coupée de Cûchulainn (Pyramide tronquée) fait fondre la pierre, le sang (intuition) et le 100 (raison) ont le pouvoir de révéler les mystères du Graal (les 200 m qui sont également, les deux sans maîtres) dissimulés à l'intérieur du château de pierre. En regardant le sommet tronqué de la Grande Pyramide, la fréquence hallucinante des décollations ne doit pas nous effrayer ; les têtes sanguinolentes sont là pour éloigner les curieux du premier degré. La quête intérieure devrait avoir pour guide **l'intuition – raison.** Cette heureuse association, se situe à mi-chemin entre l'insensibilité de l'utilitariste dépourvu de curiosité et l'excitabilité de l'inculte en mal de dominer. Elle est l'équilibre du fléau de Maât, dont l'aiguille est posée sur le pouvoir de déduction. Chez les Celtes, de telles scènes d'horreur remplissaient le même office que les dragons de Chine, les démons du Tibet, les effrayantes caricatures des Amérindiens, les dieux à têtes d'animaux des Égyptiens ou le cerbère des Grecs. Ce monstrueux bestiaire avait pour dessein de stimuler l'intelligence du néophyte en laissant à l'écart les timorés, les occultistes, les matérialistes, les usurpateurs, les calomniateurs, les cyniques incultes, les iconoclastes et autres fléaux de l'hermétisme traditionnel. Le prolongement du canal sud de la chambre du Roi, rejoint l'angle droit, constitué par la verticale du carré-base et le prolongement horizontal du sommet du linteau. Cette ligne délimite les trois éléments du Graal, le couvercle de 144° au sommet de l'édifice, le calice et le pied du calice par le croisement.

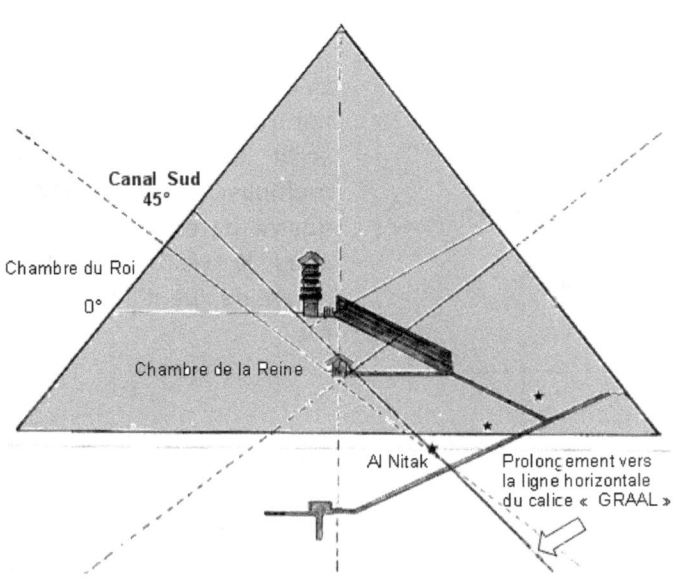

Les trois tables et la croix

Il est écrit que « **3 tables** » portent le **Graal**, l'une est ronde, l'autre carrée et la troisième rectangulaire. Il est précisé qu'elles ont toutes trois le même périmètre.

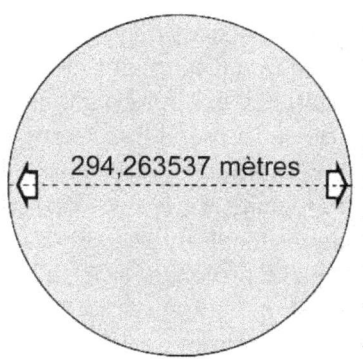

La table ronde : C'est la hauteur réelle de la Grande Pyramide sur le roc 147,1317686 m. Multiplions cette hauteur par son double reflété, nous obtenons **294,263537** mètres. Si nous considérons cette valeur comme étant le diamètre d'un cercle, et que nous multiplions ce nombre par π nous trouvons la circonférence de la table ronde :

924, 4561658 m.

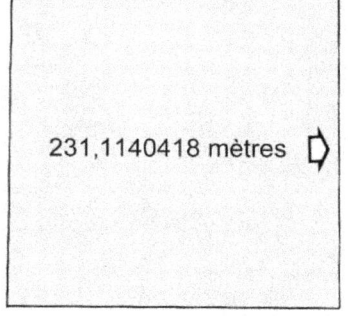

La table carrée : Elle se présente le plus naturellement du monde, puisqu'il suffit pour avoir son périmètre, de multiplier les **231, 1140418** m des quatre bases sur le roc. Nous avons alors la vision des 4 faces de la pyramide vue d'en haut. **924, 4561658 m.**

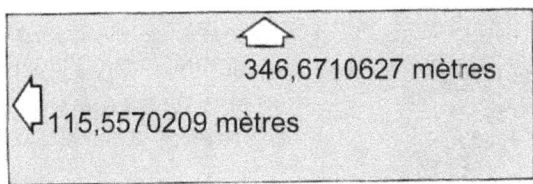

La table rectangulaire : Les 8 demi-bases de la Pyramide déterminent sa géométrie, Il nous suffit d'aligner 3 demies-bases, soit 115, 5570209 m x 3 = 346, 6710627 m x 2 + 1 demi base de chaque côté, total : **924, 4561658 m.**

Âme = ◯ Esprit = ▢ Corps = ▭

Les trois tables, regroupent **36 chevaliers** ; elles ont le même périmètre et supportent « *les vérités primordiales* » insérées au sein de l'édifice. La valeur numérique des trois tables assemblées = 2 773,368502 m, divisée par les **« 120 »** doigts « *croisés* » des **12 chevaliers** de la légende, ce total octroie à chacun de ces seigneurs, l'un des côtés de la Grande Pyramide. Côté avec lequel (à condition d'avoir la clé de 4), il est possible de gagner « **la hauteur** » de la quête de connaissance.

Les **200** (le cent + le sang) du Graal, remplissent pleinement leur office, tant sur un plan ontologique que sur le plan de la transcendance. Le pélican a des ailes en forme de pyramide, il a 7 petits (7 étoiles) qu'il nourrit de son « 100 » (entendons de la symbolique numérique concédé au terme). Le mot « Pélican » en ancien égyptien était assimilé à « l'ennéade » (les 9 étoiles), ce qui ne saurait nous étonner.

Georges Vermard

Les deux Pyramides réelle et virtuelle accolées, évoquent une notion d'**équilibre**. Or, l'illustre écriteau placé au faîte de la croix Christique, comportait 4 lettres :

I N R I. Ces 4 lettres ont une valeur primosophique de **138** ou encore : le « **69** » deux fois répété de la tradition, le **Yin et Yang**, le **bien** « **69** » et le **mal** « **69** » = **138**, une incitation à la réflexion ! D'autant que le sigle I.N.R.I est conforme aux lettres hébraïques des quatre éléments. Référons-nous aux textes anciens :

« **Atoum-Khépri**, (le Dieu universel porteur de lumière) *tu as culminé sur la butte* (colline primordiale) *tu t'es élevé sous la forme du* **Phénix** (héron cendré) *qui est maître du Bétyle* (demeure divine) *dans le château* (la Grande Pyramide selon toute probabilité) *du Phénix à Héliopolis*, (le temple solaire de l'ancienne cité de Iounou ou encore d'On, lieu géographique aujourd'hui près de l'aéroport du Caire). Texte des pyramides.

Le Héron (Phénix) revenait tous les 500 ans à Hermopolis. Nous avons vu que les ailes à demi déployées, ont une symbolique en relation avec les degrés de la pyramide. En notre illustration précédente, le prolongement des ailes atteint le centre de la croix, alors que le haut de la croix équivaut à un triangle équilatéral.

Par la résultante de connaissance, l'oiseau étale ses ailes, il dispense la nourriture à ses 7 petits, se conformant ainsi au tracé figuratif du divin schéma. La croix universelle † témoin de sa vérité, émerge au-delà du **bien** et du **mal** propre au genre humain. Placée au centre du graphique, se tient l'Etoile Horienne à 5 branches (4 angles + 1 sommet). Le nid circulaire est circonscrit en l'espace de Connaissance. C'est à l'intérieur que le disciple doit évoluer afin d'être nourri par la Gnose. Entendons, la manne céleste d'Orion, chiffre 7 + 2 = 9. Le symbole est ailé pour être apte à gravir les nues.

Le 69 (Yin Yang) doit être multiplié par 2 = **138**. Cette valeur représente la longueur en coudées de la barque de pierre sur laquelle **Seth** et **Horus** ont combattu. Bien, mal, vérité et contrevérité, croix patibulaire ou croix cosmique ? Ces attributs opposés, constituent les deux murs labyrinthiques entre lesquels chemine l'être en quête d'absolu. Attention, la notion **« bien – mal »** n'est pas assimilable à un système de valeur reconnu et communément admis. Cette notion peut et doit varier d'un individu à l'autre, selon les critères de conscience, autrement dit… d'évolution.

À l'échelle d'une société, il est cependant nécessaire de bénéficier de règles comportementales de déontologie que l'on désigne généralement par l'application de lois. Au cours d'une vie, pour chacun d'entre nous, à chaque barreau de l'échelle évolutive, l'art consiste à discerner « le **bien** du **mal** ». Ces deux principes en opposition, ne doivent pas être assimilés à un manichéisme immuable et grégaire, leur indice de valeur est dépendant de la perception que nous suggère notre état de conscience sur l'échelle de l'évolution.

Sur l'arbre de connaissance, les fruits les plus admirables, n'ont eu pour nourriture que les racines du mal. Essayons de tirer parti de cette luminosité filtrante pour méditer sur le tracé de « **la croix cosmique** » précédemment décrite. Nous constatons que la poutre horizontale, coïncide avec le bord du Calice, le linteau (patène) étant son naturel couvercle.

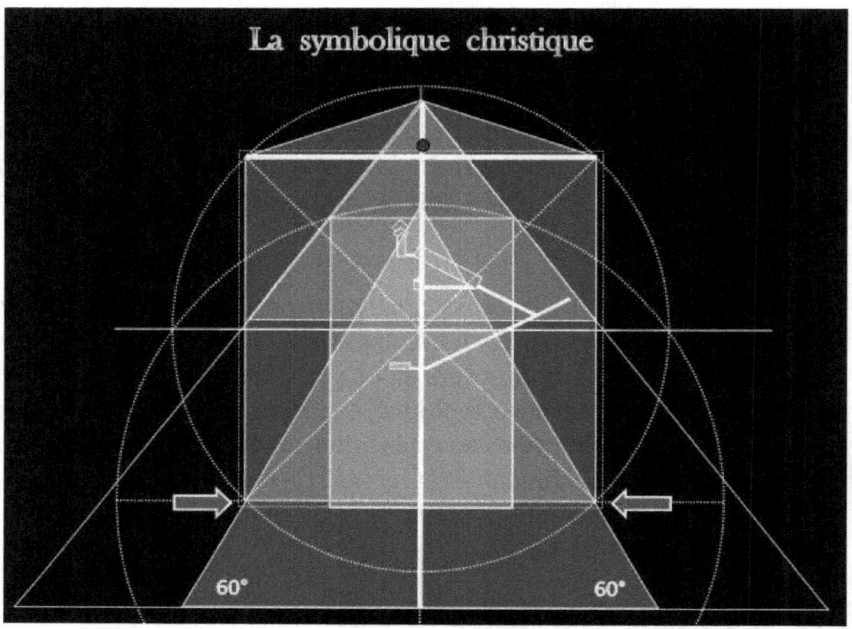

Au cours des premiers siècles de l'histoire occidentale, des élus et pas des moindres, se sentirent obligés d'adapter les connaissances aux nécessités de leur époque. La gnose chrétienne étant alors en élaboration, ils inclurent en son sein, un certain nombre de données relevant de **la Tradition Universelle**. Aujourd'hui, la critique du comportement religieux à travers les siècles est facile. Aux origines cependant, il dut s'avérer laborieux de tenter de concilier ce qui pouvait apparaître difficilement conciliable. Entendons, une vision primaire idéelle de la religion, une autre intellectualisée et plus subtile, propre à canaliser les moralités déviantes, enfin une troisième adroitement dissimulée, car puisée au sein de la Tradition Primordiale. Shaoül – Saül, alias Paul le fondateur n'y réussit qu'imparfaitement. Ce sont des prélats prosélytes qui au quatrième siècle y parvinrent, tel Eusèbe de Césarée, de manière peu amène et empirique, certes, mais au dénouement plus probant.

Ces « élus » en question modulèrent le message traditionnel sur l'onde porteuse des convictions nouvelles, il va sans dire que cela n'alla pas sans aléas. La révélation devait impérativement s'étager à des niveaux divers de compréhension, d'où les difficultés d'interprétation des textes originels et la diversité des convictions. Les Ébionites, les Pélagistes, les Pauliens, les Gnostiques, les Ariens, les Nestoriens, les Priscillianistes et bien d'autres par la suite, tel que les Manichéens, les Cathares, les Vaudois ou les Luthériens, tous se référèrent du **Christ** et de son message divin, mais avec des nuances appréciables. Une question nous projette au-delà des divergences ; comment et pourquoi cette mystique à première vue « sommaire », pour ne pas dire puérile, a-t-elle suscité pareil engouement à travers les âges ?

Réponse : On a volontairement à tort ou à raison, fait se juxtaposer **« La croix cosmique sur la croix christique »**, ce que n'ignoraient plus à leur retour d'Orient les 9 Templiers, ces envoyés de Saint-bernard. À la suite d'une telle option, **le Graal**, vase mythique des légendes celtes, ne pouvait échapper plus longtemps à cette conversion du symbolisme religieux. En tant que pièce maîtresse de la foi, il ne pouvait être dissocié du pactole ésotérique reconstitué. Dès lors, la parfaite harmonie du calice eut pour fonction de recueillir « **l'eau et le sang du Christ** ». **La lance cosmique** révèle un aspect troublant de « la Tradition ». En perçant **le cœur du Roi**, le « **100** glorieux mêlé au **Sang** corporel (dit, rédempteur), s'écoule jusqu'au socle du temporel. Joseph d'Arimathie est alors chargé de soustraire le précieux liquide, aux réactions banalisées du monde profane, afin de le sublimer dans le secret de la gnose. (Si le sang coule, c'est que le Christ est vivant et il le restera !)

Les Saintes Femmes,

3 Etoiles, 3 Mages, 3 Maries,

Elles peuvent s'agenouiller au pied de la croix,

la Tradition Primordiale est sauve.

Lorsque l'on trace le zodiaque autour du point central, la position **d'Al-Nitak** au sein de l'agencement structurel corrobore le mythe. **Osiris**, le dieu sacrifié, se trouve au début de la Pâques. Telle l'hostie émergeant du calice, le nimbe alors s'auréole de degrés △ (hiéroglyphe signifiant épines). L'image de « **la Jérusalem céleste** », le schéma divin a pour mesure, le « **Rose - O** » (nous verrons pourquoi) et comme onde porteuse, le « **Rose** » de la tradition occidentale.

Face à l'effondrement général du système déontologique de nos sociétés, l'initiation secrète et sélective d'hier, n'est plus de mise en nos temps médiatisés. L'élite aujourd'hui (si élite il y a ?) submergée par les sables mouvants du laxisme, n'est plus à même de placer les nécessaires garde-fous aux pieds des générations montantes. La parole perdue l'est depuis trop longtemps, elle a laissé place au doute, puis au rejet. Maintenant que le stade de l'indifférence est atteint, le mal est si grand, qu'il devrait suffire de quelques décennies pour que l'homme avec son humaine et égoïste conception de l'existence, organise sa propre perte et celle de la nature ambiante. Il y a urgence aujourd'hui à agiter « les sistres de la connaissance, « *avant que la Terre ne fasse à l'Homme Roi, le coup de la lionne* ». Une civilisation qui mésestime ses vieillards et prend conseil auprès de ses enfants, est une civilisation perdue. Nous avons un urgent besoin des principes ontologiques fondamentaux exposés en **la Grande Tradition**.

Le message que nous livre la Haute Antiquité est à même d'enrayer ce processus de désagrégation généralisée. Pour des raisons évidentes, cela ne peut concerner la totalité des individus. Certains ne verront en cet ouvrage que brins épars éradiqués à l'anthologie des coïncidences ou au mieux, un opus incertum. Laissons-leur ces opinions, lorsqu'une bouée est lancée, il faut, certes, des yeux pour la voir, mais surtout un instinct de survie… pour l'agripper. Si nous suivons le graphique de « l'arbre séphirotique », les chemins qui mènent à la couronne du haut, passent par le royaume du bas, aussi est-il pour certain, mal aisé de ne pas les confondre. Comment peut-on rendre cohérentes entre-elles, des valeurs aussi diverses que :

- *La Grande Pyramide*

- *Le Mètre*

- ***La Terre***

- ***L'année sidérale***

La Grande Pyramide : Intéressons-nous à sa hauteur sur le roc, que nous avons appris à connaître, soit 147,1317686 m ou 281 coudées pyramidales.

Le Mètre : Ce n'est pas notre ère contemporaine qui l'a découvert, il nous a été imposé par *les initiés de la nuit des temps*, ceux-là même que nous réfutons par vanité d'homme moderne !

La Terre : Notre planète a 3 mesures distinctes en ses diamètres :

Équateur : 12 756, 33794 km Les **Pôles** : 12 713, 54587 km

Total : 25 469, 88381 ÷ 2 = **12 734,94191** km (diamètre moyen).

L'année sidérale, la plus importante sur le plan cosmique, pourrait se définir ainsi : « *Temps écoulé entre 2 passages du Soleil en un point donné du Ciel* » soit, **365,2563708** jours pour une année. En rationalistes convaincus que nous sommes, observons la **hauteur de la Grande Pyramide** (sommité - roc) :

147,1317686 m moins **le mètre** (que nous venons de cité), cela nous donne : **146,1317686 m**, divisés par **le diamètre moyen de la Terre**. Diamètre ramené ici à la petite unité de l'échelle pyramidale, que nous retrouvons dans le pyramidion, soit **0,1273494196 m**.

146,1317686 m ÷ 0,1273494196 m = 1 147,486726 m.

Reconverti en unité de temps, ce nombre divisé par « π » (nombre que les Égyptiens n'étaient pas censés connaître), nous livre quoi... ? *Khou, Khou... le Khoufou...* l'année sidérale, voyons : **365,2563708 jours**. En résumé ; notre support existentiel, notre notion de mesure, notre notion de temps, la Terre, le mètre, l'année sidérale. Maintenant que nous sommes familiarisés avec la géométrie de la table d'émeraude, considérons la valeur en coudées de **la pyramide réelle**. Ajoutons à cette dernière la largeur de la ceinture de séparation ainsi que **la pyramide virtuelle**. Apprécié en coudées pyramidales de 0,5236006 m, le losange des pyramides réelle et virtuelle, totalise **581,893768** coudées. Voyons ce que nous donne cette valeur multipliée par le nombre des nombres, notre universel 360 :

581,893768 x **360** = 209 481,7564 ÷ 0,52359877 (sixième de π) =

40 0080,6854 ÷ 10 (considéré en kilomètres) = 40 008,06 km, ou la circonférence moyenne de la Terre. Ce nombre cité plus haut :

581,893768 ÷ 360 = 1,61637157 $\sqrt{^2}$ = 1,2713660 x 10 000 =

12 713,660 ou en kilomètres, le diamètre de **la Terre aux pôles**. Il est manifeste que les trois notions alchimiques, Soleil – Terre – Lune, sont placées en évidence dans le concept pyramidal original. Il n'est donc point étonnant qu'elles figurent en bonne place au sein de l'hermétisme traditionnel, et que nous les retrouvions en tête des grands arcanes de la symbolique médiévale.

« *Et tu as fondé sur le rocher ma bâtisse et des assises éternelles me servent de fondement, et tous mes murs sont devenus un rempart éprouvé que rien ne saurait ébranler.* » Écrits esséniens (Premier siècle.)

C'est le sigle emblématique que nous avons choisi pour représenter notre association Horizon 444. Ce sigle est celui du commencement, les légendes de par le monde nous disent que l'œuf est à l'origine de l'univers. C'est le début de toutes choses, mais c'est aussi la forme la plus simple et la plus subtile que n'a jamais créé la nature. Avec l'œuf philosophique, tout commence à partir du carré :

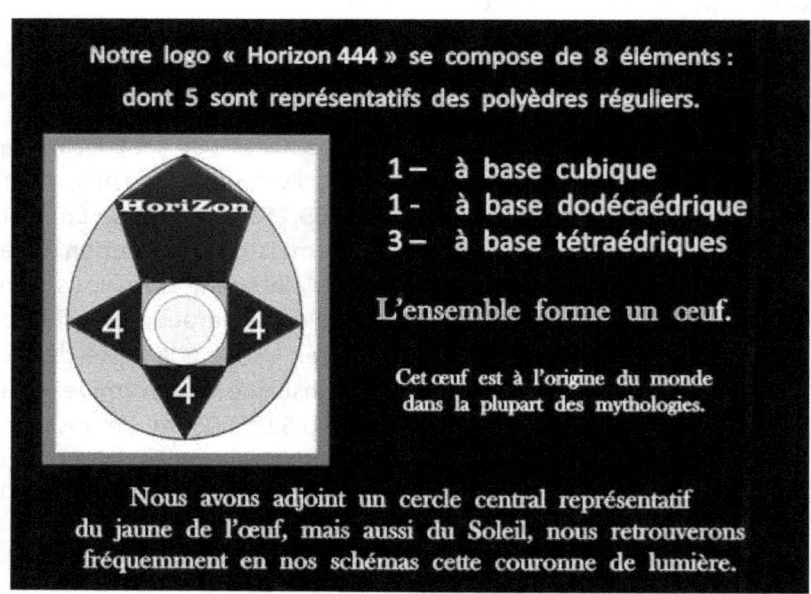

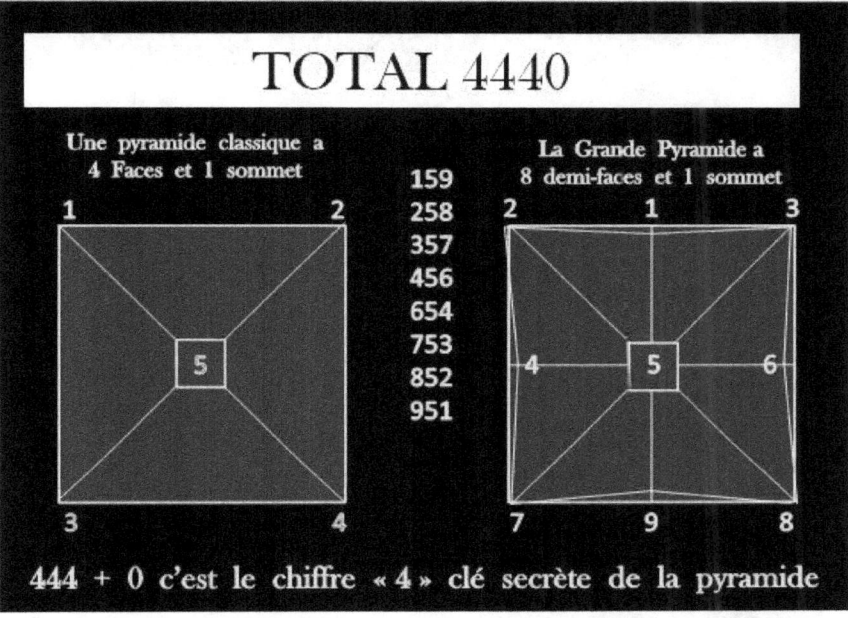

TOTAL 4440

Une pyramide classique a 4 Faces et 1 sommet

La Grande Pyramide a 8 demi-faces et 1 sommet

159
258
357
456
654
753
852
951

444 + 0 c'est le chiffre « 4 » clé secrète de la pyramide

Le périmètre de la Grande Pyramide est égale à 924, 4561672 m cette valeur est celle de la demi-minute sexagésimale.
924, 4561672 x 2 = 1 848, 912334 x 0, 060 =

110, 9347401 km.

231, 1140418 m

La latitude du plateau de Gizeh est de 110, 935 km.
Voilà un beau concours de circonstance.
Cette latitude de surcroît voisine avec le Ø de la Terre aux pôles sans l'épaisseur de la glace, c'est aussi l'axe sur lequel tourne la Terre.
110, 935 x 360° ø 12 712, 20 km

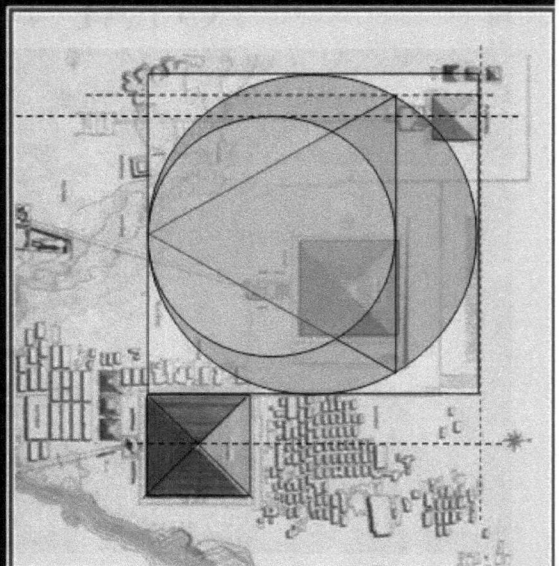

Longueur des côtés pyramides

La hauteur du triangle est égale aux côté-bases de chacune des pyramides. Le petit cercle central est idem en son diamètre.

La géographie sacrée

La Mer Rouge ainsi que la partie sud du Nil située après le barrage d'Assouan étant hors de notre propos, le tracé au-delà de ce barrage n'est qu'une allégorie de l'élargissement des eaux.

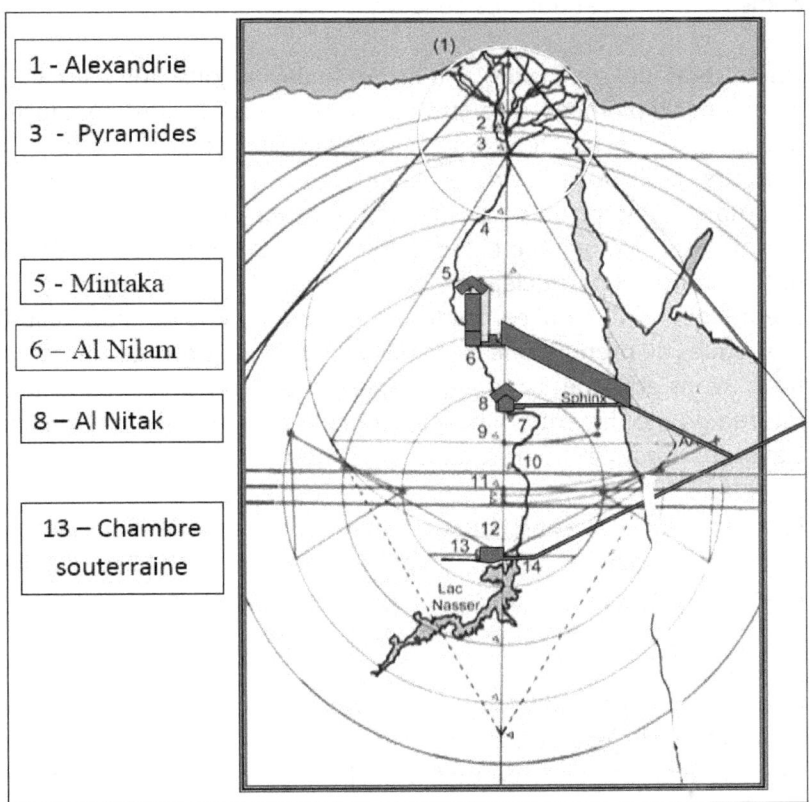

1 - Alexandrie
3 - Pyramides
5 - Mintaka
6 – Al Nilam
8 – Al Nitak
13 – Chambre souterraine

Nous nous sommes donc concentrés sur une reproduction graphique du cours du fleuve, depuis le Delta jusqu'à l'Ile de Philae. Notre lecteur sera sans doute intrigué par le fait, que lorsque nous appliquons à l'échelle et en surimpression, le schéma structurel interne de la Grande Pyramide, nous constatons de troublantes concordances avec l'itinéraire emprunté par des eaux du Nil. D'après l'avis des géographes spécialisés, le fleuve sacré aurait naturellement ou non, inversé son cours, il y a de cela des millénaires avant l'histoire répertoriée. Si nous sommes attentifs à quelques-unes de ses circonvolutions, nous observons que les méandres occasionnés par le cours du Nil, coïncident avec les points cruciaux relevés sur ce que nous considérons être *la table d'émeraude*. Les sites mêmes correspondent à la situation interne de la Grande Pyramide, depuis la première cataracte (plafond de la chambre souterraine), à l'arborescence triangulaire du delta. Selon toute vraisemblance, nous avons là un cheminement initiatique, sinuant à travers la répartition des sanctuaires dédiés aux dieux et déesses de la Mythologie Antique.

Un tel état de similitude, risque de soulever sous quelques coupoles crâniennes diplômées, un zéphyr de suspicion sur la vraisemblance de ce que nous exposons. Que ces gens expérimentés soient rassurés, il y aura toujours pour eux l'immuable hasard, vade-mecum de toutes les situations inconfortables. D'ailleurs, ce serait oublier que la réalité est parfois plus étrange que l'idée que nous nous faisons d'elle. Ce ne sont pas les physiciens nucléaires impressionnés par les étrangetés de la théorie quantique, qui contrediront ce point de vue ! Et puis, il suffit aux sceptiques de prendre une carte de l'Égypte et de procéder au calage que nous avons effectué. Les concordances entre les aspects de la structure interne du monument et les sites principaux égrenés le long des berges, s'avéreront pour eux surprenants d'affinités.

La motivation des chercheurs que nous sommes n'est pas de prouver contre toute logique, mais de suggérer et de comparer, laissant au lecteur le soin de discerner lui-même, la part de crédibilité qu'il doit accorder à une démarche qui se veut purement factuelle.

Une étude topographique plus complète révélerait sans doute des quantités d'autres » coïncidences «. Peut-être, nous permettraient-elles de retrouver des sites enfouis d'un inestimable intérêt. Notre société étant en complète inadéquation avec l'harmonie de la nature, comment ne pas admettre que l'ignorance en laquelle nous tenons les peuples de l'Antiquité, ne nous occulte pas des voies parallèles prometteuses et insoupçonnées. La satisfaction de poser un pied sur la Lune, ne doit pas nous faire perdre de vue le rôle qu'elle occupe dans le domaine du subtil. Nos attitudes ultra matérialistes, altèrent notre mode de pensée exotérique et compromet notre sensibilité intuitive. Hier encore, la réceptivité de l'individu prenait appui sur la symbolique traditionnelle, afin de perpétrer le lien que ses « Pairs de Connaissance » entretenaient avec la nature mère. Pour autant, ne laissons pas penser, qu'à titre personnel, nous sommes opposés à une science de prospection, qui consisterait à visiter les planétoïdes de notre environnement stellaire. Nous tentons simplement d'expliciter, qu'en misant sur le tout rationnel, nous scotomisons un système d'équilibre intrinsèque, dont *l'âme humaine* a un besoin vital. Ce constat étant, revenons à notre tracé géographique.

Nous remarquons que le delta adopte, approximativement en son épanouissement vers la mer, la forme du linteau de 144° (schéma). L'arborescence que forment les différents bras du fleuve dans le delta est volontiers comparable à l'arbre de la genèse biblique ou encore au cou renflé d'un cobra femelle, animal totémique du nord. À l'opposé est Nekbeth, la femelle vautour maîtresse du sud. Tentons de visualiser les choses :

(1) Alexandrie est pratiquement hors plan, il est vrai que l'apogée de la cité date de l'époque hellénistique. La métropole avait un intérêt culturel, commercial et stratégique ; elle a été l'un des foyers de notre culture occidentale. Son emplacement cependant n'avait, croyons-nous, rien de prépondérant sur un plan spirituel, si ce n'est le Néo-platonisme des premiers siècles. Il en était de même au début de notre ère, lorsque eut lieu *l'initiation du Christ*. Triple initiation devrions nous dire, avec l'enseignement de la philosophie grecque, puis éducation à la cabale dispensée par le rabbinisme, enfin et surtout, l'apport de **la Connaissance Primordiale** source de toutes les vertus, que détenaient encore quelques grands hiérarques égyptiens à Héliopolis. (Nous aurons l'occasion de développer ces notions en fin d'ouvrage.)

(2) Région d'Héliopolis. Ce point sur le schéma représente le centre de la couronne et la date de naissance du **Christ**, (nous verrons pourquoi quelques pages plus loin). Par le plus grand des hasards, le dieu primordial de l'endroit était **Atoum** (Dieu des dieux). Nous retiendrons la légende de l'arbre de la Sainte famille (delta). N'oublions pas que c'est en ces lieux, que l'oiseau « **Bennou,** phénix de la mythologie », posa sa patte sur **le Ben Ben** (pierre originelle), afin de créer le monde. Ben Ben = Pyramidion = **360** (en Primosophie). Ce lieu est le point central du cercle, sa circonférence dépasse légèrement le sommet de la pyramide, englobant le Soleil virtuel, que nous avons étudié

(3) Les Pyramides de Gizeh. Sur notre échelle chronologique, ce point indique la fin de l'Égypte Antique, mais aussi le résumé de « ce qui fut, de ce qui est et de ce qui sera ». Cela, en vertu de la datation de l'arbre adamique, dont **Dieu** aurait interdit la consommation des fruits avant l'âge de connaissance. Ce site appelé par les Anciens « Ro-setaou » était un lieu sanctuaire, la porte, l'alvéole où coulissait le lien reliant **le Ciel et la Terre**. Nous observons que le point « 3 » côtoie la ligne horizontale, représentant la base haute du carré de la Grande Pyramide.

(4) Région du lac Mœris, de Fayoum et de Medinet-el-Gourob. L'oasis et le lac étaient exploités depuis la haute Antiquité. En ces lieux, se trouve l'une des pyramides les plus anciennes d'Égypte, ainsi que les ruines d'un sanctuaire immémorial, comprenant 7 chapelles. Nous sommes naturellement enclins à les assimiler aux 7 étoiles de la mystérieuse et resplendissante « **Sah** » (la constellation d'Orion). Le point « 4 » est représenté par le cercle des apothèmes.

(5) Hermopolis. La cité, dédiée à **Thot**, se trouve placée sur le cercle de l'étoile Mintaka, laquelle souligne par sa trajectoire le sommet triangulaire de la chambre étagée du Roi. Nous verrons qu'en notre chronologie, le lieu indique la date du mini-déluge recensé dans la bible. Sur un plan géographique, **Hermopolis** est au milieu de cette portion. Il s'agit d'une partie large du lit du fleuve, probablement inondable à cette époque. Telle El Amarna, la célèbre cité d'Aménophis IV, se trouve, elle aussi située à l'horizontale des cavités de décharge. Cette situation ne peut être due au hasard, lorsque l'on subodore l'incidence qu'a eu ce schisme religieux sur le monde futur, avec la tentative avortée d'un monothéisme de caractère subversif.

(6) Le Nil passe au centre de la chambre du Roi, sur le sarcophage même où trône l'étoile **Saïph**. Le passage est certifié par **Haroéris** (Horus l'ancien), le protecteur, le temporisateur, mais aussi par le cercle d'**Al Nilam**, l'astre central du baudrier d'**Orion**. Rappelons que l'étoile **Al Nilam** est, parmi les 7 étoiles de la constellation, la plus éloignée de la Terre en années-lumière.

(7) Le Nil passe au centre de la Chambre de la Reine. Nous suggérons qu'il serait judicieux de chercher en ce lieu ou au creux de la boucle, l'ancienne ville de **This**. Au début du couloir d'accès se trouve **Dendérah**, « le temple de l'amour » à la porte de la chambre royale où nous l'avons vu, se tient l'étoile Mintaka (vision en plan des chambres de la pyramide). Souvenons-nous que les 3 étoiles du baudrier, dans la situation en plan, occupent l'espace de cette chambre. Ce site central est peut-être le plus important qui soit, aussi est-il étrange que l'on enregistre une concordance aussi précise avec le cours du Nil. En cet appendice demeure en terre les témoignages archéologiques d'un passé riche d'histoire, qu'accompagnent de précieux indices.

(8) Abydos. De façon analogue à Hermopolis pour la chambre du Roi, le site se trouve dans l'environnement immédiat du toit de la Reine. Le cercle **d'Al Nitak** affleure le toit, comme pour sublimer le lieu. Pensons à l'île d'**Osiris**, le cercle du dieu souligne l'importance de l'emplacement, d'autant que, dans les textes des pyramides, l'étoile **Al Nitak** première étoile du baudrier, est réputée représenter Osiris.

(9) Vallée des Rois. Ce lieu mémorable se situe, par le plus grand des hasards, sur la ligne horizontale (**A-A**), croisement des 4 étoiles cadre de **la constellation d'Orion,** ce qui révèle un site crucial par excellence. Au niveau de la pyramide, la situation correspond au sommet du substratum, à ce tertre rocheux intérieur, élévation naturelle au sein de l'édifice. C'est également la ligne centrale partageant les **200** mètres de hauteur du calice **Graal**, la base du triangle à l'intérieur du cercle cernant le calice, ainsi que la base du triangle inversé à l'intérieur du cercle correspondant à l'étoile **Al Nitak**. Ce lieu est à l'horizontale de la position du Sphinx.

(10) Région d'Hierakonpolis. Un des sites les plus anciens où il est dit que le Roi Narmer a réuni symboliquement les deux Égypte. Nekhen était, à l'époque prédynastique, la capitale de la haute - Égypte. En ces lieux se tenaient les serviteurs d'Horus et les Rois de Bouto. Sur notre schéma, l'endroit représente la base de la Pyramide réelle, ce que corrobore l'assise chronologique avec l'abondance des relevés préhistoriques, (les peintures rupestres d'Hierakonpolis sont célèbres).

(11) Edfou. Ce lieu est appelé « **le siège d'Horus** », son épouse Hathor (la déesse des cycles) était également vénérée en son temple. Ce point (11) sur notre schéma indique la ligne de départ du cycle précessionnel. Sur les lieux, dans le vieux sanctuaire, « la salle de la barque » prédispose au voyage sur les flots des nombres, une scène représente une lutte entre le dieu **Ré** et le dieu **Seth** ou le Haut et le Bas, le bien et le mal, (69 - 69 en Primosophie) ce qui nous paraît suffisamment explicite.

(12) Région d'Assouan – Éléphantine. De par sa situation, le temple de **Philae** se situe sur le cercle du **Graal**. À l'opposé de l'itinéraire fluvial se trouve la Grande Pyramide, dont **Isis** est dite maîtresse, domination conjointe avec son époux **Osiris**. Le cercle que la déesse aborde a pour centre l'entrée de la chambre du Roi, alors que le bas du triangle intérieur correspond à la vallée des Rois, naissance et mort. L'entrée dans le cercle signifie pour **Isis** qu'elle est enceinte de **42 jours**. Citons l'inscription sur les rochers de Senmout, il s'agit de la représentation du dieu Nil, en la personne d'un homme à genoux répandant le contenu de deux vases. La scène est circonscrite par l'effigie d'un serpent. Devrions-nous établir une analogie de connaissance avec le Verseau en lequel nous nous apprêtons à rentrer ?

(13) Plafond de la chambre souterraine. C'est l'endroit où le dieu des eaux dirigeait les crues du Nil (aux environs de la première cataracte, frontière d'état des anciennes dynasties). Les spécialistes font remonter la fréquentation du lieu à plus de 20 000 ans. C'est également la grotte christique par excellence, puisqu'elle correspond à la hauteur de la Grande Pyramide, (nous verrons pourquoi quelques pages plus loin).

(14) Basse Nubie. Début du recouvrement des terres par les eaux du lac Nasser. Sur notre schéma, le point se situe au niveau du sol de la chambre souterraine, il représente sur l'échelle chronologique le déluge universel. En ce qui concerne **le Nil**, il existait une coudée spécifique, elle servait à jauger les eaux du fleuve (nilomètre) en période d'inondation, elle correspondait exactement à **0, 4442882936** m. Hérodote y fait allusion en ses « énumérations et mesures », sans toutefois en donner toutes les décimales. Cette valeur ne nous est point inconnue, elle manifeste sa présence au sein de la Grande Pyramide, c'est le produit de $\sqrt{2} \times \pi \div 10$. On comprendra qu'elle fut fréquemment employée, lorsqu'il s'agissait des eaux du fleuve Sacré.

Nous venons d'énumérer « 14 étapes » ou situations, répondant aux principaux repères géométriques de la Table d'Émeraude. Y a-t-il une analogie à faire avec les 14 stations du chemin de croix des évangiles synoptiques, nous vous laissons le soin d'y réfléchir ?

Sans doute partagerez-vous ce sentiment avec nous, ami lecteur : Il s'avère pour le moins curieux que tous ces points névralgiques, répondent aux endroits les plus réputés, aux lieux les plus vénérés, aux sites les plus mystérieux de l'Égypte Antique.

Nous ne pouvons passer sous silence les « 14 parties » découpées du corps d'Osiris, lesquelles selon la mythologie, auraient été réparties dans divers endroits de la vallée du Nil. Cela pourrait signifier, que ce hasard est de connivence avec le destin des peuples et qu'au lieu de nous abuser, il est là pour nous donner à réfléchir sur nous-mêmes. La difficulté réside dans le fait d'être suffisamment intuitif, pour vibrer à cet appel intérieur et suffisamment entreprenant, pour modifier nos critères de références existentielles. Une telle démarche n'est pas simple, elle se heurte incontinent aux réactions des zélateurs de « l'acquis », chez lesquels nous risquons de troubler la sérénité mentale, en même temps que le confort professionnel. La démonstration déclenchera chez la plupart une réflexion de courte durée, mais chez d'autres, ce ne sera que de longs aboiements à l'étrange. L'être humain ne se nourrit pas exclusivement d'opportunisme, de rationalisme et de plus-value marchande, comme on s'ingénie à nous le faire croire, sous le sacro-saint qualificatif de « croissance » symbole de l'anormalité de notre époque. Nous avons besoin de rêves éveillés, besoin de fraterniser dans le merveilleux, besoin de suivre les sentiers que nous ont tracés les Grands Anciens. Nous avons besoin de découvrir de notre vivant la promesse du devenir. Eux, les « Connaissant » n'ignoraient pas qu'il était nécessaire de jalonner le parcours initiatique de symboles édifiants, afin que des êtres intuitifs les recouvrent au cours de leur quête. Ce pactole que nous ont laissé nos Grands Ancêtres, est à peine dissimulé au regard, nous feignons toutefois de n'en rien voir. Serait-ce par crainte de ne plus surfer aussi brillamment, sur les courants déferlants de notre contemporanéité. Prenons du recul, sachons un court instant, calquer nos états de conscience sur ceux des peuples de la haute Antiquité, ainsi peut-être, recouvrerons-nous la vérité perdue, celle qui, il y a peu, avait encore mesure humaine.

« La science a fait de nous des dieux, avant de faire de nous des hommes. »
Jean Rostand

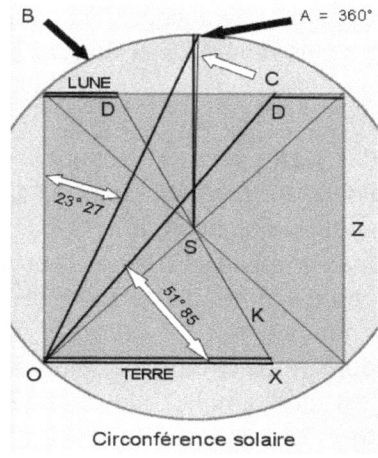

Circonférence solaire

Le génie, c'est peut-être cela : savoir résumer en une simple phrase, le drame de toute une civilisation ! Aussi suis-je heureux d'avoir eu le privilège de m'entretenir avec vous, il y a bien longtemps Jean Rostand.

Certains indices topologiques devraient nous donner à réfléchir. Ils surgissent devant nous, le plus souvent opportunément, mais nous leur accordons rarement le crédit nécessaire. Estimant sans doute, que seules des raisons pragmatiques ou prosaïques doivent dominer la nature des choses dont nous dépendons.

À l'opposé d'un tel raisonnement, cherchons à établir des analogies plus subtiles, elles nous emmèneront à une autre conception de l'ordre du monde.

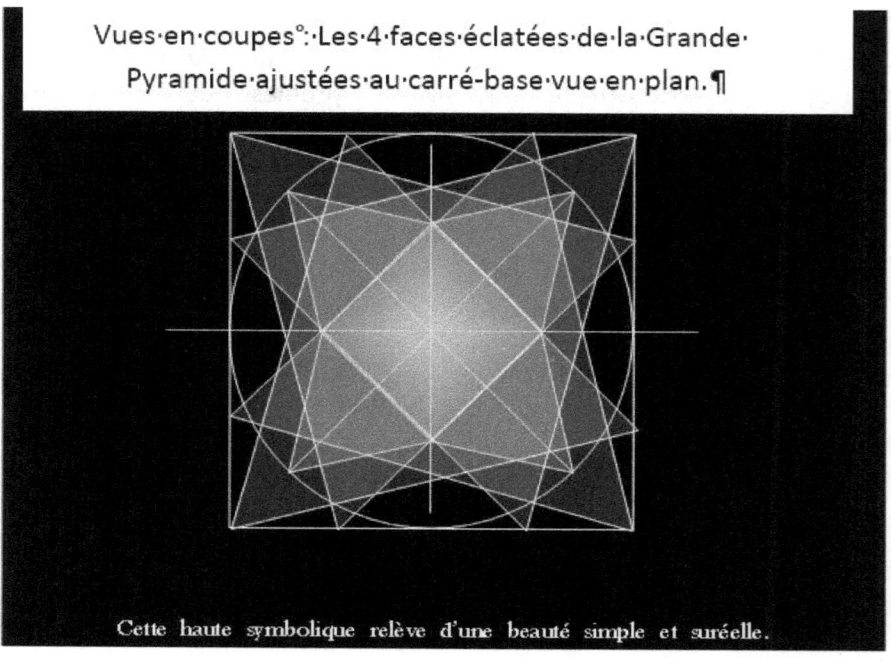

Vues en coupes° : Les 4 faces éclatées de la Grande Pyramide ajustées au carré-base vue en plan.

Cette haute symbolique relève d'une beauté simple et suréelle.

Les Mandala son inévitablement des sujets de méditation dont les tendances privilégient l'harmonie des formes et des nombres. Au-delà de ces organigrammes se dessine *la réalité intelligente de l'univers*, en sollicitant notre état de conscience, elle nous indique le sens transcendantal de la vie.

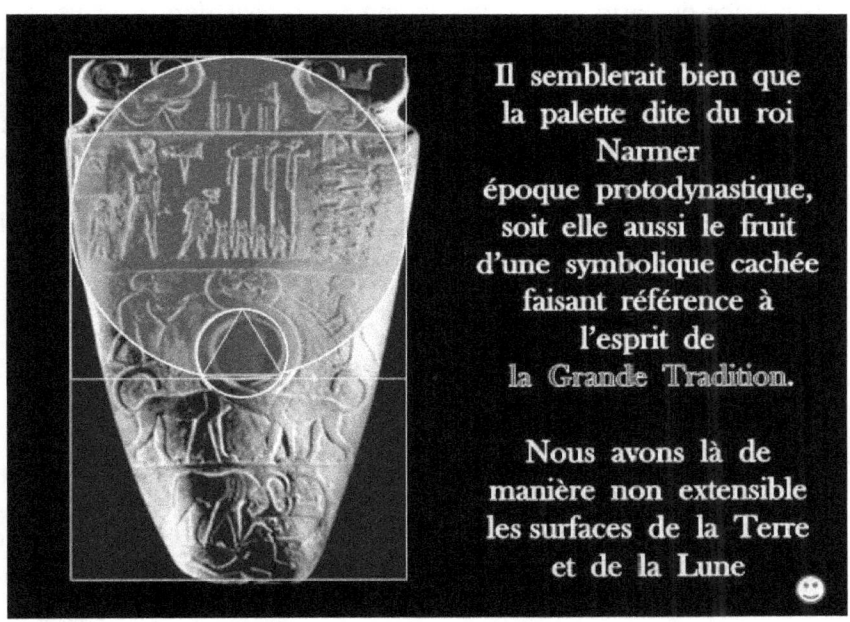

Il semblerait bien que la palette dite du roi Narmer époque protodynastique, soit elle aussi le fruit d'une symbolique cachée faisant référence à l'esprit de la Grande Tradition.

Nous avons là de manière non extensible les surfaces de la Terre et de la Lune

La Lune, la Terre, le rectangle d'OR, cela à l'époque protodynastique !

Voilà une référence de connaissance qui ne convient guère à la chronologie que l'on nous enseigne.

Georges Vermard

Échelle du temps précessionnel

À la suite de cette situation géographique du Nil, dont nous venons de risquer l'analyse, reprenons, si vous le voulez bien, le même schéma en faisant abstraction des critères de terrain. Numérotons avec application les points principaux ayant trait à la conjonction des courbes, des lignes et des angles. Ces ramifications devraient nous inciter à prendre en considération d'intéressants rapports, entre les valeurs affichées et l'échelonnement des âges supposés historiques. À ce stade, la question première d'un profane pourrait être celle-ci :

Comment une structure géométrique, censée ne contenir que des mesures et distances, peut-elle alambiquer des dates impliquant des notions de temps, et si c'est le cas... dans quel dessein ?

Bonne question ! Nous avons un premier élément de réponse avec les mesures concernant la structure intérieure de la Grande Pyramide. Les mesures doivent se limiter à la ligne verticale centrale du schéma. Chaque mesure relevée en système décimal, fait l'objet d'une traduction en années à l'aide de la résolution suivante :

1 mètre à l'échelle de la pyramide équivaut à 1 ÷ **0,011785113**

ou la racine de √2 divisée par 120 △ 120 x 3 = 360.

Soit, 1 ÷ 0, 011785113 = 84, 85281388 années.

Cette dernière valeur 84,85281388 estimée en unité de temps, multiplié par 2, puis par 24 heures et 60 minutes, 60 secondes = 14662566,24 divisé par 100 000, nous obtenons en mètres, la hauteur de la Grande Pyramide, à 1 centimètre près, voilà une première relation ! La deuxième question de notre profane, pourrait être celle-ci :

Comment légitimer le fait, que les édificateurs de ce monument étaient instruits du passé et de l'avenir, notions qu'ils appliquèrent en leur concept pyramidal. Peut-on parler d'une prescience ?

Nous ne saurions répondre à cette dernière question, nous ne le savons pas ! Mais à la suite de cette constatation, devons-nous ignorer volontairement un fait réel, en prétextant que pour le traiter, nous n'avons pas d'explication raisonnable ? Les hommes n'ont-ils pas étudié longtemps le vol des oiseaux, avant de chercher à les imiter. Nous précisons que notre rôle se limite à dépeindre une situation inexploitée et non point d'en tenter l'exégèse ! En serions-nous capables que nous choisirions de ne point le faire, tant nous sommes conscients de la vacuité humaine en matière de déontologie. Dès lors, nous nous exposerions aux sarcasmes des refoulés, aux railleries des jaloux, aux gouailleries des complexés autant que des décomplexés, aux outrages des traumatisés, aux injures des fondamentalistes et aux invectives des tourmentés. Au regard d'autant d'accablements, contentons-nous de soumettre cette étude à la pertinence du génie individuel, qui n'étant pas ciblé, ne peut qu'être indulgent envers nous !

Ces véracités étant déclinées, commençons si vous le voulez bien, à analyser les différents paramètres qui se rattachent à tel ou tel point précis du schéma. Il nous apparaît logique de débuter par ceux qui se trouvent dans la partie dite souterraine ou encore et selon les critères précédemment décrits, les plus éloignés dans le temps.

À titre d'exemple, considérerons que le départ de la civilisation Égyptienne, avec le qualificatif de « haute antiquité » que nous lui prêtons, se situe au niveau du point 20, (schéma suivant), c'est également le sommet du triangle inversé. Selon notre ressenti, des générations d'hommes ont vécu sur ce territoire depuis les plus hautes époques, ce sont celles évoquées dans les écrits de Manéthon de Sebennytos. Hélas aujourd'hui, nous n'avons plus suffisamment de preuves concrètes, il demeure quelques parodies mythiques, mais elles nécessitent immanquablement un décryptage. La poursuite du demi-cycle s'effectue le long de la pyramide virtuelle. Le point **OA** (que nous situons par ailleurs sur d'autres graphiques) doit réaliser sa jonction cyclique avec le point (**AO**) en : **25 852,94904 années** (c'est le cycle précessionnel).

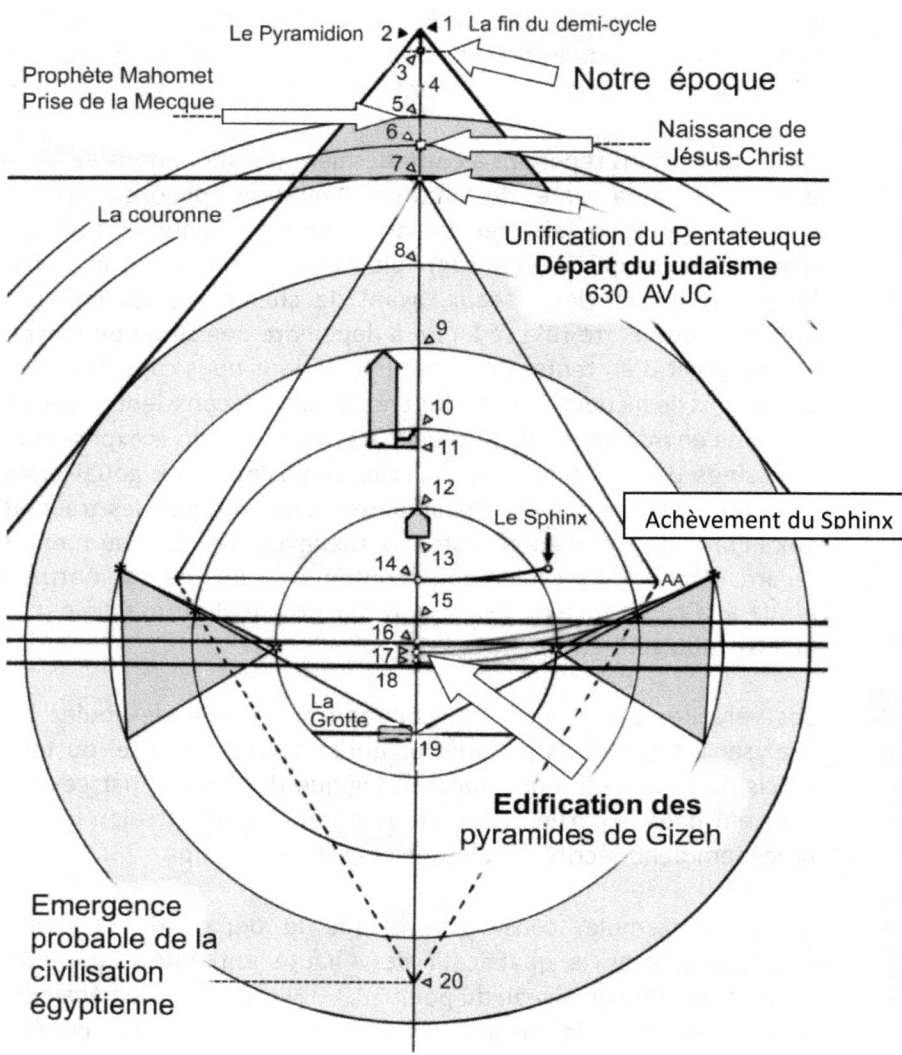

Si nous portons attention au graphique ci-dessus, la civilisation nilotique d'apport composite que nous résumerons par Égyptienne, a symboliquement pris son essor un nombre considérable de millénaires avant JC.

L'absence de preuves tangibles en ce qui concerne ces temps protohistoriques, ne constitue nullement une infirmation. À titre d'exemple, les fouilles entreprises sur les sites ptolémaïques atteignent 9 mètres de profondeur en 2 200 ans, *alors que penser de 20 000 ans* ? Il n'est d'ailleurs pas certain que de tel indices font réellement défaut, plutôt sont-ils récusés ou même évincés, dans la mesure où ils ne manqueraient pas de bouleverser les critères chrono-consensuels établis. Demeurent les légendes, elles revêtent une importance considérable, puisqu'elles sont à la base de ce qu'il est convenu d'appeler : « **La Tradition Primordiale** ».

Par rapport à la chronologie émise par Manéthon et transmise par Eusèbe, la date (théorique symbolique) de 17599,96336 années avant Jésus-Christ, peut être retenue, elle correspond à la fin de « **la dynastie des dieux** », moins un millénaire avant « **la dynastie des demi-dieux** ». Le point chronologique (20) ou le creuset du vase Graal, pourrait représenter l'émergence d'une civilisation-phare, attachée à un concept d'évolution spirituelle que nous dénommerons l'**Égypte des Origines**, les Ancêtres divins du **céleste cercle**, en égyptien, les « Tepi-aoui-qerr-en-pet ».

Deux interrogations se présentent à l'esprit : *Pourquoi une date aussi précise et comment peut-elle être aussi lointaine ?*

Une date si lointaine, parce qu'il aura fallu plusieurs millénaires pour amener des peuplades primitives à un concept social cohérent, base d'un essor progressif. Il fallut ensuite un nombre considérable de siècles, pour que des intelligences sensibles parviennent à assimiler les grands arcanes de la Tradition (ciment des sociétés primitives). Puis de nombreuses dynasties pour que les élus, deviennent des Hiérarques respectés et honorés. Est-il besoin de préciser que ces derniers avaient grandi sous l'influence idéologique des **demi-dieux**, qu'étaient ces énigmatiques « *Suivants d'Horus* » ? Il fallut enfin, un nombre élevé de générations, pour que « cette sélection » fût à même de gérer les sociétés qu'elles fondaient, sans le recours de ces **dieux** ou **demi-dieux** du mystérieux « **Premier Temps**, le Zep-Tepi des légendes antiques ». L'humanité *« idéale »* que prônaient ces entités (considérées divines), consistait à demeurer en symbiose avec l'esprit ordonné de la nature. Ces êtres d'exception prêchaient le respect des traditions et la crainte d'un manquement aux préceptes enseignés. Une déviation, affirmaient-ils, annulerait tous les efforts. À l'inverse, si le respect de ces préceptes était accepté et appliqué, l'homme avait quelque espoir de se rehausser au-dessus de sa condition primaire.

Pourquoi une date aussi précise ?

Selon toutes probabilités, parce qu'elle regroupe sur le même point de convergence, une symbolique numérique et géométrique de premier ordre. Le point (20) est au carrefour des lignes stellaires de la constellation d'Orion. Souvenons-nous des 30° (sur la position d'Al Nilam et dans l'orbe de Saïph) mais aussi parce que cette date était indexée par des entités considérées « *divines* », comme étant le seuil désigné de **l'intelligence intuitive** par rapport à **l'intellection discursive.** Nous devrions entendre par ces termes, la sensibilité d'un « *soi subtil* » primant sur les seules capacités de la « *raison mémoire* ». Laquelle raison mémoire, limite ses actions à un pragmatisme de terrain, à l'exclusion d'un sens de la verticalité, sans préoccupation d'un futur évolutif de l'état de conscience. Ce fléau, car c'en est un, mine sournoisement nos sociétés actuelles, attendu qu'avec la seule « *raison mémoire* », on peut aujourd'hui accéder aux plus hauts diplômes sans un soupçon « *d'intelligence intuitive* ». Les maestros contemporains se composent d'une armée de théoriciens sans état d'âme à la miction glacée, qui laisse à leur progéniture le soin de régler la note. Résultat, nous avons aujourd'hui, une pseudo-culture de masse abondamment teintée de mercantilisme délitant graduellement les états de conscience. Ce cognitivisme individuel qui des siècles durant a festonné les sociétés, tout en sustentant la sensibilité des êtres.

Lecteur ou lectrice, peut-être avez-vous à vos côtés un RIMA intime (**R**ationaliste – **I**ncrédule – **M**atérialiste – **A**thée) ? Si par dérision, vous lui avez soumis quelques commentaires relatifs à cet ouvrage, laissez-lui achever les phases éruptives de sa récusation grondante. Mais par humanisme, cessez de lui faire lecture. Estimez combien c'est difficile pour lui de quitter la première dimension, en laquelle il a été phagocyté dès le plus jeune âge. Ses gros pouces de manipulateur de jeux vidéo depuis l'âge de quatre ans, ne le prouvent-il pas surabondamment. L'enseignement reçu n'a-t-il pas parachevé par mille influences de lui inculquer chaque jour les bienfaits de cette civilisation en laquelle il vit. La seule qui soit efficace, lucrative, démocratique, futuriste, saine et juste. Lui, c'est un gagneur « jusqu'auboutisme ». Si vous tentez de lui démontrer qu'il peut en être autrement, que la vie n'est ni une compétition, ni une marchandise, le monde tel qu'il l'envisage se déroberait sous ses pieds. Et vous auriez alors bien mauvaise conscience d'avoir dévoyé sa seule raison d'être, et de le livrer nu et repentant aux substances amphétaminiques.

Mais laissons nos états d'âme entre les mains des réformateurs et revenons à nos petits moutons. Comme nous avons essayé de le démontrer en nous servant de la table d'émeraude pour référence, la date que nous soulignons, correspond au fond de **la coupe du Graal**. Selon la légende, son contenant réalise 200,000 m de hauteur. Il y a donc **200 m** entre le début de cette civilisation et sa fin théorique en **629,4005836** avant JC.

200 m ÷ 0,011785113 (clé chronologique) = **16 970,56278** années.

À cet emplacement précis, nous sommes au niveau de la fin du carré-base. Pour parvenir au début de notre ère (année zéro du calendrier), il nous faut atteindre « **le point christique** » (milieu de la couronne de quadrature). Il est donc nécessaire d'ajouter 629, 4005836 années. Le total nous donne **17 599,96335** années, moins 17600, différence de 0,03 635 année. Nous réalisons immédiatement combien nous sommes proches du nombre rond de **17 600** années. Cette différence de 0,03665, n'est d'ailleurs peut-être pas tout à fait innocente, étant donné que multiplié par « 4 », nous obtenons :

0,1466 x 1 000 = 146,6.

Rappelons que la hauteur *sur le socle* est de **146,6081686** m.

Reprenons : À notre époque, il nous faut rajouter les 2 000 années nous séparant du début de notre ère, pour évaluer la distance de ce lointain départ de civilisation, nous obtenons : **19600 années**.

19 600 c'est également 140 x 140, ou encore, **280** fois la hauteur de la pyramide en coudées. 196 √ = 14 (le premier Roi d'Égypte « Osiris » y serait-il pour quelque chose ?) C'est à **19600 années** du point « **0** » (naissance supposée effective de la civilisation égyptienne), que devraient être révélés à un large public les secrets concernant « **Les Pyramides d'Égypte** ». Ces 19 600 années divisées par les 7 étoiles traditionnelles nous livrent un nombre cher à l'Égypte ancienne, 2800 ou le « **28** » de la tradition.

Reconverties en mètres, ces années sont égales à **230,9882148** m. Il se trouve que divisée par « **les 7 étoiles** » et multipliée par la circonférence de 4,442882936, l'opération nous restitue la hauteur de la Grande

Pyramide sur son socle soit **146,6076568** m, à 5/10 de millimètre près, (fuite toujours possible des décimales). Une déduction alors s'impose ; n'y a-t-il pas une relation à établir, entre les valeurs de l'Ancienne Égypte, la hauteur de la pyramide et les révélations d'ordre spirituel qu'elle recèle en ses flancs ? Et maintenant si vous le voulez bien, revenons à nos **16 970,56277 années**, fruit des 200 m, durées plus symboliques qu'effectives de la Civilisation Égyptienne. Nous avons vu que cette période de temps réintégrée en son contexte au sein du schéma, indique de 20 à 7, la hauteur du calice Graal.

$$16\,970{,}56274 \; X^2 = 2\,880\,000 \div 2 = \mathbf{144.}$$

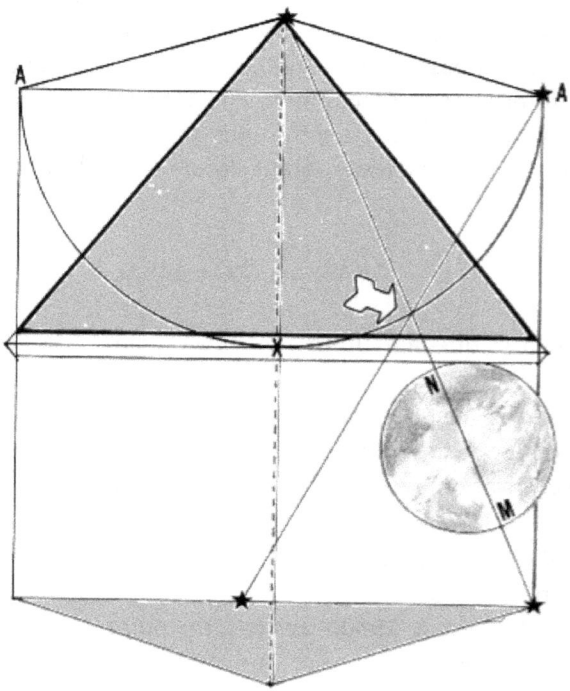

À la lumière d'une symbolique aussi manifeste, on comprendra qu'au cours d'un office chrétien, **l'élévation du calice** puisse susciter une réaction émotionnelle. Cette réaction n'est pas seulement la conséquence d'une éducation de principe. Cette phase du rituel fait appel à une intuition noétique, à un atavisme archétypal de notre état de conscience relié à *une Tradition Universelle* que le temps à effacer de nos chromosomes mémoires. Certains d'entre nous en ressentons l'imperceptible résonance, d'autres pas, simple question, préciserons-nous, de vécu antérieur. Puisqu'il est question du **Graal**, plaçons en haut et au centre du carré-base, une pointe de compas, l'autre étant posée sur **le point de croisement des étoiles cadre d'Orion** indication ; flèche blanche. Nous observons que lorsque la pointe de notre compas est ramenée dans l'axe des datations, elle dessine en une coupe (**neb**) signifiant un aspect de la suprématie (seigneur ou or), tout en nous indiquant en son fond le départ du cycle précessionnel.

Hasard... abracadabrantesque... !

Non, c'est plus simple...esprit synthétique propre à la Tradition Universelle !

Les étoiles de ce graphique illustrent un axe traversant une sphère placée apparemment en position aléatoire. Il s'agit de **l'inclinaison sur l'écliptique de notre planète**. L'axe d'inclination de la Terre, plus de 23° par rapport à la verticale, nous est donné ici par l'union des étoiles Bételgeuse - Rigel. Une trentaine d'années après ce que nous estimons être la fin de l'Égypte Antique, environ *630 avant JC,* tout étranger épris de curiosité pouvait, sans examens probatoires, accéder au plus profond des temples. Hélas, pour la sublime connaissance, « *la barque des nombres voguant sur les ondes sacrées* » avait sombré en les eaux tumultueuses des temps nouveaux. Surnageait encore une symbolique éparse aux interprétations abscondes, que par déduction cartésienne, nous les modernes, crûmes pertinent de rejeter aux officines du simplisme. Alors que ce n'était rien moins, que **l'abécédaire de notre humanité.**

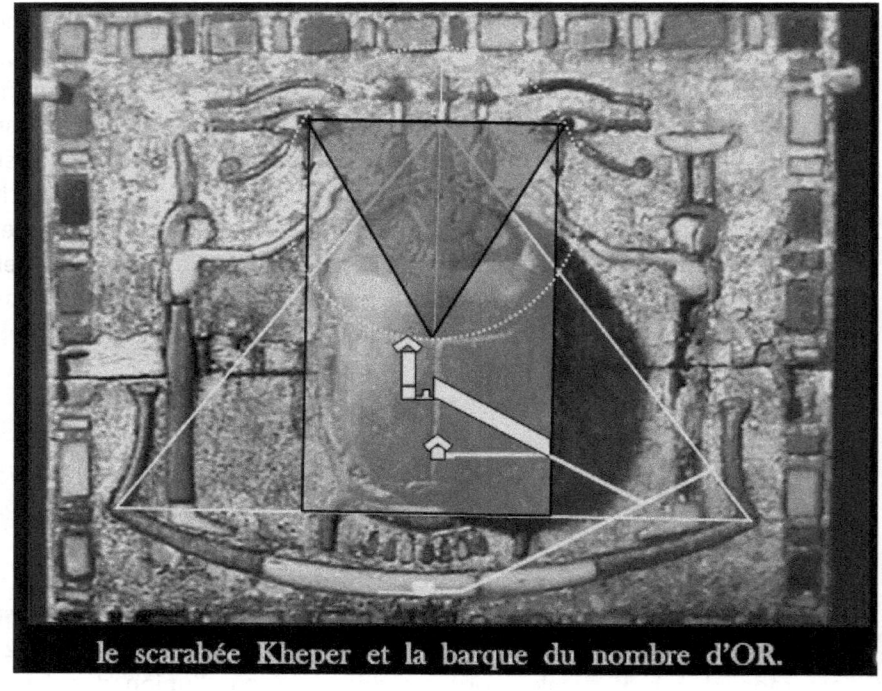
le scarabée Kheper et la barque du nombre d'OR.

La chambre souterraine

12 538,39297 années avant JC.

Nous la rebaptisons ; « **Chambre de la Transfiguration** ».

(Référence N°19 sur la carte)

À 30 m sous les fondations de la pyramide se tient la chambre souterraine, encore appelée « *la grotte du chaos* », devrions-nous considérer cette cavité comme étant l'indice du dernier des **Grands Déluges** ? Les dates concernant cette catastrophe, ne peuvent qu'interpeller le chercheur. Une chose est sûre, la Terre a enregistré au moins un désastre à une *échelle planétaire*, au cours des 20 000 dernières années. On peut ajouter sans risque d'erreur, qu'un ou deux cataclysmes de moyenne ampleur ont suivi à des millénaires d'intervalle. Les comptes rendus d'études scientifiques, nous incitent à placer en première datation celui qui aurait fait disparaître « l'Atlantide », évoqué par Platon dans le Timée. À l'égard de tels faits, le scepticisme devient une innocence, car il ne fait aucun doute que de vastes régions de notre planète ont eu à subir des bouleversements de première grandeur. L'altération, voir la quasi disparition des preuves ne prouve en rien, la non authenticité du phénomène, le maelström des siècles n'absorbe-t-il pas la nature des choses ? Le centre du drame au pléistocène concernait-il la dorsale médio atlantique, les Bahamas, les plateaux péruvien ou bolivien ? Il est impossible de le savoir avec certitude, mais nous ne devons pas douter que cette catastrophe ait eu lieu, probablement à la fin de ce que nous considérons être, la dernière glaciation. Le niveau de la mer était considérablement plus bas qu'il n'est aujourd'hui, rien de moins que 105 m d'élévation entre − 14 000 et 2 000 avant notre ère, 120 m de rehaussement de niveau entre le point « 20 » situé à 17 000 ans. Nous nous devons souligner l'importance de cette élévation des eaux, elle explique en partie la suppression d'indices révélateurs. De nombreux artefacts sur la surface du globe posent des points d'interrogation, mais aussi les sous-sols en leurs analyses. Et puis, il y a des cas où l'effacement total ou partiel des sites répertoriés, doit être attribué au réemploi méthodique des ruines par les générations successives. La disparition tient également au fait des ravages exercés par les phénomènes climatiques, la dissolution végétale ou l'usure du temps !

Les anciens textes sur lesquels nous nous sommes penchés, parlent d'obscurcissement du ciel, de pluie torrentielle, d'une brusque montée des eaux. Il est aussi question d'étoiles, de serpents, d'excavations et plus précisément de « *7 îles ou 7 cavernes* ». Si nous tenons pour plausible, la date avancée de 12 538 années avant notre ère, la hauteur de la cavité à 30 m sous le socle de la Grande Pyramide, pourrait être représentative de la durée en années du cataclysme. Soit, en appréciant une évaluation théorique du temps, environ trois siècles avant que la vie ne retrouve les caractéristiques de sa normalité.

Hormis cette précision, nous noterons que ce nombre d'années n'est pas inconsidéré pour un déluge de cette ampleur. A-t-il eu pour origine, un basculement des pôles géographiques, des fragments de comètes géantes ayant croisé la trajectoire de notre planète, des pluies météoritiques en errances criblant les terres et les océans, des déplacements soudains de plaques tectoniques, d'intenses éruptions volcaniques, de partiels effondrements dans les profondeurs marines, beaucoup d'hypothèses, aucune certitude.

Nonobstant, un peu partout dans le monde, des analyses géologiques sont là pour témoigner d'une telle catastrophe. Des contrées prospères disparurent, des situations topographiques furent profondément modifiées, des populations entières furent englouties. Il y a pléthores d'indices en ce qui concerne des ossements amoncelés en des espaces restreints, comme pressés en ces lieux par un phénomène brutal de raz-de-marée. L'Égypte ne fut pas épargnée, des signes manifestes le laissent supposer. Nous subodorons toutefois, qu'une partie importante des habitants de races composites survécurent à la tragédie, grâce aux dispositions préconisées par les Hiérarques. En ce qui concerne la Grande Pyramide, objet de nos études, de bizarres résidus furent relevés au cours des siècles par ceux qui l'approchèrent. Il est question d'importantes couches de sel incrusté sur les parois, des ossements et des monceaux de sédiments marins, des marques de corrosions censées être celles atteintes par le niveau des eaux. Précisons toutefois, qu'il ne pourrait s'agir que du second Déluge, nous le situons aux environs de 4 500 AV notre ère. Si nous élargissons le cercle, nous constatons qu'une polémique est née autour de l'érosion qui a creusé des strates sur le dos du Sphinx. Selon des experts en géologie, chaque jour plus nombreux, il ne s'agirait pas d'un ravinement éolien, mais d'une corrosion pluviale ou marine, celles-ci répondant à d'évidentes caractéristiques.

Nous verrons plus loin que sur un plan symbolique, ce qu'il est convenu d'appeler « *la lumière spirituelle* » n'a de sens, que lorsque le monde est plongé en la nuit. **La grotte** prédispose au secret, mais aussi à l'émergence, le magma chaotique appelle à l'ordre par le labeur, et la situation des galeries montantes à l'évolution. Le couloir ascendant n'a-t-il pas un rapport direct avec la recherche de **la lumière,** que ce soit celle du soleil ou celle de la connaissance.

Selon certains critères de datation, la situation du premier Déluge, se serait normalisée aux environs de 12 000 ans avant JC. Nous le situons jusqu'à la base de la pyramide virtuelle. Aussi peut-on raisonnablement penser qu'il s'ensuivit une lutte ardue pour le maintien de la vie et le regroupement des sociétés humaines dispersées par le cataclysme. C'est à cette époque que l'on doit envisager l'apparition des « *Neterou* », Ancêtres semi-divins et guides spirituels aux connaissances étendues, encore appelés « *Jerou ou Chebtiou* ». Ils furent suivis des « *Shemsouhor* », lesquels s'employèrent, selon les textes, à réorganiser la vie communautaire. D'après Manéthon, cette datation correspond à **« *l'ère des esprits de la mort* »**, elle aurait dû débuter avec le déluge, alors qu'une erreur probable de datation la situe ultérieurement au cataclysme. Au cours de cette période d'instabilité due à des éléments cataclysmiques, on voit mal, comment, une civilisation naissante aurait pu se consacrer à l'édification de monuments témoins de sa grandeur.

Ne serait-il pas plus raisonnable, et nous le démontrons, de discerner en ces œuvres monumentales, un message à caractère philosophique destiné à des êtres du futur. Ce message aurait pour intention, d'interpeller les navigateurs planétaires que nous sommes, afin que nous prenions conscience d'une réalité existentielle plus appropriée à notre condition humaine. Une approche nécessairement moins grégaire, plus responsable, moins sottement médiatisée, moins puérilement rivée à la matière. Ainsi perçu, ce message pourrait-il demain, être à la base d'un renouveau sociétal et humain. L'hypothèse d'un « *message caché* » en attente d'être propagé, n'est pas à rejeter. Compte tenu que les mythologies nous éclairent, sur la part de responsabilité qu'auraient eu les hommes de cette époque, dans le déclenchement de ces séries de catastrophes prétendument naturelles !

Nous allons constater que cette chambre souterraine dont il est question, se trouve judicieusement placée, afin peut-être, de nous engager à prendre conscience des phénomènes révélateurs que nous exposons. Le même nombre d'années proche de 2000, sépare le centre de la chambre souterraine du départ du cycle d'Orion. Une valeur identique sépare l'année zéro de notre ère de notre époque. Serait-ce l'indice sous-jacent d'une replongée dans les ténèbres ou l'atteinte d'un point de non-retour dans la dégradation d'un système sociétal ! La situation de cette chambre (grotte messianique) a aussi de bouleversantes concomitances avec les dates christiques, nous le verrons sous peu.

Enfin, la chambre souterraine nous donne avec précision les mesures du globe terrestre, sous trois aspects, pôles, équateur et ligne troposphérique. Nous l'avons vu, sa descenderie positionne la croix parfaite au sein du triangle baudrier. De nombreux autres rapports font, de ce que certains qualifient avec un rien d'outrecuidance, « *d'erreur conceptuelle* » (sic)… une merveille de réalisme ! Ceci étant, il n'est pas exclu que cette chambre souterraine eut à subir des endommagements lors du second Déluge. Sur l'illustration ci-contre, le glissement vers le bas de la totalité de la Grande Pyramide, prise en valeur sur le Socle atteint la hauteur de 146, 608168 m, le résultat est étonnant.

La base étant parvenue *au centre de la chambre souterraine*, la pointe extrême du pyramidion indique **l'année zéro de notre ère**, avec une précision au dixième de millimètres.

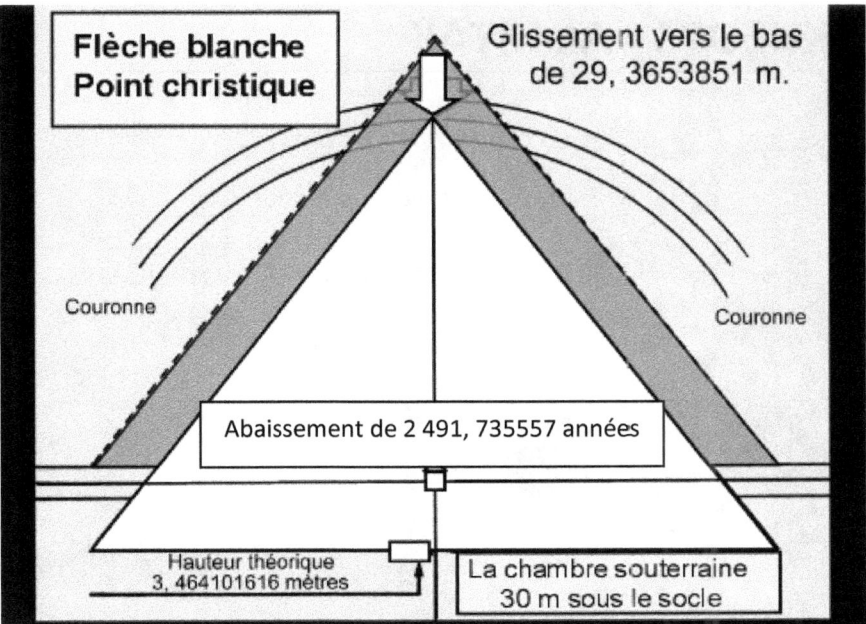

Nous remarquons que ce décalage vers le bas, positionne la chambre de **la Reine au centre du schéma**, alors que la base pyramide coupe la chambre souterraine en son milieu.

Georges Vermard

KHEOPS - AL NITAK

Début de construction :

10 830, 15622 années avant JC

(N° 18 sur la carte)

Kheops est à 13 321, 89178 années de la fin du demi-cycle précessionnel

Vous l'avez pressenti ami lecteur, la Grande Pyramide d'Égypte, dite de Kheops est bien l'objet principal de nos recherches. Il est donc de première importance de connaître *le départ théorique réelle* de sa construction, et non point d'exercer un choix, parmi l'afflux de dates que nous suggère l'époque de Kheops. Rappelons que la première destination de ce monument ne peut en aucun cas avoir été un tombeau. Cette idée inconsidérée, invalide les qualités pensantes des dits *spécialistes* de la question. À moins que ce ne soit là, attitude prescrite pour entretenir un confort d'esprit à l'indice du professionnalisme actuel ? Aussi est-il raisonnable d'estimer que s'il y a controverse, ce ne peut être que le cumul des preuves en faveur d'une hypothèse qui nous procurera la résolution finale. La rédaction de cet ouvrage se limite à cette ambition, tout en exposant au grand jour les fruits de nos recherches. Même si, à l'égard de certaines données ressassées de l'histoire conventionnelle, le caractère insolite de celles-ci prête à confusion, si ce n'est à polémique.

La date que nous avançons ici, correspond selon nous, au départ effectif du concept structurel de **la Grande Pyramide**. Cet édifice était dédié au dieu OSIRIS, en témoignage d'un « *Principe Originel* » souverain dont il était garant. L'étoile **Al Nitak**, première étoile du Baudrier d'Orion, est mentionnée en tant qu'élément parèdre du dieu. Il est incontestable qu'avant sa mort symbolique et son mythique dépeçage en 14 morceaux, **Osiris** occupait une position prépondérante sur l'horizon démarcatif, la Grande Pyramide était alors appelée « **Horizon Lumineux** ».

Écoutons s'exprimer le dieu **Osiris** (Extrait du texte des Pyramides) :

*« Et je suis transporté au-delà des eaux, là-bas, **au-dessous de l'Orient du Ciel**, à l'endroit où les dieux m'ont façonné ».*

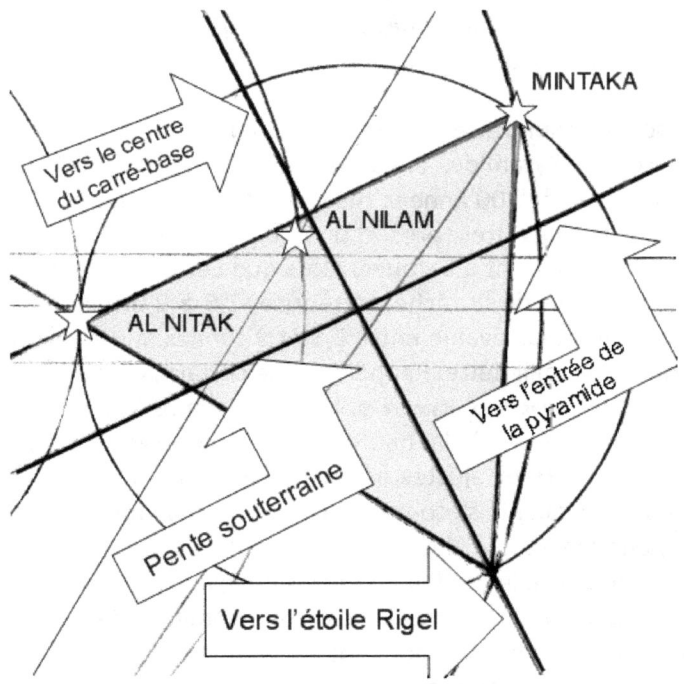

Nous l'avons vu et vérifié souvent, il s'agit là, de l'emplacement exact de l'étoile Al Nitak, à l'échelle pyramide, elle est placée légèrement au-dessous de la ligne d'horizon à 0, 68 m. Elle est à gauche de notre illustration, sous le trait en pointillé du schéma général. Aussi subodorons-nous en cette constatation la fameuse épigraphie : « **Horizon de Khéops** »

Ou plus clairement, « *horizon de lumière* ». Il s'agirait en fait du dieu **Osiris**, à qui était dédiée la Grande Pyramide, dont **Isis** sa sœur épouse, est devenue « **maîtresse** » à sa mort symbolique. Cette dernière appellation concernant la déesse, est confirmée par la Stèle dite de « **l'inventaire** » découvert par Mariette aux environs de 1850.

L'étoile **Al Nitak** symbolisant l'emplacement de la Grande Pyramide se positionne donc légèrement au-dessous de la ligne centrale. Souvenons-nous, lorsque l'étoile Al Nitak est rapportée au compas sur la ligne verticale du centre, que nous nommons *» ligne chronologique »*, cette étoile nous indique avec précision, la date de mise en œuvre des travaux ayant trait à la Grande Pyramide. Nous avons de bonnes raisons de penser, que ce serait là, *le départ symbolique souhaité et calculé par les maîtres d'œuvres, de la mise en chantier de ce monument.*

Cette constatation revient à dire, que le chantier effectif de construction de la Grande Pyramide, étala son labeur sur une période de temps, estimée à plus de 200 années théoriques. Nous sommes loin des 20 ans d'Hérodote, mais très près d'une logique humaine, que nos âges subversifs se plaisent à bafouer. Alors que cette longue édification est à l'échelle logique de la tâche entreprise, 2,5 à 2,6 millions de blocs de pierres, d'un poids évalué entre 2,5 et 9 tonnes, ajustés le plus souvent au dixième de millimètre. Rappelons que certains de ces blocs (notamment les poutres granitiques de la chambre du Roi) sont estimés à 70 tonnes et plus, ces blocs furent élevés à la hauteur de 60 mètres, sans poulies, sans démultiplicateurs et ajustés avec les impératifs que nous savons. Nos lecteurs pourraient s'étonner que nous n'ayons pas une opinion plus... *fictionnelle*, sur les moyens employés pour l'érection de ce monument, genre lévitation ou engins de levages de l'entreprise OVNI. Il nous faut à nouveau préciser, que cette pyramide est un livre de pierre, il est réservé à des êtres répondant à d'autres indices de culture, indices qu'il est urgent que nous appréhendions.

En vertu de cela, il ne fallait pas qu'au cours des âges, ce monument éveille des soupçons sur les moyens employés pour son édification. Il en aurait résulté plus de déprédations encore qu'il n'en fut constaté, car il est dans la nature de l'homme de vilipender ce qu'il ne comprend pas. La chose étant perçue comme une insulte à sa propre nature, dont il pressent les limites en tentant rarement de les surpasser.

Les constructeurs du monument se sont ingéniés à utiliser des moyens mécaniques que l'on pourrait *qualifier de naturels*. Cela pour ne pas soulever des polémiques préjudiciables à la pérennité de l'édifice, auquel on donna pour implicite mission de franchir le demi-cycle précessionnel soit ; 12 926, 47453 années. L'omniscience dont firent preuve les concepteurs, pour associer la quintessence du génie manifesté et les possibilités restreintes du corps physique, représente un hommage suprême rendu aux qualités humaines.

L'extraction et l'équarrissage des blocs sont censés avoir été réalisés à l'aide d'outils rudimentaires (boules de diorite) ou avec des herminettes en cuivre durci par un alliage d'arsenic. La taille des blocs de granite, leur embarcation le long du Nil, sur 800 à 1000 km, leur acheminement jusqu'au chantier, leur élévation et leur ajustage, représente une prouesse, que nous les modernes, obnubilés par nos rinces doigts intellectuels, ne sommes pas à même d'évaluer. Un aussi long et vaste chantier, nous l'avons vu, n'aurait pu qu'occasionner un épuisement des réserves minières ou provoquer un véritable reconditionnement du façonnage des outils. À elle seule, la construction de la Grande Pyramide n'a-t-elle pas demandé plus d'efforts que l'ensemble des œuvres en pierre réalisées en Égypte, et cela pendant plus de 1 500 ans ? Autrement dit, de l'Ancien Empire à l'époque Ptolémaïque, ce qui donne un aperçu de l'apparente démesure de l'œuvre.

Un édifice aussi grandiose ne manque pas d'interpeller le simple bon sens, sur les raisons alléguées ayant trait à son édification et au temps imparti pour sa construction ! Si nous prenons en considération la période de datation que nous révèlent nos calculs, soit 200 années de construction, le chantier garde son épithète de *monumental*, mais il devient plausible. Alors qu'avec les 20 années d'édification dont Hérodote se fait l'écho, le postulat passe de l'improbable à l'insane. Ne faisons pas l'impasse sur cette réalité que représente les six mois de travail restrictifs par année de labeur, comme il serait inconsidéré de ne pas tenir compte de l'immobilisme engendré par les crues du Nil. S'additionnent à cela, le nécessaire entretien des canaux et une multitude de travaux ruraux de première nécessité.

Revoyons correctement la chose et afin de faciliter les calculs, considérons un travail constant d'environ 312 jours ouvrables sur 365. Prenons en compte le point de vue qui est le nôtre, et tentons d'appliquer un raisonnement. 2 521 000 m3, divisés non par 20, mais par 200 années, divisées par 312 jours de travails par année, il en résulte plus de 40 m3 par jour, d'une masse globale minimale de 110 tonnes. Pour qu'un tel volume soit extrait, taillé, acheminé, élevé et ajusté au millimètre près, il nous faut envisager un minimum de 2 000 manœuvriers en permanence sur le chantier.

Il en fallait nécessairement le double en ce qui concerne la logistique, les soins, le ravitaillement, l'entretien, le déblayement, les laveries, la surveillance et l'encadrement. Soit, l'équivalent de 4 000 personnes pendant 200 années. Il est en effet impensable comme on cherche à nous le faire croire, que des milliers d'esclaves battus à mort, pataugeant dans la gadoue, puissent être rentables au-delà d'une prise de vue hollywoodienne. La logique veut qu'une telle œuvre, dans le sens littéral du terme *pharaonique,* reste malgré tout envisageable, mais seulement dans les critères de durée raisonnable dont nous faisons état. Et non ceux utopistes du rapport d'Hérodote qui aurait écouté aux portes des égyptiens de son temps, soit 2 000 ans après l'événement supposé. Cette rumeur lointaine étant l'unique « témoignage » d'une construction de ces monuments sous la IV dynastie, les mandatés désignés pour nous interpréter l'histoire, s'en firent immédiatement l'écho, sans qu'ils fussent en possession d'autres arguments. C'est ainsi que par dogmatisme professionnel et consensus attesté, nous apprenons dès le plus jeune âge, que la Grande Pyramide d'Égypte est... un tombeau.

Les actes supposés d'autoritarisme que l'on attribue au roi Kheops, lesquels selon les écrits, auraient eu pour conséquence de motiver une réaction du peuple, ont-ils quelque chose à voir avec son soi-disant tombeau ? C'est peu probable, mais surement avec un labeur au rendement excessif, consécutif à *une restauration* qu'il devait mener à bien de son vivant. Ces protestations populaires, eu égard à des actes assimilables aux tyrans, édulcorent paradoxalement en nos esprits formatés, les attitudes incriminables à nos modernes meneurs de jeux. En d'autres termes, acceptons leurs crimes, puisqu'il en fut de pires.

Nous avons calculé que le début effectif des travaux concernant la Grande Pyramide a pu débuter 395 années avant le départ du demi-cycle, à 12 830,15622 années théoriques de l'an 2000 de notre ère. À ce stade, une autre interrogation pourrait se présenter à l'esprit !

Un si long temps... la pyramide ne se serait-elle pas érodée, sous le poids des âges... ?

Oui ! Oh combien, environ 2 cm par siècle, si elle n'avait été entretenue des millénaires durant par un dur parement d'albâtre. Sans la protection de celui-ci, il est certain que les pyramides de Gizeh ne représenteraient plus actuellement que des monceaux d'aggloméras informes difficilement identifiables. En vertu d'un devoir de mémoire, il ne fait de doute, que le mortier protecteur a souvent été renouvelé ou réajusté au cours des millénaires. Il demeure des témoignages écrits qui s'étalent jusqu'au XIII siècle de notre ère. Ces auteurs érudits en voyages d'étude, sont formels sur le fait, qu'à leur époque, le parement était en pierres apparentes, il est décrit comme étant constitué de blocs parfaitement ajustés. Puisque on ne pouvait y glisser une lame entre les interstices des pierres, hélas, il n'était déjà plus question de mortier protecteur. La composition du parement que nous évoquons était constituée, selon certains experts, de calcaire délité, auquel on ajoutait des sédiments marins et pour faible partie de l'argile, du natron (carbonate de sodium) et de la chaux cendrée.

Notre lecteur aura perçu que les caractéristiques de l'édifice, sa durée de construction, le temps qui le sépare de la ligne de départ, matérialisant la reprise d'altitude de la constellation d'Orion, ont des raisons d'apparaitre plus vraisemblables que la version qui est communément répandue. Les Maîtres d'œuvres n'ont donc pas agi inconsidérément, pour l'érection de ce monument témoin de l'histoire humaine, ils se sont conformés à des impératifs. D'où leur venaient-ils ? Nul ne le sait, et nous nous refusons par réserve à entériner les rumeurs confuses qui alimentent cette énigme de l'histoire. Nos recherches se veulent factuelles, elles se limitent à prouver qu'il en fut autrement que ce que l'on nous enseigne, sans ajouter au merveilleux. Une telle constatation renforce le caractère symbolique de l'édifice et souligner le rôle essentiel joué par les étoiles.

D'ailleurs : *Votre Majesté Khéops, ORION-nous nécessité à voir plus grand que les 8000 volumes de votre chambre, dite du Roi... votre royauté supplée à cela, Majesté ? Et si votre Majesté désirait une autre pyramide, voir une troisième à l'instar de votre grand-père Snéfrou, il vous suffit d'ordonner, le peuple s'en réjouira...Majesté !*

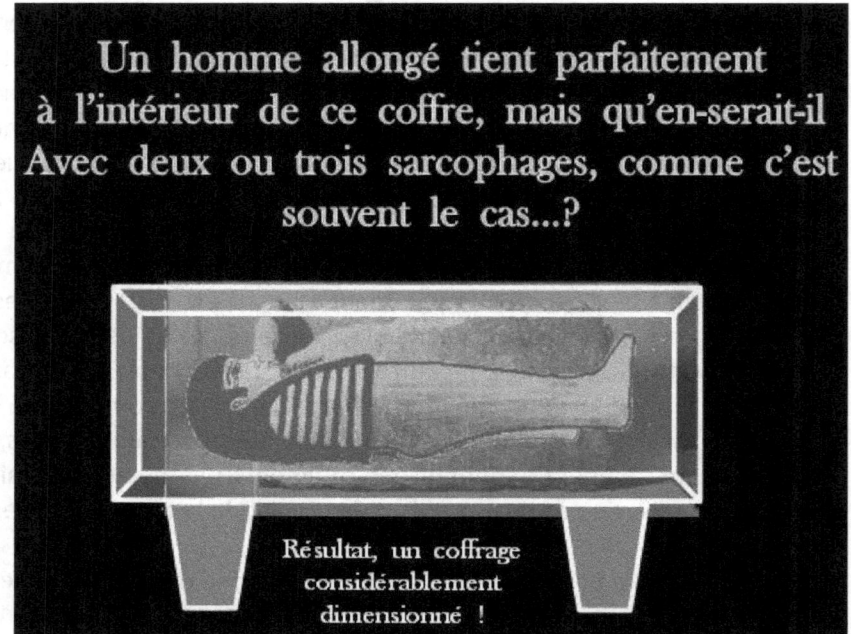

Devant une telle ineptie, on ne peut s'empêcher d'avoir quelques traits d'humour, ils ont l'avantage de souligner la légèreté de la chronologie historique et de maintenir dans le contexte l'interrogation.

KHEPHREN - AL NILAM

10 660,4506 années avant J.C.

(N°17 sur la carte)

Khephren est à 13 152, 18615 années de la fin du demi-cycle précessionnel

L'étoile Al Nilam se positionne à 0,0559398 m au-dessous de la base du triangle équilatéral, inscrit dans le cercle de la ceinture médiane. Autant dire qu'elle en détermine l'emplacement. Sur nos illustrations précédentes représentant la ceinture, nous pouvons concrètement visualiser les intervalles qui séparent entre elles, les périodes de construction des trois pyramides. Les espaces temps consacrés à l'édification, soit 200 années à Kheops - Al Nitak et sensiblement le même temps à Khephren - Al Nilam, incitent à pressentir des notions symboliques.

Ces *bâtisseurs d'éternité*, n'étaient pas motivés par l'appât du gain, mais par un devoir de conviction. Nous avons précédemment constaté que la base du triangle équilatéral circonscrite en la ceinture, détermine à quelques années près, le début du chantier de Khephren. La mise en œuvre couvre une période de temps légèrement inférieure à celle de Kheops. Le volume de cette seconde pyramide apparaît in situ à l'observateur, presque identique à celui de la Grande Pyramide, il l'est en effet de peu, 216,0995729 m pour ses faces, alors que pour Kheops, nous avons 231,1140418 m. Son sommet en concordance rapprochée avec l'étoile centrale du baudrier, ce second monument situé sur le plateau de Gizeh, a pour singularité, de se trouver en fin de chantier, à quelques centimètres de la ligne de départ du cycle précessionnel. Voyons ce qu'il en résulte sur un plan numérique :

Khéops côté = 231,1140418 - Khephren côté = 216,0995729 total = 447,2136147 x 4 (périmètre) = 1788,854459 X² = **3 200 000,275** ÷ 1 2 3 4 5 6 7 8 9 = 259 200,246 ÷ 100 = 25 920 ans, le Cycle.

Ce nombre **3 200 000** est une grande constante de l'univers, il corrobore pleinement les périmètres exacts des deux pyramides. Il confirme également le départ du cycle précessionnel de 25 920 ans.

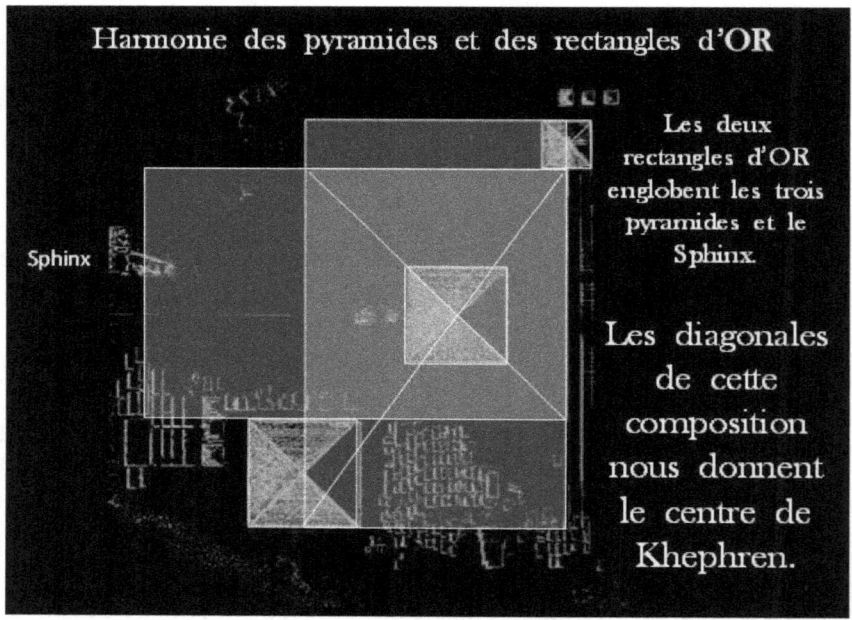

Nous constatons sur ce graphique l'importance de l'emplacement attribué à la pyramide dite de Khephren. Sa situation centrale par rapport au sujet représenté, donne un aperçu de la sublimité des complexes géométriques. Nous ne reviendrons pas sur le fait que les Anciens Égyptiens n'étaient pas censés connaitre le nombre Pi, la roue ou la rotondité de la Terre, car nous pouvons procéder à des dizaines de démonstrations flagrantes prouvant le contraire. Le XXI siècle que nous entamons, reconsidérera la manière d'appréhender l'histoire, il réétudiera l'aversion irraisonnée que la société entretient vis-à-vis de cette science dite ésotérique. Qu'il y ait des charlatans en ce terreau constitue un truisme où n'y en a-t-il pas des charlatans et peut-être même parmi ceux qui feignent de les combattre ? La société rejette certains termes par méconnaissance, autant que par crainte de l'inconnu, lorsque ce n'est pas par effroi des mystères qui sont sensés révéler une autre face de la vie.

Le monument représenté par l'étoile Al Nilam, est attribué par nos experts en égyptologie au Roi Khephren, fils de Kheops IVème dynastie. En vérité, ne doutons pas qu'à l'instar de Kheops, ce pharaon se soit astreint par devoir de charge, à la dernière restauration dont dut bénéficier l'édifice. Alors que notre âge ingrat, à défaut d'une logique plus étudiée, lui octroie cette œuvre imposante pour sépulture.

Nous sommes tous conscients que des contrevérités, calfeutrent de-ci delà, les secrets abîmes de l'histoire contemporaine, mais que dire des abysses de l'Histoire Antique. Omissions volontaires ou absences de crédibilité, ces contrevérités ont deux origines. La première, que nous trouvons compréhensible, résulte d'une dilution de l'information historique, lorsque celle-ci est exposée en sa longévité au facteur temps. La seconde, beaucoup plus contestable, semble reposer sur des accommodements académiques aux ingrédients professionnels, politiques et même religieux. Pour la notoriété de quelques-uns et le confort intellectuel d'une majorité, il semble que l'on n'hésita pas à broder de postulats hypothétiques, non vérifiables et non vérifiés, des pans encore évanescents de l'histoire humaine.

Le plus malsain pour l'expansion et l'agrément de nos facultés, c'est que nous, le peuple, tenions ses dialecticiens émetteurs d'hypothèses, pour d'authentiques défricheurs de vérités cachées. Ainsi, nous accommodons-nous d'artéfacts, que viennent enjoliver les fioritures de la vraisemblance, alors que par confusion ou dessein ambitieux, des hommes en renom les valident ! Avec le temps, nous parvenons à cette aberrance, que le fait de vouloir revisiter ces périodes obscures avec un esprit d'équité, prend le caractère d'une démarche révisionniste blâmable. Avec l'âge et dans bien des cas, un pseudo-savoir façonne le comportement, au point, de scotomiser tous les facteurs dérangeants qui tenteraient de le reconsidérer. C'est la loi du nombre, dont la réussite se satisfait de semblant. Quant à la minorité humaine la plus éclairée, elle n'a pas pour ambition de diriger le monde, alors, elle se contente de l'observer, le plus souvent avec curiosité, quand ce n'est pas par compassion. La pyramide de Khephren est composée de 8 triangles de dimensions 3 – 4 – 5.

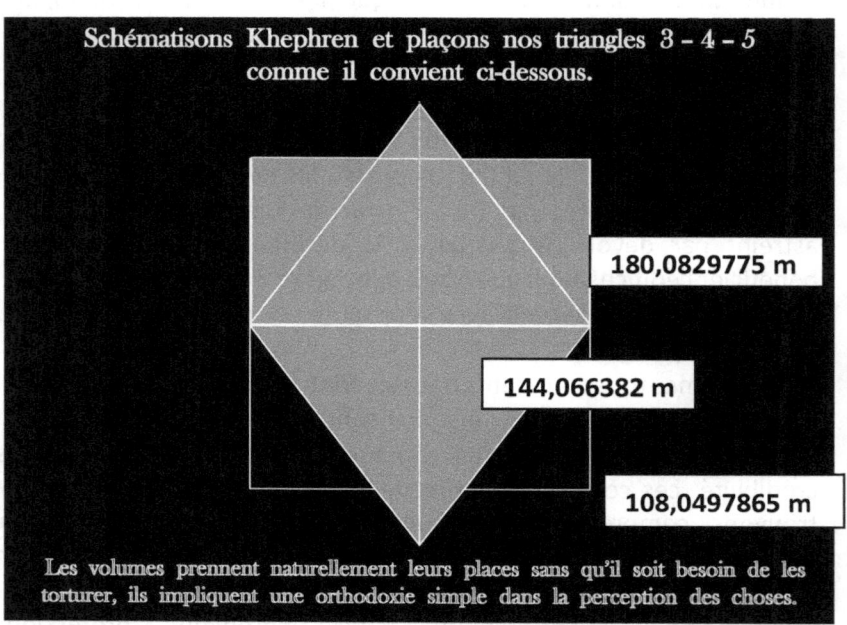

Orion et le Principe Créateur

Georges Vermard

MYKÉRINOS - MINTAKA

10 457, 23736 années avant JC (N°16 sur la carte)

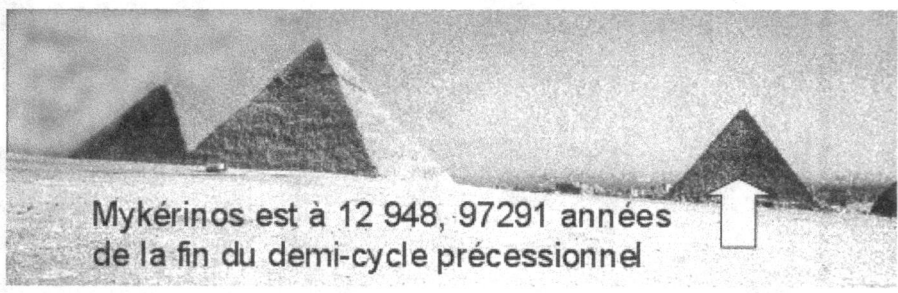

Mykérinos est à 12 948, 97291 années de la fin du demi-cycle précessionnel

Celle qu'il est convenu d'appeler la troisième pyramide, serait celle du roi **Mykérinos**, elle est emblématisée par l'étoile **Mintaka** du baudrier d'Orion. Sa caractéristique majeure, consiste à chevaucher en années la ligne de départ du cycle précessionnel. Ainsi nous présumons que son chantier de construction débuta 22,49838419 années théoriques avant le départ du cycle, alors que la constellation d'Orion était au plus bas sur l'horizon Oriental. Rappelons à notre lecteur, que le 12 janvier 10 352 avant notre ère, alors que cette troisième pyramide (Mykérinos) 10 412, 23314 était en chantier, depuis une soixantaine d'années, un phénomène astronomique exceptionnel se produisit. **Toutes les planètes du système solaire se trouvèrent réunies en un secteur groupé de 45°,** était-ce un clin d'œil d'assentiment ?

Albert Einstein ne proclamait-il pas :

« Le hasard, c'est le divin qui se promène incognito ! »

Les trois pyramides du baudrier étaient sur le point d'être achevées, elles resplendissaient sur le plateau de Gizeh, et le ciel égyptien satisfait, rendait hommage à cette œuvre magistrale. Nous ne saurions oublier, que, pendant le règne du Roi Kheops (selon nous, le dernier restaurateur de la Grande Pyramide), la constellation d'Orion se trouvait à 45° d'altitude, ce qu'indique sans équivoque, l'inclinaison du canal de la chambre du Roi.

En Primosophie, le mot « âme » totalise 45, le « 4 » représente la clé numérique et le « 5 » = les quatre angles + le sommet de l'édifice pyramidal. Fidèles au tracé du baudrier, lequel désormais allait lentement s'élever dans le Ciel du Sud, les trois pyramides du plateau de Gizeh étaient édifiées. Il leur restait à accomplir leur mission, naviguer sur les flots calmes ou tumultueux de l'océan temporel, pendant un demi-cycle de 12 926 années. Il est indéniable que les constructeurs avaient misé sur le postulat, que les générations à venir entretiendraient leurs structures chahutées par les millénaires. C'était aussi miser sur l'évolution des capacités de discernement de l'être humain, il s'est avéré que ce pari était osé, face aux capacités de nuisance de ces êtres humains !

Aujourd'hui, une évanescence timide nimbe de sa vérité l'horizon du dieu OSIRIS, mort et éternellement renaissant. C'est l'annonce que dans les années qui vont suivre ces écrits, un long et douloureux partage va s'exercer parmi les états de conscience. Une généralité va observer ces travaux avec le regard incisif que l'on porterait sur l'importun qui oserait dessiner un Mandala sur une table de casino. D'autres, avant que d'émettre un avis blâmable, interpellés par un ressenti jusque-là inconnu, se pencheront pour tenter de comprendre. D'autres enfin souriront, sans rechercher d'interprétation, ils sauront que le temps est venu que le jour va se lever, et leurs larmes de joie ne leur feront plus distinguer le Mandala de la table de jeux. Alors, lentement, mais sûrement, une immense sélection s'effectuera parmi les êtres pensants, viendra alors le temps de justice, dont je ne puis parler.

Lorsque le judicieux emplacement du baudrier d'Orion placé au sein de notre schéma est décalé à l'aide d'un compas vers le centre du carré pyramide, il nous indique les dates de constructions des édifices. Tous les critères d'évaluations chronologiques coïncident, reprise d'altitude de la constellation, construction des monuments, étalement sous le signe du Lion, point de départ du demi-cycle précessionnel.

Georges Vermard

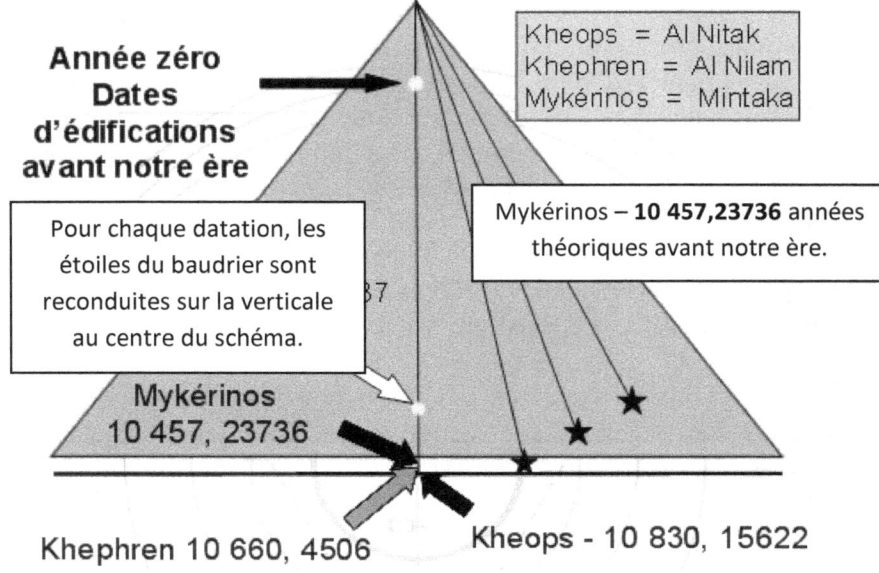

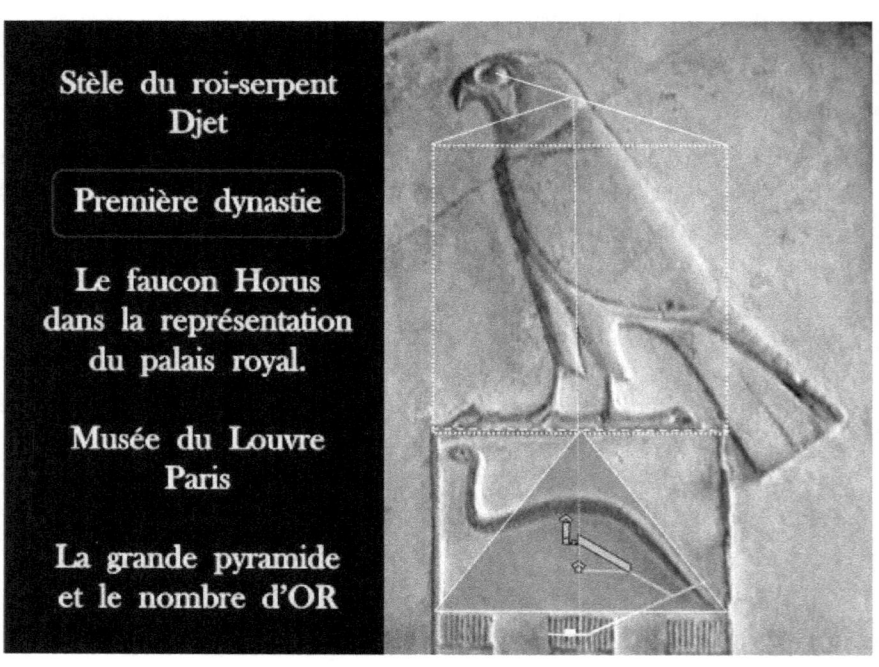

La pyramide dite de Mykérinos que les spécialistes estiment placée en dehors de toute logique d'alignement a cependant une profonde raison d'être. Plusieurs graphiques démontrent avec une grande précision que l'emplacement de Mykérinos est l'aboutissement d'une réflexion supérieure. Son emplacement regroupe des centaines d'agencements d'ordres géométrique et numérique, dont l'ordinogramme de base ne peut être qu'un système compilateur hautement sophistiqué.

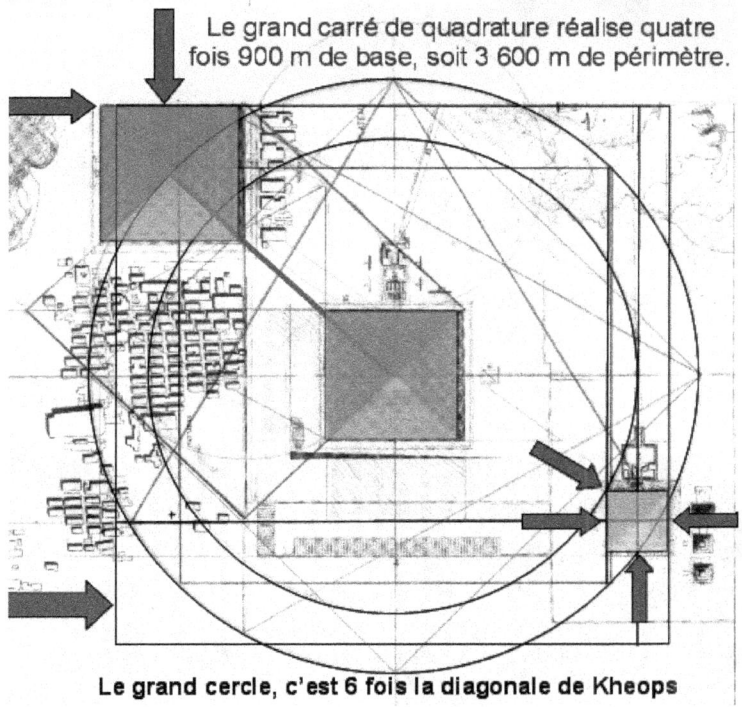

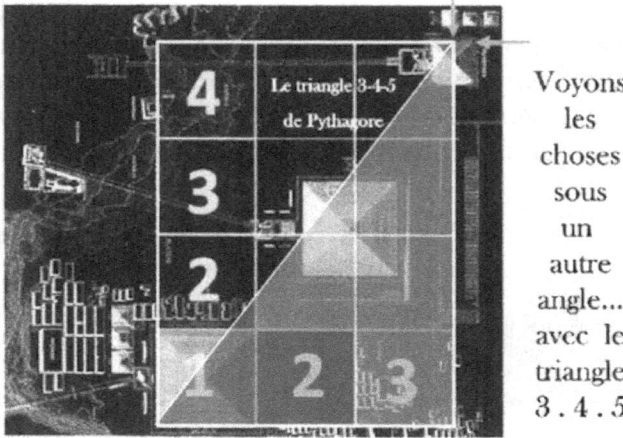

Le triangle 3 – 4 – 5 justifie lui aussi la présence de la pyramide de Mykérinos sur le site de Gizeh.

Rappelons que c'est 3 et 4 fois le rapport de la pyramide de Kheops.

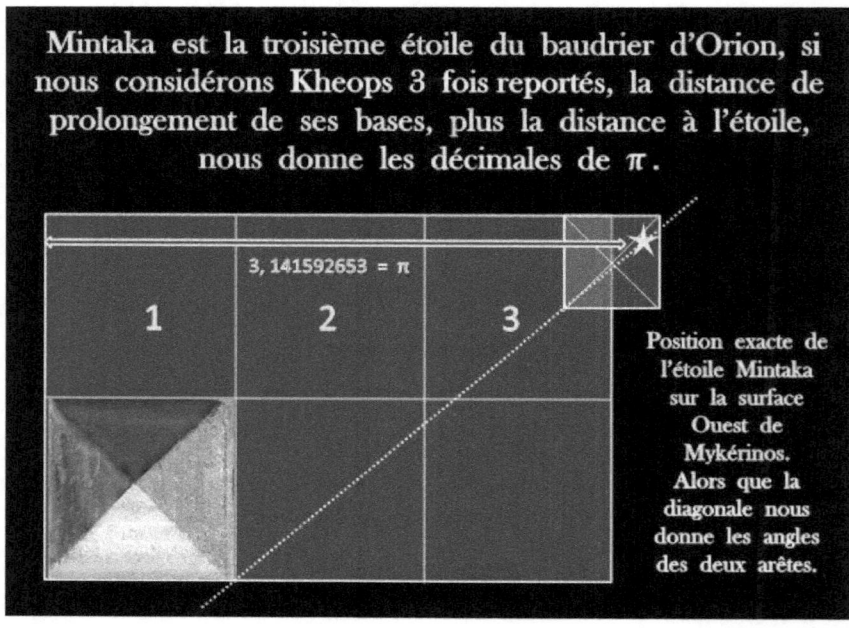

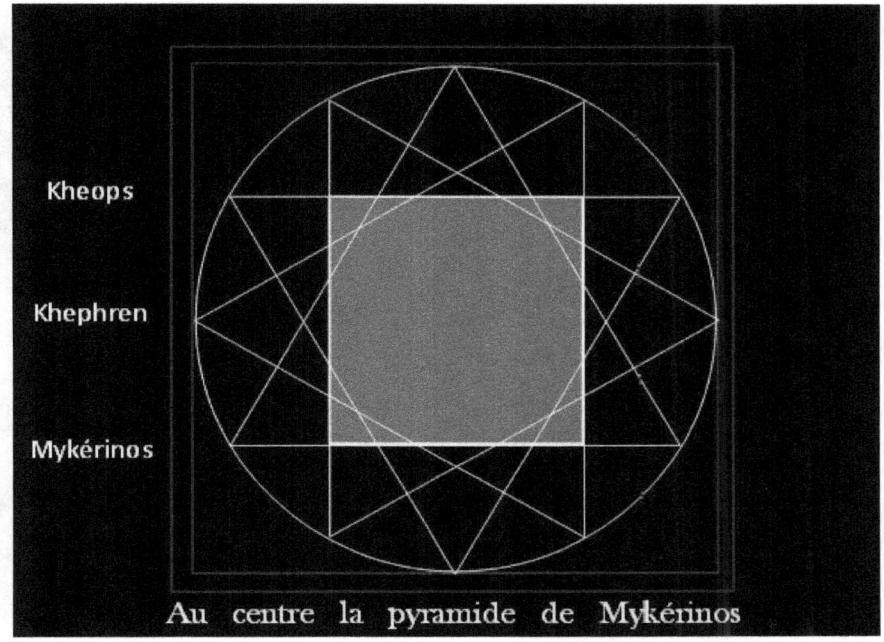

Au centre la pyramide de Mykérinos

Ce graphique d'une exceptionnelle beauté nous renseigne sur la considération que nous devons porter à cette petite et troisième pyramide de Gizeh. Elle dessine ici l'étoile à six branches de la grande tradition, dont Israël a reproduit la symbolique sur son drapeau national. C'est un des plus anciens symboles géométriques avec le swastika. Sur cette illustration, nous remarquons que les deux grandes pyramides forment un cadre pour souligner l'importance de la troisième.

Il est indéniable que l'aspect de ces agencements graphiques recèle en leurs compositions globales, la teneur subtile d'un message, peut-être est-il d'une importance déterminante pour notre humanité future. Il n'est certes pas aisé de le décrypter, mais si nous sommes attentifs aux répétitions des thèmes et aux fréquents usages des données numériques, nous percevons qu'il dessine agréablement un schéma à *la gloire du Principe Créateur*. Précision et beauté nous oblige à souscrire à ce point de vue, car qui d'autre aurait pu avec une telle aisance et aussi peu d'élément, rendre compte de ces myriades de données scientifiques, si ce n'est des êtres omniscients impliqués dans cette vision des choses.

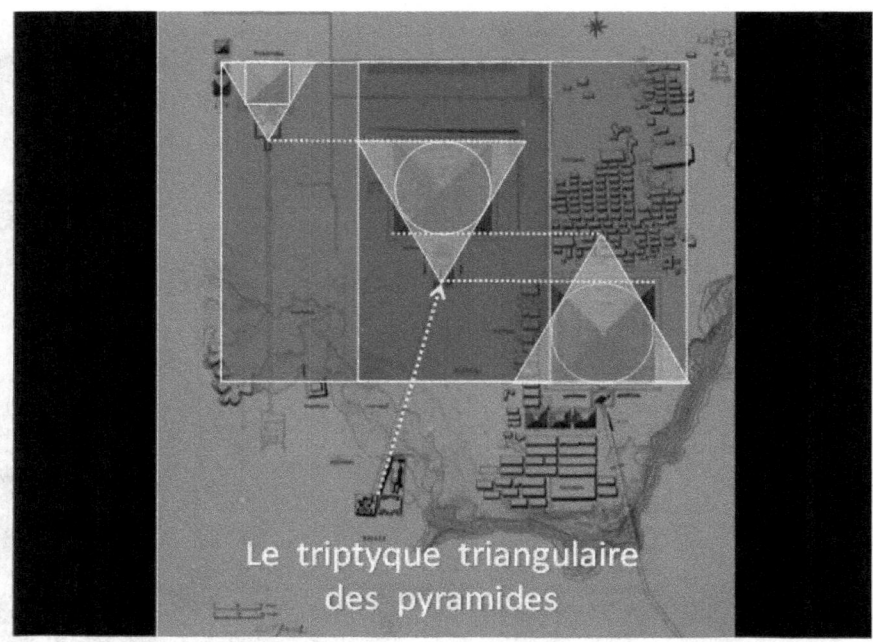

Il est toujours possible de contester, car la mauvaise foi adhère au comportement humain comme une raison artificieuse d'exister. Mais si nous sommes élevés en état de conscience, nous nous devons humblement de réfléchir à la portée de ces découvertes. Le chemin de la raison passe par la reconnaissance et l'allégeance à la vérité, d'où qu'elle vienne et quelles que soient les formes sous lesquelles elle se présente. Ne nous laissons pas fasciner par les atours de la vie publique, dans ce qu'elle a de plus insipide et mensonger. Réagissons avec détermination, sans animosité, ressentiment ou amertume, la vie n'est pas derrière, mais devant nous.

Prise d'altitude de la constellation d'Orion

12 926,47453 années

avant la fin du demi-cycle précessionnel,

(matérialisé par le sommet de la Grande Pyramide).

Ce départ représente une prise d'altitude,

il se situe à **10 434,73897** années avant JC

Le cycle complet couvre **25 852,94905 années**.

(N°16 sur la carte)

Lorsque *les trois étoiles du baudrier d'Orion* sont glissées à l'aide d'un compas sur la ligne verticale du schéma, ligne que nous dénommons « *chronologique* », c'est la position de *l'étoile Mintaka* qui nous donne le départ du demi-cycle précessionnel (moyen théorique) de 12 926,47453 ans.

Toutefois, quand nous visualisons les graphiques, nous enregistrons une petite différence non perceptible à l'œil nu, néanmoins décelable avec l'appui des nombres. Cette différence est de 30,99095444 années théoriques. Un décalage peu significatif sur un cycle de 26000 ans puisqu'il représente un écart de 0,3652319 m à l'échelle de la hauteur pyramide. Il peut être dû à une erreur de calcul, mais il se peut aussi qu'il réponde à une logique des cycles plus complexe que nous ne le supposons. Des études sont en cours afin d'établir une meilleure évaluation, avec la prise en compte de plusieurs indices analogiques !

Rappelons à notre lecteur la pratique à suivre en ce qui concerne les reports de mesures : il nous faut positionner la pointe de notre compas sur le sommet de la pyramide et l'autre sur l'un des différents points que nous cherchons à évaluer. Après avoir fait pivoter l'une des pointes en direction de la verticale du schéma, nous découvrons le nombre d'années espaçant ces points du sommet pyramide, fin du demi-cycle. Pour qu'un point soit localisé avec une rigueur mathématique, il est nécessaire qu'il affiche une valeur en mètre préalablement établie. Il peut s'agir de croisement, de point de rencontre ou de tout endroit référencé, supposé avoir une relation avec l'histoire connue ou inconnue. Le graphique que nous exposons, nous donne un aperçu des reports « théoriques idéaux » sur la ceinture centrale des trois étoiles du baudrier d'Orion, ainsi que le point de croisement des étoiles-cadre (en affinant les calculs nous constatons de légères différences par rapport aux emplacements des points, c'est pour cela que nous les disons théoriques, ces différences sont mentionnées par ailleurs.)

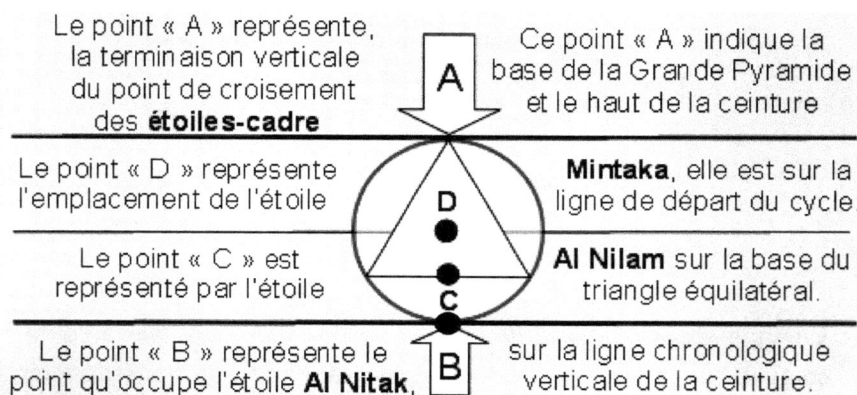

Le point « A » représente, la terminaison verticale du point de croisement des **étoiles-cadre**

Ce point « A » indique la base de la Grande Pyramide et le haut de la ceinture

Le point « D » représente l'emplacement de l'étoile **Mintaka**, elle est sur la ligne de départ du cycle.

Le point « C » est représenté par l'étoile **Al Nilam** sur la base du triangle équilatéral.

Le point « B » représente le point qu'occupe l'étoile **Al Nitak**, sur la ligne chronologique verticale de la ceinture.

Le départ du cycle d'Orion (point D sur notre graphique) symbolise à travers les textes, le loqueteau **« huis des dieux »**. La disposition des étoiles de cette constellation illumine de ses références le tracé de notre schéma général. Nous désignons ce diagramme figuratif sous l'appellation de « **Table d'Émeraude** » ô, combien vénérée par les alchimistes. Cette dénomination n'a rien de gratuite, elle répond à l'ensemble des critères de connaissances exposés, lesquels des millénaires durant, ont circulé sous le manteau, à la barbe d'un savoir officiel le plus souvent incrédule. La table d'émeraude n'est pas une spoliation ou une appropriation, ce vocable se réfère de la gemme qui se situait au sommet du pyramidion. Sa couleur verte est celle du dieu Osiris à qui la Grande pyramide fut dédiée.

À ce stade de nos évocations, une question devient récurrente :

Pourquoi cette connaissance a-t-elle été dissimulée pendant des âges séculaires et pourquoi aujourd'hui, est-elle diffusée au grand jour ?

La réponse est à la fois simple et terrifiante, il est urgent d'envisager une ultime expérience, pour tenter d'enrayer le processus mortifère en lequel notre civilisation s'est engagée !

Le message est clair, entreprendre une union étroite entre le Ciel et la Terre, ce dessein est consigné en la structure du plus vieux monument du monde. Il en résulte un triple lien, avec **le corps** par la masse imposante de l'édifice, avec **l'esprit** par l'examen mathématique de son aspect structurel, avec **l'âme** par la déduction d'une harmonie stupéfiante, que l'on ne peut sans risquer le ridicule, attribuer au hasard. Il nous aura fallu de longues années d'études pour établir un réseau complexe d'affinités, liant par une logique de base, ce monument au rôle mythique des dieux.

Une tablette sumérienne visible au musée de Berlin, décrit les 12 constellations, elle fait débuter le cycle solaire les concernant, dans le signe du Lion, cela correspond exactement à la prise d'altitude de la constellation d'Orion 10 435 années avant JC. Sur cette image alchimique

sept étoiles sont dessinées sur le corps de l'animal. N'en est-il pas de même, avec le Zodiaque de Dendérah et ses 36 décans, il débute ses orbes sous le signe du **Lion**, au commencement de la saison d'été. Il est alors naturel d'imaginer **Orion** sous l'effigie du dieu **Osiris** et de la déesse **Isis** sous l'étoile **Sirius**.

Coïncidence également en ce qui concerne l'obliquité de l'écliptique, de 23°3 au départ du cycle d'Orion. Nous savons qu'elle oscille de 22°,1 à 24°,5 en 41000 ans, son inclinaison moyenne est donc de 23°,3 nous sommes aujourd'hui à 23°27.

Doit-on raisonnablement envisager que seuls des faisceaux de coïncidences, seraient à l'origine de telles découvertes, celles la même que page après page, nous avons réalisé en autopsiant ces monuments ? Lorsque les preuves se densifient, la vérité s'établit et avec elle la nécessité d'une réflexion concernant une réforme en profondeur de l'Histoire qui nous est contée.

Sur le Ciel de Dendérah s'inscrit naturellement le schéma de la Grande Pyramide, mais de surcroît se dessine la Terre soutenue par douze divinités. La Lune s'inscrit avec précision entre le triangle équilatéral et la base sur le roc. Face à ce plafond de Dendérah, l'art mantique de la divination est facilité, du fait de la position de ces sujets représentatifs des signes Zodiacaux. L'astrologie est une science perdue, oui… mais pour qui !

Prise d'altitude de la constellation

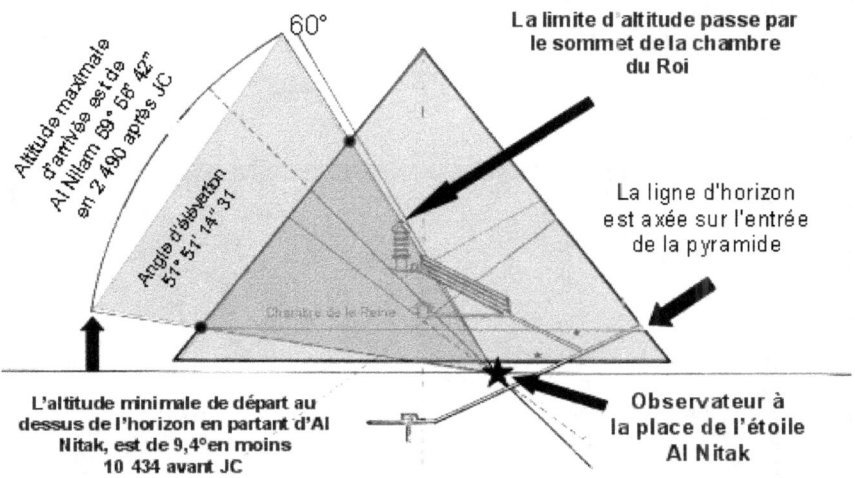

On peut présumer que cette date de départ du cycle donna lieu en l'Égypte d'alors, à des manifestations solennelles à caractère spirituel. Sans doute se concrétisèrent-elles par des années de paix et de bonheur pour les sociétés Nilotiques gravitant autour de ces monuments, témoins d'une connaissance universelle. Nous sommes en mesure de concevoir que l'intelligence - conscience avait atteint là, son point d'équilibre. Mais les vents délétères soulevés par les siècles en marche, allaient de nouveau influer sur cette belle harmonie.

En ce qui concerne *le cycle précessionnel*, revenons aux nombres, afin de nous remémorer quelques évidences. 304,679926, c'est la hauteur en mètres qui détermine, au sein de la Grande Pyramide, la valeur du cycle précessionnel de 25 852,94906 années. Ce cycle déployé en notre schéma, *est figuré par la ligne centrale verticale, elle regroupe les pyramides réelle et virtuelle que sépare la ceinture médiane.*

La longueur figurée par les deux pyramides réalise, espace ceinture compris 304,679926 m divisés par les 3600 m de la structure pyramidale, cela nous donne 0,084633312 m. Ce résultat, divisé par la valeur de la clé chronologique de 0,011785113 et multiplié par (10) (premier de tous les nombres), nous donne 71,81374738 années, c'est par degré le décalage du point vernal. Il va de soi, que multiplié par les 360° nous retrouvions l'intégralité de nos **25 852,94906** années. Reprenons alors en compte les

3 600 m de la structure pyramidale et divisons-les par nos 25 852, 94906 années du cycle. Nous avons la surprise de découvrir la valeur solaire du fruit du socle, 0,1392571252 pour 0,139249104 à 8 millièmes de millimètres prés. Cette mesure n'est autre (en décimales) que **le diamètre du Soleil**.

Mosaïque byzantine de San Apollinaire Nuovo à Ravenne.
Les trois mages sont fréquemment assimilés aux trois étoiles du baudrier d'Orion. Ne voyons-nous pas trois pyramides sur les trois palmiers ?

Allégorie du baudrier d'ORION représentant les trois mages de la révélation messianique. Les artistes initiés de toutes les époques ont recherché à emblématiser ce que suggérait la **Grande Tradition**. Les trois personnages ici en figuration, apportent à l'enfant porteur des connaissances cachées, des offrandes évocatrices en matière de formes. Le plus âgé est devant, c'est **le Soleil**, le plus éthéré le suit, c'est notre second luminaire **la Lune** et le plus viril est **la Terre**. Au loin brille l'étoile annonciatrice de l'avènement christique, autrement dit, l'annonce d'un bouleversement des mœurs. Nous vivons aujourd'hui des événements comparables à ceux de Palestine il y a de cela plus de 2000 ans, mais ils sont à l'échelle du monde. Les mêmes éléments de méditations s'imposent à notre réflexion, devons-nous persévérer en des voies cataclysmiques ou opter pour une évolution radicale de la pensée humaine ? Là est la question !

Si notre lecteur observe attentivement l'illustration, il découvrira d'autres aspects qui ne manquent pas d'intérêt. La palme *symbole de l'âme* selon Jung, depuis toujours elle est attachée à la résurrection. Quant à l'étoile vers laquelle les mages se dirigent, n'est-elle pas significative de spiritualité ? Alors que les trois têtes et les six pieds des personnages, nous renseignent clairement sur l'implication du nombre « 36 » (interprétation Alchimique) pressenti divin par excellence.

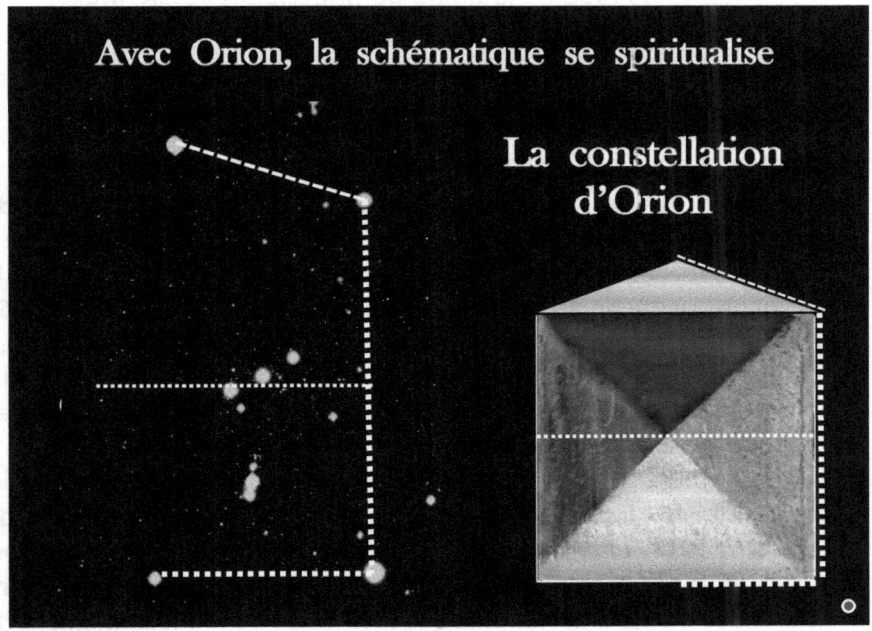

Ces trois mages de la légende, ne vont-ils pas vers une autre réalité plus concrète, si elle ne s'avère pas plus prometteuse ? Qui, à placée judicieusement ces étoiles dans le ciel de nuit ? Qui a suggéré l'emplacement des trois pyramides sur le plateau de Gizeh ? Qui a imaginé que des hommes un jour établiraient des relations entre ces éléments ? Qui a envisagé des agencements significatifs, répondants à une science d'application numérique. Qui a placé en eux une interprétation d'ordre philosophique pour aider notre mental à évoluer ? Qui si ce n'est le **Principe Créateur Universel**, qu'il nous est urgent de redécouvrir.

Georges Vermard

BASE DE LA PYRAMIDE

9 992,80902 années avant JC.

12 484,54458 de la fin du demi-cycle précessionnel.

(N°15 sur la carte)

Lorsque la pointe de notre compas est positionnée sur le sommet du pyramidion, et que nous plaçons l'autre pointe sur **le croisement des étoiles cadre d'Orion,** la courbe que trace celui-ci en direction de la verticale du schéma, rejoint la base Pyramide. Cela démontre combien les principaux axes géométriques de cette symbolique sont en harmonie. Sur un plan sociétal, on peut supposer que ce point théorique sur l'échelle chronologique représente une étape évolutive de la civilisation nilotique. Nous pensons que c'est sensiblement à cette époque, que l'on préféra aux Rois théocratiquement élus, la pérennité dynastique plus sécurisante sur le plan monarchique. Il n'en demeure pas moins que chaque décision importante de la monarchie, devait être soumise à l'approbation des « Hiérarques Omniscients ». Le monarque investi du pouvoir temporel accédait à la plus noble des servitudes, répartir les charges du royaume entre les sujets les plus honorables et veiller au bon fonctionnement des institutions. Au regard des hommes, le Roi devenait ipso facto le « Hem Neter » **le serviteur de Dieu**. Nous pensons que cette glorieuse fonction se perpétua avec plus ou moins de bonheur durant environ 6 000 ans. Ce fut l'âge des monarchies ascendantes à modalité théocratique. C'est sensiblement en ces temps lointains, réputés primitifs et incultes, que ce peuple composite des bords du Nil, commença à inscrire dans la pierre la plus dure qui soit, les rudiments de son écriture hiéroglyphique. La précision de la coupe est encore si franche, qu'elle semble taillée dans de l'argile, sans le moindre éclat à des dimensions micro-métrées. Il en allait de même pour les monolithes ôtés de leurs cavités, nous découvrons d'impressionnants volumes extraits comme par magie de leur bloc granitique. Le serapeum précision à 0,00508 ou le sarcophage de la chambre du Roi en sont des exemples indéniables, le volume externe de ce dernier a été calculé pour équilibrer son volume interne. Lorsque nos ingénieurs contemporains sont contraints d'entreprendre semblables travaux, ils se doivent d'être équipés de trépans à pointe de diamant, tournant pour le moins à 900 tours minute, assistés par des contrôles électroniques. Les Anciens Égyptiens façonnaient des vases qu'ils extrayaient de minéraux aussi durs que le granite ou la diorite. Plus de 30 000 de ceux-là ont été retirés des couloirs de la pyramide de Djoser à Saqqarah. D'autres ont été trouvés dans le sous-sol des plus vieilles cités datant du néolithique. Les cols de ces vases sont finement évasés, certains ont un goulot si étroit que l'on peut à peine y glisser le petit doigt. Quelques-uns même ont des anses évidées, ce qui constitue une prouesse technique difficilement réalisable de nos jours. Comment ces « Égyptiens » élevaient-ils des pierres de 70 tonnes à plus de cinquante mètres de hauteur sans l'apport de la roue ? Cela équivaut environ à 100 automobiles entassées les unes sur les autres ou une locomotive lévitée par quelques palans artisanaux. Comment s'éclairaient-ils ces peintres au fond des tombeaux où ils travaillaient des années durant à 60 mètres de profondeur ? Des torches, mais il n'a pas été relevée une seule trace de suie. Des miroirs, mais ils étaient en cuivre, oublierait-on que le Soleil tourne, que les couloirs sont pentus, parsemés de puits et que les parcours sont labyrinthiques ? Si l'idée est « lumineuse », l'application demeure totalement obscure. Les Sumériens, comme les Égyptiens étaient en possession de connaissances astronomiques qui ne peuvent que nous laisser perplexes. Il est parfois question d'une mystérieuse planète visiteuse ou mini-soleil, appelée Mardouk ou Nibiru, si ce n'est Neberu, Tyche ou encore Némésis. Son orbite autour du Soleil voisinerait les 4,5 milliards de kilomètres. La périodicité de son cycle serait de 3 600 ans et son inclinaison sur l'écliptique de 30°. L'inattendu, c'est que nous retrouvons là des valeurs communes relevées sur nos divers schémas. Le triangle équilatéral christique, a par rapport à la verticale, une pente de 30° et la longueur de ses côtés **360 m**. L'analogie avec **les 3 600 m de la structure pyramide** est à prendre en considération. Le hasard certes est parfois aimable, craignons toutefois de trop le solliciter pour expliquer l'inexplicable. Ce rappel est émis à dessein, car en pénétrant la structure interne de l'édifice, nous nous engageons dans un néoréalisme historique, dont nous ne sommes pas certains aujourd'hui de pouvoir en sonder tous les aspects, tant ceux-ci reflètent les configurations d'une science inconnue.

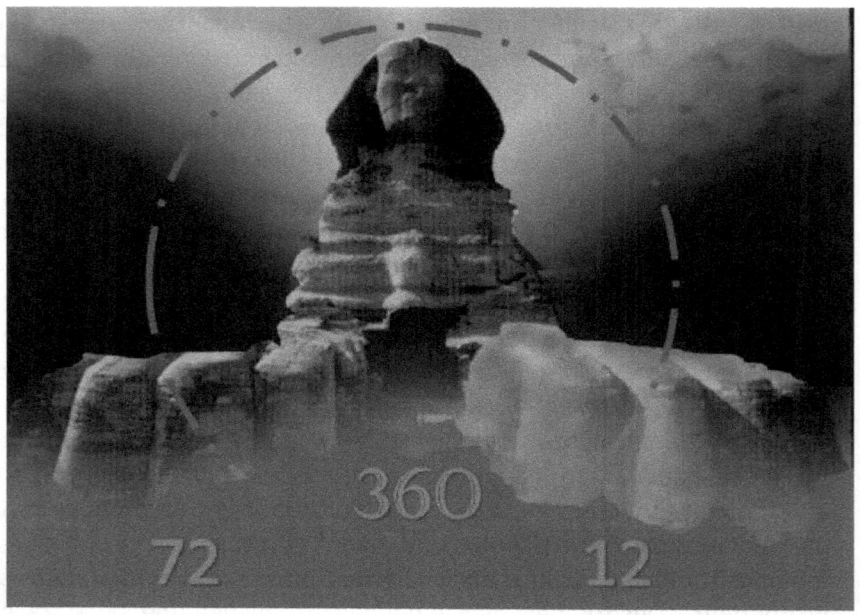

Les mystères de l'Égypte Ancienne ne sont pas dissociables du ciel de nuit étendant sa manifestation constellée au-dessus des interrogations humaines. Chaque monument dissimulait en ses références numériques un lien étroit avec l'une de ces parcelles étoilées. Le Sphinx, un des plus énigmatiques monuments de Gizeh en symbolisait la liaison.

Achèvement du Sphinx

8 862,269237 années avant JC. 11 354,00479 années avant la fin du demi-cycle précessionnel.

(N°14 sur la carte)

Son report sur la ligne verticale l'atteste, le **Sphinx** forme un angle de 100° avec les deux angles hauts du carré-base. Par le fait même, il rejoint la ligne horizontale émanant du croisement des **étoiles cadre d'Orion**. Cette ligne représente la base d'un triangle équilatéral dont le sommet atteint **le point christique**. La circonférence qui cerne ce triangle n'est autre que celle du **Soleil**.

Les strates sur le Sphinx, n'auraient par pas moins de 8 862 années AV JC

Le calcaire est ici érodé par les précipitations

Les géologues nous disent l'eau et non le vent

Le Sphinx, à l'origine était peint, peut-être l'était-il en rouge, il regarde plein Est en direction du lever de la lumière. Sa longueur est égale en hauteur à la moitié de la Grande Pyramide. Si l'on tient compte du fait qu'il fut érigé sous le signe du Lion, ce noble monument est à lui seul représentatif d'une époque fabuleuse où comme il est précisé dans les textes, « *les dieux vivaient parmi les hommes* ». Au même titre que les pyramides, le Sphinx est lui aussi porteur d'un message, ceux qui le découvriront (si ce n'est déjà fait) feraient bien de méditer sur la raison de sa présence, plus que sur les trésors qu'il est censé détenir. Le Sphinx n'est pas spécialement égyptien ; il est terrien, à ce titre le message qu'il contient n'est pas restrictif, il s'adresse aux habitants de la planète Terre.

Par ses strates corrodées, non comme on l'a longtemps supposé en fonction de rafales éoliennes (vent et sable), mais bien rongé par des eaux pluviales. Peut-être même a-t-il connu l'immersion, si ce n'est par les eaux du Déluge, c'est pendant de longs siècles l'enfouissement dans les sables. Ainsi atteste-il de sa haute antiquité.

Hélas, là encore, pouvons-nous mettre en doute ce que l'on enseigne depuis des décennies dans toutes les facultés du monde ?

Comment peut-on de manière aussi péremptoire, reconstituer des pans entiers de l'histoire humaine, sans même les édulcorer du qualificatif d'hypothèse vraisemblable, ce qui, compte tenu de l'absence de preuves serait admissible. Comment oser présenter celles-ci comme des évidences ne souffrant aucune contradiction, et ce qui est beaucoup plus fâcheux... les enseigner aux générations montantes, telles de péremptoires vérités ? Le Sphinx ne peut pas être assimilé sans études impartiales, au complexe funéraire de Khâfrê (nom égyptien de Khephren) et moins encore son érection sous la VIème dynastie.

Quant à la syllabe « Khaf » prise pour « Khâfrê » et brandie comme un test ADN, nous nous permettrons de dire, qu'il s'agit là d'un argument un peu hâtif, s'il se veut honnête. Les noms des Rois étant depuis la plus haute antiquité et de façon commune, entourés du cartouche significatif de cette royauté, ce n'est pas la situation de l'inscription sur la stèle ! Rappelons également à notre lecteur, l'histoire rapportée par ailleurs en cet ouvrage de la stèle dite ; *De l'inventaire* où le Roi Kheops s'exprimant, cite la position du Sphinx sur le plateau de Gizeh. **C'est donc que celui-ci existait déjà de son vivant !** Quant à la ressemblance entre le Roi Khephren et le Sphinx, cela démontre avec quelle outrecuidance, nos maîtres à penser actuels affichent leur désidérata sans pudeur ni réserve. Tenter de prouver le contraire, c'est se placer sur le plan méprisable de la contestation que ne supporte pas la gente diplômée. Il y a de cela quelques années, un géologue brillant universitaire Robert Schoch, osa après étude, affirmer devant le consensus érigé, que le Sphinx avait environ 8500 ans. Nous trouvons, nous, avec nos propres références chronologiques, 8862,269237 années théoriques, il n'en était donc pas loin. Bravo Monsieur Schoch, la sincérité ne paye jamais cash, mais elle demeurera, quand toutes ces notoriétés émérites d'un jour seront inhumées ! Cette situation de croisement avec la verticale, indiquée au compas par la courbe spécifique au Sphinx, nous donne une mesure **104,4428444** m, soit la hauteur du triangle circonscrit dans le Soleil.

Doit-on considérer que ces **8 862,269237 années** avant notre ère, furent le début réel des travaux de déblaiement du « Routy » (ainsi appelait-on le Sphinx mythologique) nous ne pouvons l'affirmer ! Manifestement d'aspect léonin, il est le « *lion jumelé* » de pierres et d'étoiles, il est la symbolique « aker » de la Terre et du Ciel, il est le veilleur, le témoin du temps, l'hier et le demain. Nous avons de bonnes raisons de penser que les travaux qui le concernent, débutèrent avec l'aménagement du plateau de Gizeh, à une époque d'agencement de la terre de Sokar. Mais les trois pyramides sur le plateau étaient selon-nous, depuis longtemps construites.

Le dégagement rocheux du Sphinx, aurait donc commencé au cours des chantiers de terrassement, mais sa configuration pierreuse demeura sous forme d'ébauche des siècles durant. Ce nivellement s'effectua aux rythmes lents des besoins nécessaires en matériaux, le temps ne comptait pas, l'œuvre finale seule importait. À l'instar de ces trois monuments du Baudrier d'Orion, l'élaboration du **Sphinx** fut rituellement programmée, sa colossale représentativité devait répondre à des critères de concordance célestes et terminer ainsi l'aménagement du site. Il ne fait de toute que sa tête à l'origine était celle d'un lion.

Georges Vermard

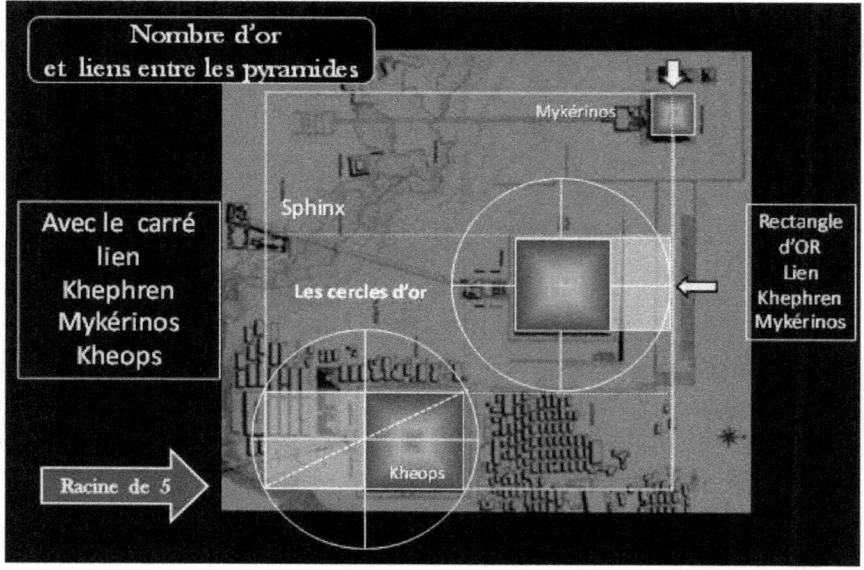

Sur cette illustration représentant le plateau de Gizeh, nous observons que la disposition des monuments pyramidaux et du Sphinx, n'a pas été élaborée sur le terrain au hasard d'une idée parodique, mais en vertu d'un concept relevant du *génie conceptuel de ses constructeurs*. Ici, le Soleil couchant rayonne sur les flancs du Sphinx ainsi que sur le côté nord de Khephren. Parmi les plus évidents critères de références, nous noterons les angles et azimuts schématiques, et surtout la beauté de sa structure demi-face, au rapport **3 – 4 – 5**.

Le Sphinx à tête de lion resta enfoui sous le sable des siècles durant. À plusieurs reprises, il fit l'objet de restaurations, de la part de générations soucieuses d'un devoir de pérennité. Malgré cela, les pluies diluviennes, la foudre, la montée des eaux à une époque reculée, érodèrent sa nature altière. C'est alors, selon toute probabilité, qu'on lui donna un visage humain, celui-ci vint se greffer sur un corps d'animal aux proportions devenues disgracieuses, ce qui ne fit que renforcer l'énigme de cette immuable présence. À l'origine, érigé en la sublimité d'une vocation spirituelle, ce monument aura davantage souffert au cours des derniers siècles, (particulièrement au cours des cents dernières années), qu'en ayant parcouru de nombreux millénaires. S'il est exact que « *le Sphinx est le miroir de l'humanité* », sa mutilation par une bouche à feu (dragon des légendes), est emblématique de la défiance que notre civilisation manifeste pour toute représentativité qui n'est pas tenante de ses ambitions. Ce n'est pas *le Sphinx* qui est défiguré... c'est l'humanité qu'il représente. Ne sommes-nous pas les Nibelungen du devenir ou les félons de *la cause humaine* dont le destin a mutilé la face en amputant le nez ? Avec les techniques que nous commercialisons avant même de les maîtriser ou de pressentir leur rôle néfaste, ne sommes-nous pas devenus ces mêmes sorciers alambiqués que nous croyons discerner en ces âges obsolètes ? Aujourd'hui, la tâche que nous nous assignons, consiste pour l'essentiel, à combler les manques de la création. Nous nous employons, non à rééquilibrer l'état existant de la planète, par nous défigurée, mais bien à multiplier chaque jour d'illusoires paradigmes, pour l'agrément d'androïdes aux mœurs inconséquentes. Cela, au détriment de plus de 99% de l'humanité, puisque 1% possède la moitié des richesses. Au détriment aussi des espèces, de la diversité des races et des cultures. Mais tout est cyclique en ce monde et nous payerons demain nos erreurs d'appréciation. Le Sphinx est mutilé, certes, mais dans son principe hiératique, soyons certains qu'il attend drapé en un stoïcisme magmatique, l'heure de ce retournement ! Résumons en 10 points non exhaustifs, des critères de connaissances offerts par le Sphinx, en superposant schéma et plateau de Gizeh :

1 – Son report vertical sur la ligne chronologique, le place à la hauteur du croisement des étoiles-cadre d'Orion.

2 – Le même report sur la ligne chronologique, le place au centre de la base du triangle solaire.

3 – La pointe de ce triangle, dont le Sphinx marque la base, indique l'année zéro de notre ère.

4 – Du départ du cycle à l'altitude du Sphinx, il y a 18,5317345 m, théorique, si nous divisons cette valeur par 1000 et la réduisons à 0,018512012 m, cela nous donne en années la valeur de pi, soit 1,570796327 x 2 = 3,141592653 années.

5 – Nous avons vu par ailleurs, que sur le site du plateau, le Sphinx se trouve dans le contexte topographique d'un parfait triangle 3-4-5.

6 – Le Sphinx forme un angle de 100 degrés avec les deux angles haut du

carré base.

7 – Son corps est orienté à l'Est, il est centré sur les cercles des levers solsticiaux et équinoxiaux à 28°gauche et droite soit 56°. La hauteur de la Grande Pyramide sur son socle 146,608168 m divisé par « 56 » nous donne phi 2,618003 √ = 1,618024 le nombre d'OR.

8 – Son aspect léonin montre ostensiblement, qu'il a pris naissance sous *le signe zodiacal du Lion*.

9 – L'angle formé par le rapporteur, entre le zéro vertical et la position de sa tête est de 51° 51' 14'' l'angle de base de la Grande Pyramide.

10 – Le Sphinx se trouve à mi-distance entre la verticale du schéma et le point de croisement des étoiles-cadre, soit 30,15005203 m.

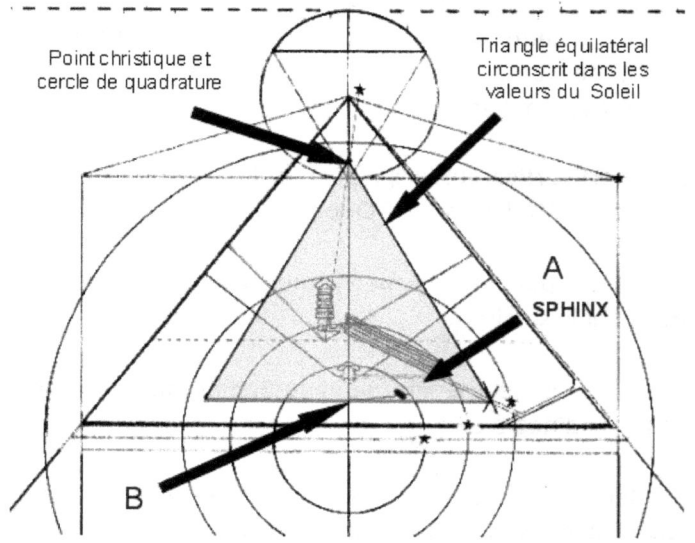

(11) – Les côtés du triangle solaire (zone grise) sont prolongés vers le bas, nous voyons qu'ils atteignent au niveau des lignes verticales du carré-base, la ligne de séparation pied - calice du Graal. Le point (A) illustre la position du Sphinx sur le schéma de base. Le point (B) c'est le report au compas sur la ligne verticale chronologique.

Lorsque la zone grisée s'entoure d'une circonférence, celle-ci est aux valeurs proportionnelles du Soleil. La petite croix à droite du triangle représente le croisement des étoiles-cadre d'Orion.

Georges Vermard
Niveau sol de la Chambre Reine

8 193,929367 années avant JC.

10 685,66442 années de la fin du demi-cycle.

NIVEAU TOIT CHAMBRE REINE

7 662,750752 années avant JC.

10 155,01667 années de la fin du demi-cycle.

Réhabilitons « La Chambre de la Reine » :

« Sanctuaire des voies sacrées ».

(N° 13 et 12 sur le plan)

Tout au long de cet ouvrage, nous avons évoqué cette pièce énigmatique, qu'est la **chambre** dite **de la Reine**. En vérité, un tel espace recèle des paramètres de connaissances d'une belle singularité : ses dimensions - les points de croisements sous son dallage - la symétrie de sa structure - sa niche à encorbellements - son toit pentu - son cheminement de couloirs d'accès – sa situation sur la ceinture - ses canaux non apparents et surtout *son rôle de coffre à bijoux enfermant les étoiles du baudrier*. Cette pléthore de points d'interrogations fait de cette chambre une boîte à mystères. Si nous plaçons une pointe de compas sur **le sommet de la pyramide** et l'autre à l'extrémité de la ligne horizontale sur lequel celui-ci est aligné, la courbe que nous obtenons vers le bas, en direction de la verticale du schéma, nous désigne l'extrémité du toit de la Reine. Souvenons-nous que le cercle de l'étoile Al Nitak, passe lui aussi par ce toit, qui semble détenir plus d'un mystère.

C'est à partir du milieu des chevrons (point 12) que se situe le centre d'un cercle. Il englobe le sommet et les angles de base de la pyramide, sa circonférence passe par le point crucial de jonction pied - calice du Graal.

Il en est de même, nous l'avons vu, du pentagone (tête haute) dont deux des côtés déterminent le toit de la chambre de la Reine.

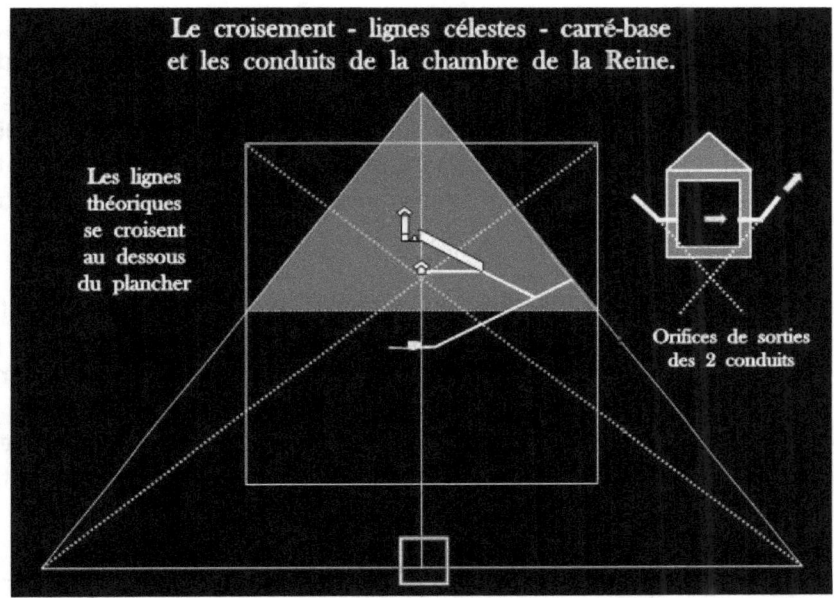

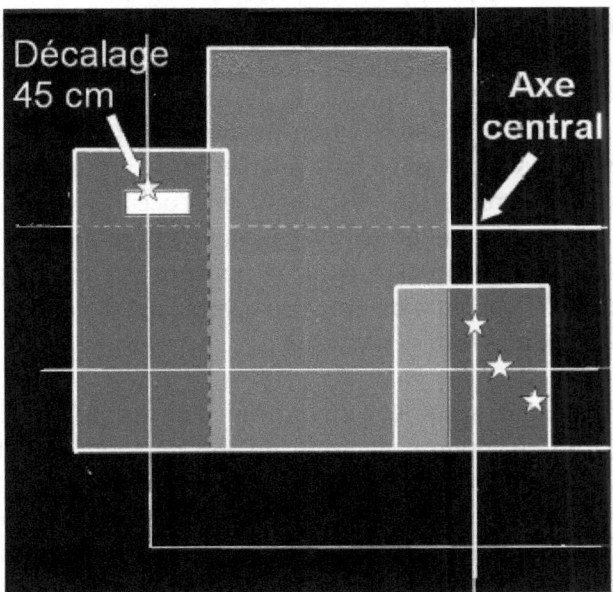

Le prolongement des conduits, dit « d'aérations », définissent les angles du carré-base et ceux de la pyramide céleste, ils passent par l'étoile Al Nitak en ses positions réelle et virtuelle. L'étoile est dédiée à Osiris, elle est le verrou d'Orion **la porte des dieux**.

L'axe central de la pyramide coupe sur le plan vertical la pièce en deux moitiés égales. Avec cette disposition en plan, que nous avons étudié par ailleurs, cette verticale s'inscrit sur l'étoile Al Nitak. L'étoile Al Nilam représente, elle, la moitié horizontale de la chambre et l'étoile Mintaka garde l'entrée. La chambre souterraine se trouve au centre des deux chambres

En des temps aussi lointains, aux archives inexistantes, aux références incertaines, aux interpolations conventionnelles, aux théories le plus souvent contradictoires, nous ne pouvons raisonnablement que conjecturer, et malgré cette prudente et honnête attitude, nos égyptologues orthodoxes, imbus de leur savoir, ne diront sans modestie aucune *élucubration*. Mais qu'importe, ce n'est pas l'homme qui détient la vérité, mais les officines verrouillées de l'Histoire !

Cependant, si nous partons du principe que l'ère de ces bâtisseurs aux réalisations on ne peut plus tangibles, a bien existé. Que cette ère se situait dans les espaces temps que nous proposons, alors, par déduction logique, nous sommes en mesure d'énoncer qu'en les périodes de temps supposées, prédominait un état de pensée omniscient, incarné par des entités dont nous ne savons rien ou presque. Lesquelles, selon toute apparence, œuvraient pour faire évoluer la nature psychologique jugée primaire, des êtres qu'ils côtoyaient en l'occurrence les nilotes. Qui étaient-ils, d'où venaient-ils ? Suggérer, c'est prendre plus ou moins partie pour une éventualité dont ne pouvons avancer la preuve. Cette attitude irait à l'encontre de notre démarche, qui se veut admissible, si ce n'est concrète en ses divers aspects.

En ce 9ᵉ millénaire avant JC, il y a tout lieu d'envisager, que contrairement au déclin de ce mono-paganisme qu'entretenaient certaines filiations tribales, l'hénothéisme égyptien montait au firmament d'une plénitude sociétale. Il allait bientôt s'imposer comme une référence parmi les peuples évolués. L'enseignement prodigué des siècles plus tôt par « **les dieux et demi-dieux** » préludait à donner d'heureux résultats. C'était l'ère des Hiérarques enseignants, peut-être la période la plus sereine et la plus équilibrée de l'Égypte Archaïque, après l'ère mirifique des « *Shemsou*

Hor ». La vie communautaire était celle que nous dépeignons par ailleurs, l'Our'ma ou le lien Ciel - Terre, les 12 Hiérarques régissant les domaines spirituels et le Roi régnant sur le temporel. Cette époque correspond à la chambre de la Reine (12), à la boucle du Nil (13) et à la prépondérance de la cité de This. Il serait judicieux d'entrevoir à cette époque, les premières restaurations concernant le revêtement des pyramides de Gizeh, ainsi que la prolifération d'édifices religieux, le percement de canaux et le creusement de nombreux plans d'eaux artificiels. Entre les déserts arabique et libyque, les apports facilement contrôlables des populations halogènes, permettaient une graduelle et parfaite adaptation. Ce n'est que beaucoup plus tard dans les âges, que l'Égypte dut faire face à des intrusions étrangères en nombre croissant. L'esprit de tradition ancestrale se dilua partiellement dans les mœurs et croyances de peuples moins évolués, il y eut des schismes et des retournements subversifs. Mais ce n'est point en eux que nous devons rechercher les raisons qui statufièrent durablement la pensée égyptienne ! Plutôt serions-nous enclins à penser, qu'il fallut d'éminentes certitudes spirituelles, pour que cette civilisation traverse les millénaires sans altérations profondes de son mode de vie.

La chambre de la reine ainsi dénommée ne correspond en rien à ce que nous découvrons dans cet espace énigmatique. Certains désignent cette chambre comme étant « *le serdab secret* », sans doute pour souligner la pluralité des questions que suscite le lieu, depuis ses canaux dit « psychiques » au mystérieux serdab qui la caractérise. Elle aurait été ainsi nommée « *Chambre de la reine* » pour son toit de poutres placés en chevrons, définissant à ce qu'il parait, les mastabas des femmes arabes, par rapport au toit plat des hommes (chambre de roi). Ce qui est certain, c'est que cette pièce est la plus énigmatique de la Grande Pyramide.

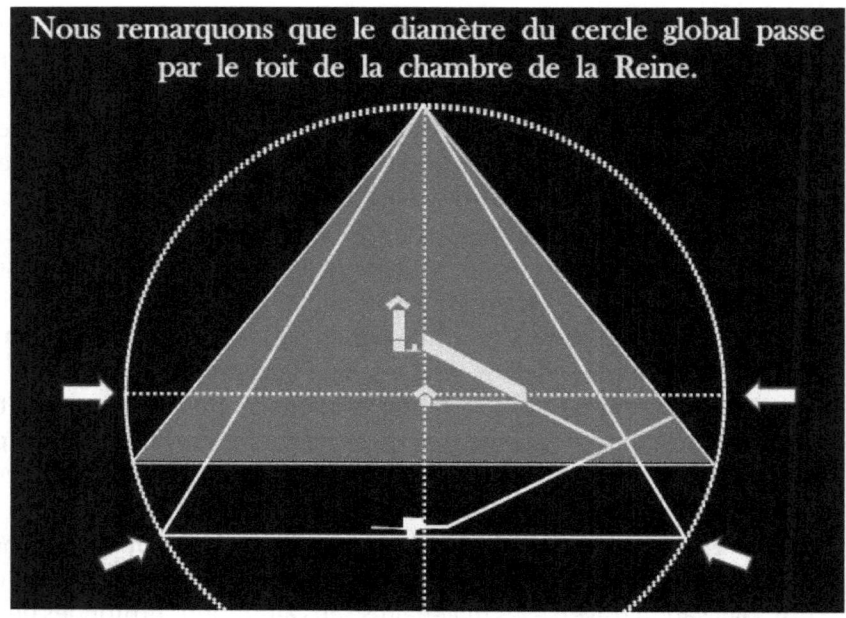

Nous remarquons que le diamètre du cercle global passe par le toit de la chambre de la Reine.

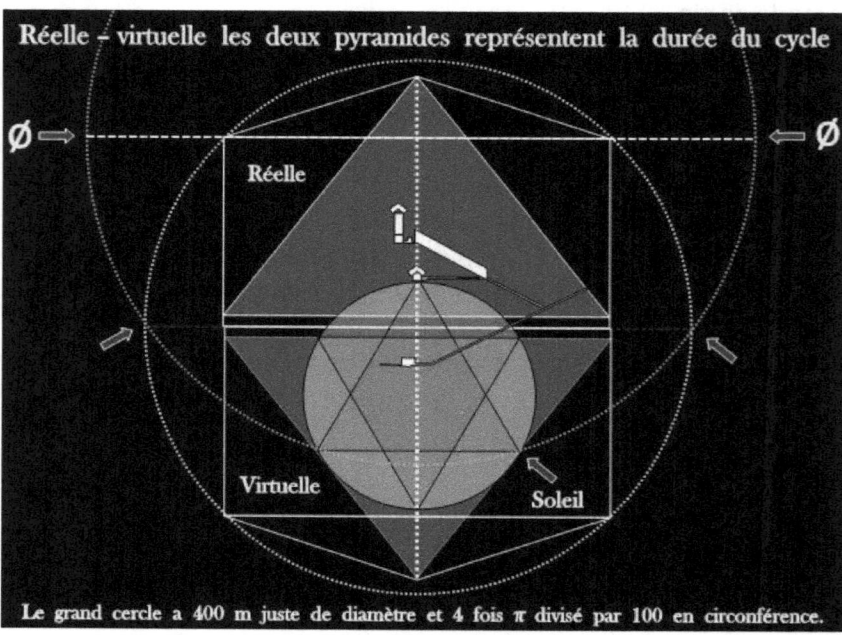

Réelle – virtuelle les deux pyramides représentent la durée du cycle

Le grand cercle a 400 m juste de diamètre et 4 fois π divisé par 100 en circonférence.

SOL de la CHAMBRE du ROI

6 344,138024 années avant JC.

8 835,873581 années de la fin du demi-cycle.

Nous rebaptisons la chambre du Roi ;

« **Sanctuaire de l'accomplissement** ».

(N° 11 et 10 sur le plan)

La première chose qui nous interpelle, lorsque nous observons le plan en coupe de **la chambre du Roi**, ce sont ces cinq superstructures en élévation, encore appelées, *chambres de décharges*. La hauteur de cet ensemble, du sol de la chambre à l'extrémité du vide sous les poutres du toit, affiche 21,12 m. Ces mètres changés en années, cela nous donne 1 792, 091429 sibyllines années ! Le nombre des énormes poutres en granite qui constituent le plafond de la chambre, sont au nombre de « 9 » (les 9 dieux de l'ennéade). **Elles sont reproduites sur cinq paliers** (Osiris cinquième enfant), **total : « 45 »** (le nombre de l'âme en Primosophie). La conception rectangulaire de la pièce, 10,46 m sur 5,23 m, nous interpelle, ce pourrait-être les valeurs symboliques de 10,46796327 m, soit deux fois 5,23398163 m en largeur et deux fois 10,47398163 m en longueur. Ce qui nous donne un total, bien évidemment théorique, de 31,41592653 à diviser par 10, premier nombre Pi π.

Les 9 poutres accolées du plafond royal sont d'impressionnants parallélépipèdes, elles s'additionnent sur les 5 chambres de décharge, pour former un total de 45 poutres aux 8 angles = **360** (le cercle de lumière). Alors que le toit en chevron en recèle 2 fois 11 = 22. Serait-ce là qu'il nous faut chercher la raison de ces poutres estimées à 70 tonnes chacune composant l'ensemble, seraient-elles posées sur le nombre virtuel de 360° ? Le hasard veut, que l'on inscrive seulement « 22 polygones réguliers » pas un de plus, à l'intérieur du cercle de 360°. Précisons toutefois, que l'angle au centre doit posséder un nombre entier de degrés. C'est sans aucun doute ce qui incita les adaptateurs de quelques alphabets originels, à faire figurer « 22 lettres », notamment en ce qui concerne l'alphabet hébraïque. Il y a 22 arcanes majeurs au tarot et celui-ci, nous vient de l'Égypte Ancienne. Il va de soi, que ces amalgames de nombres, complexes, alambiqués, rébarbatifs, ne représentent pas l'idée que l'on se fait d'un trésor. Pourtant, celui-ci est plus incontestable que son vénal homonyme, genre caverne d'Ali Baba. Les Antiques « Œuvriers Bâtisseurs » semblaient prendre plaisir à jongler avec les nombres, par tradition surement, mais aussi par nécessité, car ils savaient pertinemment que ce sont les nombres et la géométrie qui établissent le lien entre le **Ciel** et la **Terre**. Sans ce lien ténu, toujours reconduit par les sages, l'homme démuni d'exemple, n'utiliserait que le rationnel pour asseoir en ce monde son mental dominant. Notre époque en est un triste exemple, ne développe-t-elle pas insolemment un matérialisme pragmatique démuni de verticalité. L'inconséquence qui en résulte, altère gravement nos facultés cognitives et par extension nos capacités de déduction, c'est la principale cause de notre déchéance.

En Égypte Ancienne, le hiéroglyphe (âhâ) était évocateur de combats, de lutte, de conflit. Une analogie s'impose entre l'étrange **canal d'accès** à la chambre du Roi, appelé « **chambre des herses** » (point 10) et la structure interne de la pièce. Il va de soi que cette situation chronologique, matérialisée par ladite chambre, est évocatrice d'événements importants, que notre manque d'audace ne nous permet point de suggérer dans le détail.

Toutefois, nous pourrions penser que le désaxement de l'ensemble positionné, nous l'avons vu sur l'étoile Saïph, indique une rupture liturgique avec les bases traditionnelles. Il correspond à la fin de l'Égypte protohistorique et au début de l'Égypte prédynastique. Voyons là l'occupation des sols par des mécréants, adversaires des souverains principes, animés d'une sorte de césaropapisme religieux, favorisant une oligarchie des Rois Prêtres. Certains comportements frénétiques auraient provoqué des abus de pouvoir, propres à endiguer toute expansion culturelle. Il s'en serait suivi une déviation des mythes traditionnels, convoyée d'une inévitable altération des valeurs fondamentales. On peut même supposer que des usurpateurs éludèrent progressivement l'esprit de connaissance, les prêtres alors se persuadèrent être investis de la volonté divine et une magie pagano ritualiste occupa la place des cultes traditionnels. En ces circonstances, l'hérésie ne pouvait que gagner le peuple, un malaise général dût s'établir, ce dernier aurait pu se prolonger jusqu'au second déluge, avec quelques retours périodiques à la raison.

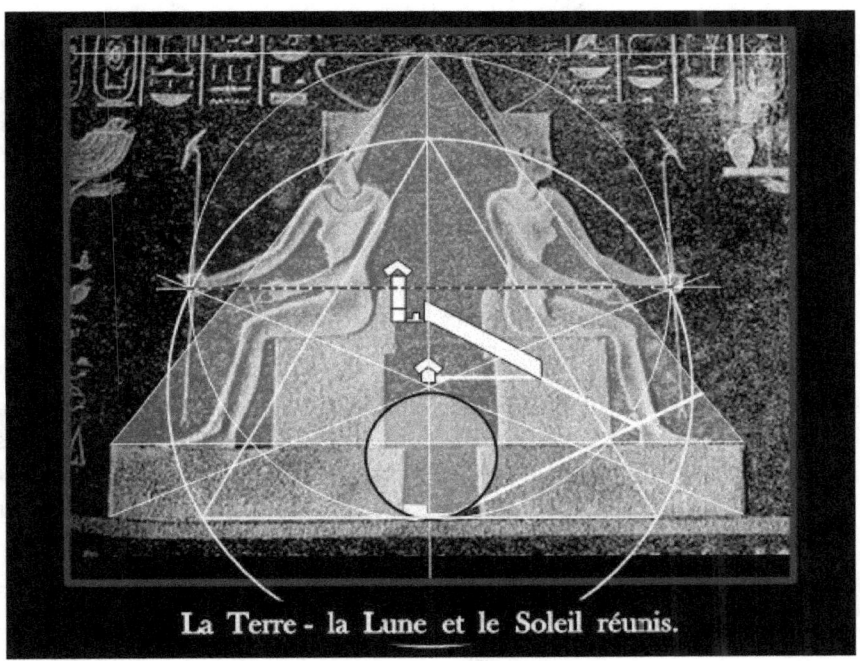

La Terre - la Lune et le Soleil réunis.

Est-il besoin de préciser à notre lecteur que ce développement n'est qu'une hypothèse de ressenti, sans allégation aucune. Cependant, nous avons souvent vérifié que les complexités numériques et géométriques des valeurs affichées prédisposaient à des reconsidérations historiques. Quant à « *la chambre du roi* » que nous rebaptisons « **Sanctuaire de l'Accomplissement** », elle ne joue pas à proprement parler un rôle événementiel prédéfini. Son immuable destin, lui fait traverser les âges conflictuels, sans altération de son principe initial, elle était incontestablement réservée aux plus hautes initiations.

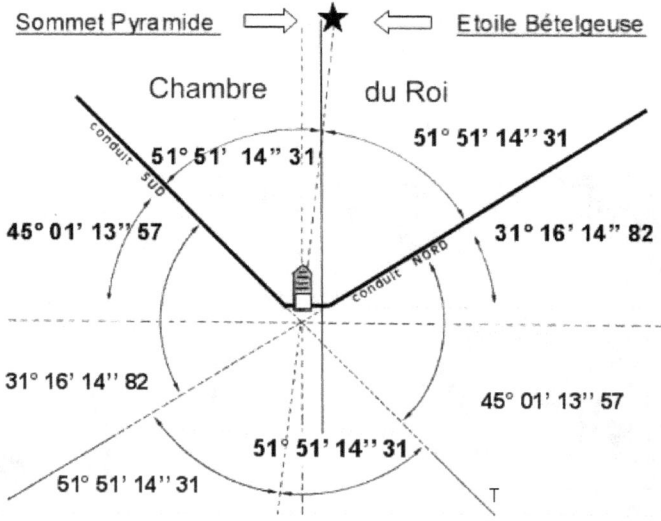

Les conduits semblent effectuer une ronde, ils essaiment les angles de base et du sommet en d'heureuses et précises fragmentations. Pentes et relevés, ont donné lieu à des batailles d'experts qui ne pouvaient envisager un seul instant, qu'il puisse s'agir d'une harmonie numérique à caractère universel. Souvenons-nous de la formule qui nous permet, en partant de la clé numérique placée au carré, de définir les diamètres lunaires et terrestres associées.

1,273239544 X² = 1,621138936 x 10 000 et considéré en kilomètres = **16 211,38936** km = Le Ø de la Terre et de la Lune.

Pour saisir le merveilleux rapport existant entre ce théorème stellaire et la Grande Pyramide, ajustons nos énoncés numériques à la hauteur des deux apothèmes de l'édifice. Nous découvrons une ligne horizontale qui passe par la chambre du Roi, à hauteur juste du personnage qui est censé se trouver dans le sarcophage. Ainsi qu'une ligne verticale du côté triangle, qui nous délimite la position de la chambre du roi.

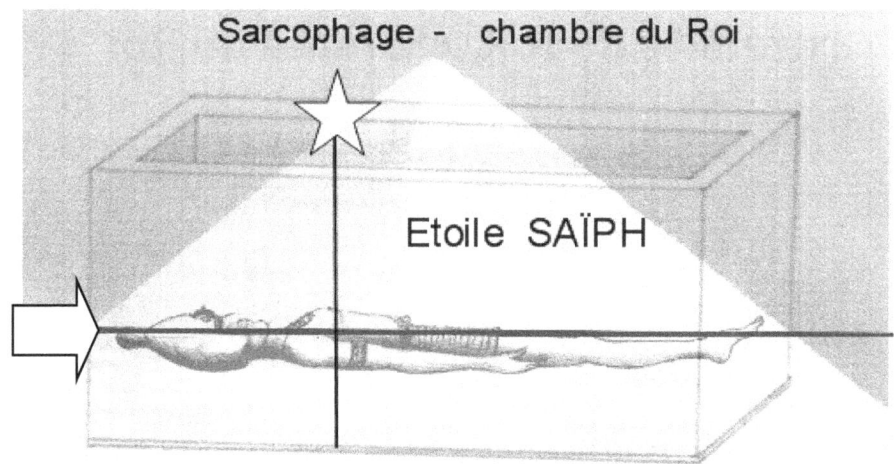

La ligne des 162, 1138 m passe par le corps du gisant

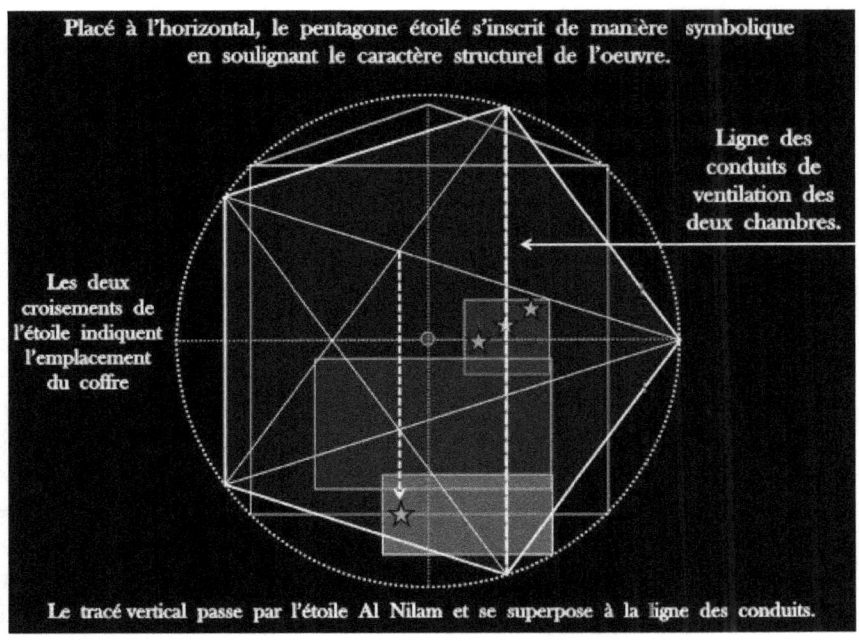

Que pouvons-nous énoncer de ces myriades de concours de circonstance, si ce n'est, qu'ils ne résistent pas à l'évaluation des probabilités, et qu'il nous faut admettre un message lancé à l'encontre des certitudes arrogantes proclamées par un matérialisme outrancier.

Georges Vermard

Extrémité du toit, chambre du Roi

4 545,25837 années avant JC.

7036,993926 années de la fin du demi-cycle.

(N° 9 sur le plan)

Si nous nous référons au sommet de la chambre du Roi, et si nous calculons le nombre d'années séparant cette architecture du début de notre chronologie, le point correspond sensiblement au **second Déluge** répertorié (celui décrit dans l'Ancien Testament). Selon toute présomption, le phénomène fut suivi ou précédé d'inondations diluviennes, devant lesquelles l'Égypte sut en partie se prémunir par une migration temporaire de ses populations vers les terres du sud. On peut supposer qu'épidémies et famines escortèrent cette période néfaste, la vie cependant devait assez vite recouvrer ses droits et places. Souvenons-nous que pour un tout autre usage, la chambre du Roi avec ses évidements structurels en hauteur, sert de doseur à la coupe du Graal, lorsque celle-ci déverse son contenu. Nous avons là aussi un rapport au liquide, ce qui dans les deux cas, corrobore l'idée d'eau et de déversement.

Un autre indice mérite d'être signalé, il s'agit d'une lithographie réalisée en Égypte dans l'année 1839 par cet admirable artiste qu'était David Roberts. L'œuvre par lui crayonné nous montre deux des trois pyramides sur le plateau de Gizeh. Elles ont pour particularités de posséder toutes deux et à la même hauteur, une différence de teinte très nette. Celle-ci laisse supposée une altération du parement atteignant une hauteur de 25 ou 30 mètres. Pouvons-nous envisager une fantaisie de l'artiste ? Assurément pas, voyons plutôt là une banalité visuelle que cet excellent homme, ne pouvait pas ne pas faire figurer. Il va de soi que ce détail n'est en rien anodin pour celui qui est motivé par la recherche de vérité en matière d'Histoire. Ce chercheur effectuera bien évidemment la liaison avec le Déluge Biblique que l'Égypte dut fatalement subir au même titre que les autres contrées du proche Orient.

Le Déluge Biblique, il s'étendait, croyons-nous, du golfe Persique à la mer Noire. Cette dernière était à l'origine un lac d'eau douce, elle a probablement été mise à niveau par ce débordement. De nombreux indices relevés dans les fonds marins tendraient à confirmer cette thèse. Le Déluge biblique est-il dû à la rupture d'un barrage naturel, à un effondrement de plaques tectoniques, à la chute d'un astéroïde à proximité du bassin méditerranéen, nous ne pouvons qu'établir des conjonctures. Il est un fait que ce cataclysme a frappé bien d'autres pays que l'Égypte. Son indice événementiel est préfiguré semble-t-il, par *le toit en chevrons* recouvrant les cavités de décharge de la chambre du Roi. Le report latéral des « 22 » monoblocs de couverture confirme le signe idéogrammatique des flots . Ce signe répété d'une façon linéaire, a pour signification : « Étendue illimitée des eaux ». Placé latéralement , décalé et par trois fois renouvelé, ce hiéroglyphe signifie « mou = eau ». Lorsqu'il est placé verticalement sous le Ciel, il a pour signification, « *La création renouvelée par les eaux* ». Chevrons de soutien , représentant « le toit du Ciel » figuratif égyptien, signifiant « *longue pluie diluvienne* ». Le toit matérialiserait la date concernant les terres immergées, alors que la multiplicité des chevrons (placés en forme de pointe de flèche) indexerait la période cataclysmique d'inondation qui recouvrit la Mésopotamie et la basse Égypte.

Présomption, prémonition, supposition, qu'importe le flacon…, L'essentiel est de constater que les vestiges ont un rapport circonstancié de datation et qu'il est difficile de les éluder d'une raillerie d'incrédule doctrinaire. On s'est toujours demandé pourquoi les bâtisseurs avaient employé pour construire le toit de la chambre du Roi, un granit provenant d'Assouan. Il suffit d'observer la figure où se trouve apposé sur le schéma le cours du Nil, pour constater que la région d'Assouan se juxtapose avec la chambre souterraine, laquelle pourrait emblématiser **le Déluge Universel**.

Pour nous « *les modernes* » qui baignons jusqu'aux yeux dans un obscurantisme où ne surnagent que les nyctalopes possédants, une telle analogie ne peut être que le reflet d'une conjoncture circonstancielle. Mais pour les Anciens Égyptiens qui ne raisonnaient qu'à travers les critères d'une symbolique de connaissance, la réciprocité s'imposait d'elle-même. Si nous tenons notre clé chronologique pour fiable, et tout tend à le prouver, ce déluge partiel eut lieu **4 545,25837** années avant JC (décimales théoriques). Date autour de laquelle, il y eut des perturbations météorologiques importantes, notamment des pluies incessantes et une montée graduelle du niveau des eaux, ponctuées de périodes plus stables. Il est indéniable que **le Sphinx** conserve en ses flancs les traces de ce désordre, occasionné par des pluies diluviennes, qui furent provoquées par une importante dérégulation du temps. Bien qu'ayant peu de points communs avec le Grand Déluge Universel, qui lui, eut lieu en **12 980** avant JC (critères chronologique), ce type de catastrophe sensibilisa durablement la mémoire collective. À tel point que de nombreuses chimères à tendances allégoriques, spécifiques aux diverses ethnies, furent graduellement incluses dans les mythes traditionnels. Celles-ci ne laissent aucun doute sur le fait que les deux Déluges sont la plupart du temps confondus. On peut en déduire que ces débordements climatiques activèrent des rémanences archétypales, que l'imbroglio des mythes et légendes assimila au premier phénomène, antérieur lui de 8000 ans. De Utnapishtim à Noé, en passant par l'Hasisadra d'Assyrie ou le Xisuthrus de Chaldée, d'un pays à l'autre, les héros changent, les Déluges se pérennisent. Sur un plan ésotérique et symbolique, le recouvrement de la terre par les eaux, évoque le renouveau (l'eau devient baptismale), celle de l'existence purifiée. Lorsqu'enfin les flots se retirèrent, on comprend que **l'ëoN-Noë**, malgré son grand âge, trouva là, occurrence à « prendre une cuite ».

Elle dut être remarquable, car elle laissa presque autant de traces que le Déluge, en la mémoire des hommes.

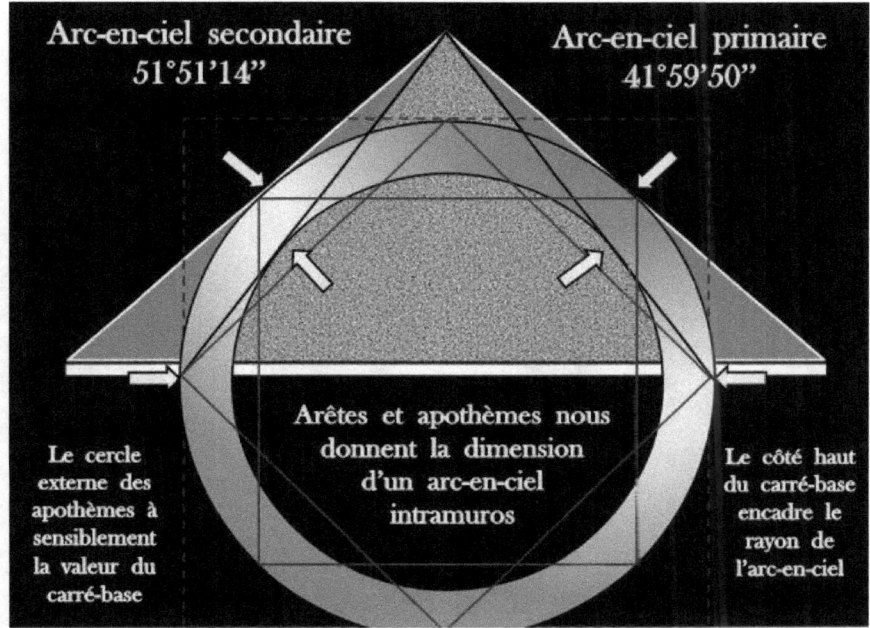

Nous savions que les poètes avaient une âme, auraient-ils de surcroît une... intuition ?

Nous lisons ceci dans : « Après le Déluge » de A. Rimbaud :

« *Aussitôt que l'idée du Déluge se fut rassise, un lièvre s'arrêta dans les sainfoins et les clochettes mouvantes, et dit sa prière à l'arc-en-ciel, à travers la toile de l'araignée* ».

Avec le « noun », **le lièvre** incarne incontestablement Osiris. Nous l'avons vu, ne faut-il point pénétrer *la Constellation du Lièvre* pour gagner la Constellation d'Orion ? Quant à *l'arc-en-ciel* ne préfigure-t-il pas la promesse placée dans les nues, mais aussi la lumière, nous l'avons vu avec *ses angles de diffraction similaires aux angles de la Grande Pyramide*. Reste **la toile d'araignée,** elle est emblématique de la perfection du concept géométrique. La vie en effet, pouvait enfin reprendre ses droits... Bravo Arthur, tu étais un merveilleux poète visionnaire !

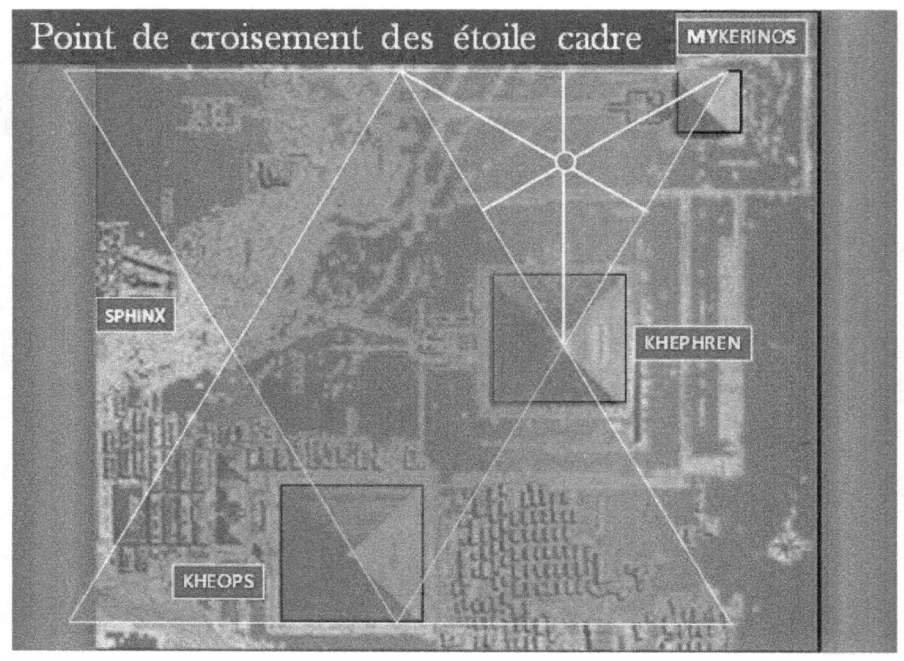

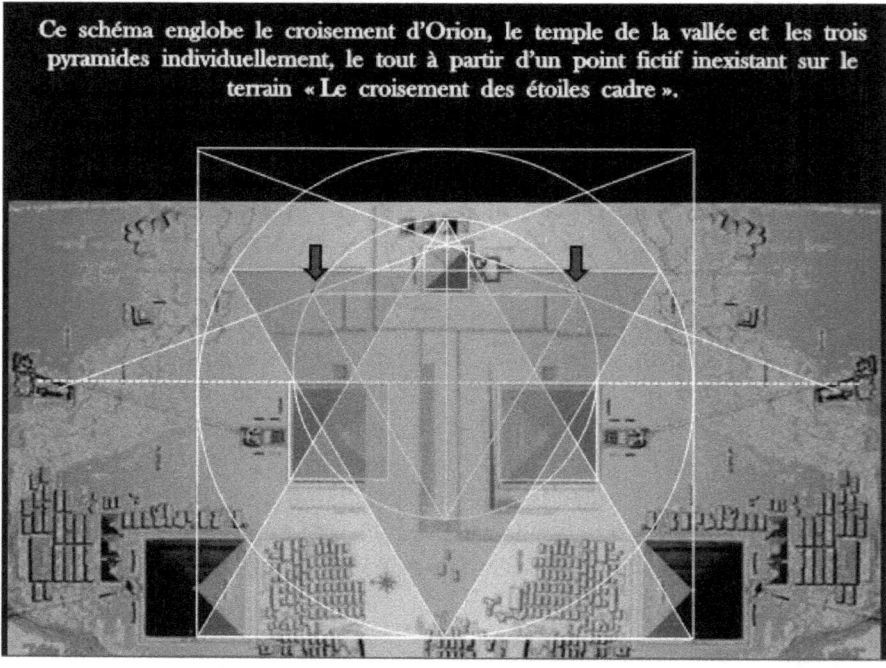

Ce schéma englobe le croisement d'Orion, le temple de la vallée et les trois pyramides individuellement, le tout à partir d'un point fictif inexistant sur le terrain « Le croisement des étoiles cadre ».

Unification des terres

3 191,217673 années avant JC.

5 682,953229 années de la fin du demi-cycle.

(N° 8 sur le plan)

Le canal Sud de la chambre du Roi est incliné à 45°, il aboutit au point de convergence faisceau de lignes du plus grand intérêt. Ces lignes engendrent à leur tour des angles droits et des triangles équilatéraux, leurs données et points de raccordements, passent par les étoiles du baudrier pour rejoindre Saïph ou le pied du Graal. Les dates qu'elles inscrivent correspondent à l'unification des contrées Nord et Sud de l'Égypte, sous les Rois prétendus prédynastiques tel que Ka ? – Irj-Hor – Scorpion 1 et 2 – Min – Faucon et double Faucon - Narmer ; Suivirent d'autres souverains dit de l'époque archaïque, Ménès - Djer – Djet – Den… ! Les personnages issus de ces dynasties Thinites étaient fidèles à l'esprit de tradition, ils tentèrent selon nous, de purifier les voies malmenées de la spiritualité. Les bouleversements sociaux et culturels qui en résultèrent, pourraient justifier sur notre schéma ce regroupement de lignes dont l'épaisseur réalise environ 150 années.

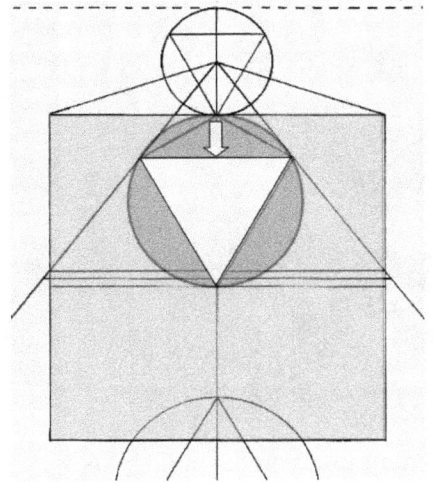

Ces dates coïncident avec la base d'un linteau de 120°, prenant appui sur les apothèmes. Cette base constitue le côté d'un triangle équilatéral dont la pointe rejoint le centre de la base virtuelle de la pyramide. Ce triangle de 90, 57391148 m de hauteur à un cercle qui le cerne de 120, 7652153 m de diamètre. La flèche blanche indique le point chronologique que nous décrivons.

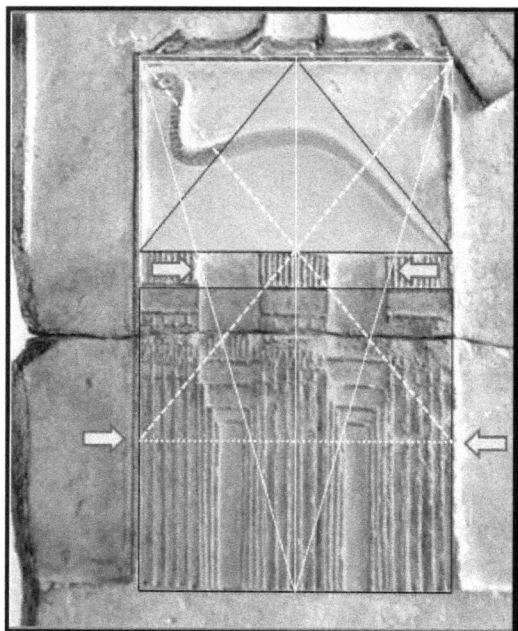

Les colonnes dans le carré nous indiquent une hauteur précise.

Au-dessus, les 3 rectangles striés nous indiquent un espace temps chiffré.

Lorsque se forme le rectangle d'OR le temps du déluge apparait avec la tête du serpent hors de l'eau

La Déesse parturiente et la mise au monde de la connaissance

L'unification des terres a bien évidemment une signification « plus élevée »

que celle qui lui est donnée, voyons là l'union du **Ciel et de la Terre**. Car pour les anciens égyptiens *l'ailleurs* était une autre Terre.

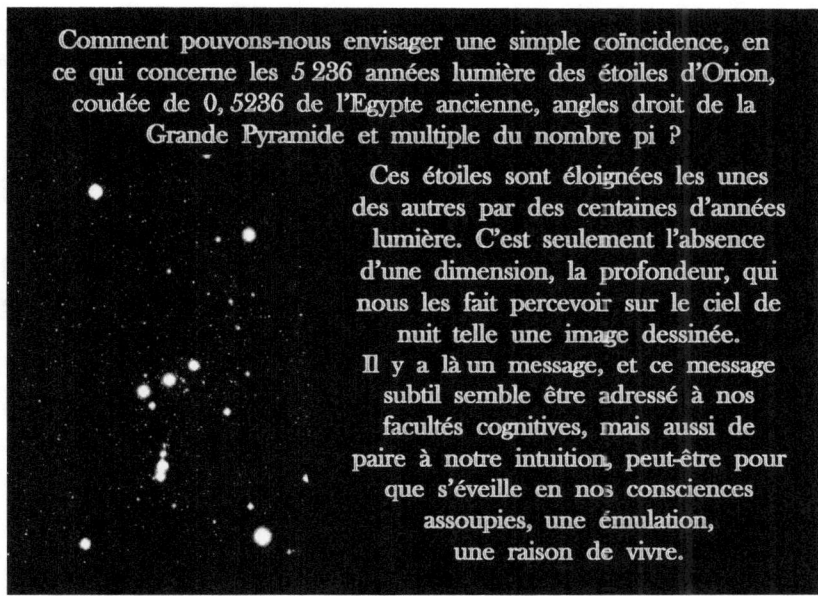

Comment pouvons-nous envisager une simple coïncidence, en ce qui concerne les 5 236 années lumière des étoiles d'Orion, coudée de 0, 5236 de l'Egypte ancienne, angles droit de la Grande Pyramide et multiple du nombre pi ?

Ces étoiles sont éloignées les unes des autres par des centaines d'années lumière. C'est seulement l'absence d'une dimension, la profondeur, qui nous les fait percevoir sur le ciel de nuit telle une image dessinée.
Il y a là un message, et ce message subtil semble être adressé à nos facultés cognitives, mais aussi de paire à notre intuition, peut-être pour que s'éveille en nos consciences assoupies, une émulation, une raison de vivre.

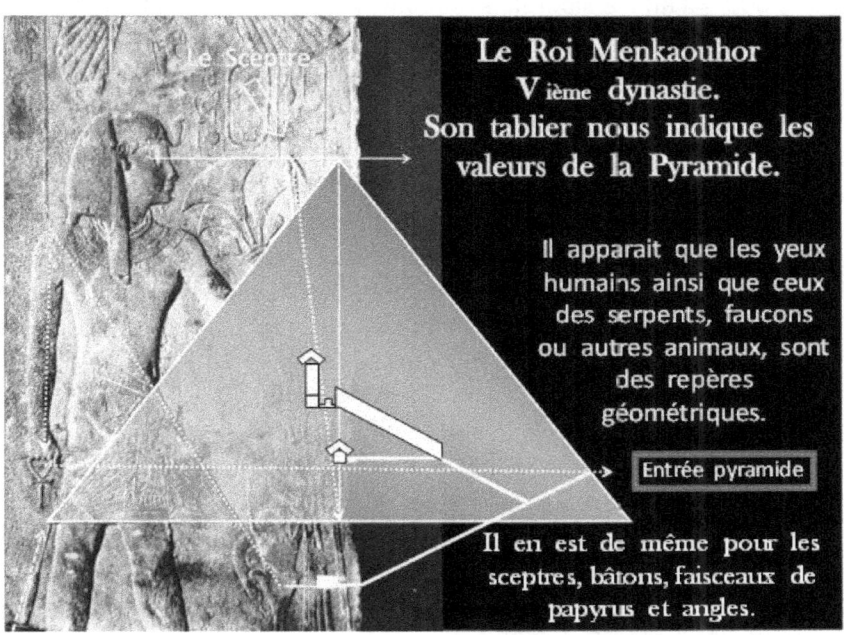

Le Sceptre

Le Roi Menkaouhor
V ième dynastie.
Son tablier nous indique les valeurs de la Pyramide.

Il apparait que les yeux humains ainsi que ceux des serpents, faucons ou autres animaux, sont des repères géométriques.

Entrée pyramide

Il en est de même pour les sceptres, bâtons, faisceaux de papyrus et angles.

- *Quelles sont les probabilités* pour que la constellation d'Orion et son regroupement de 7 étoiles traditionnelles génèrent des distances d'éloignements en années lumières correspondant à la coudée pyramidale aune des temples antiques ? Cette coudée multipliée par les 6 jours de la création nous procure le nombre pi. Nous avons des dizaines de preuves de l'existence de π, alors qu'il nous est dit, que ce nombre était inconnu à l'époque de la restauration de l'édifice.

- *Quelles sont les probabilités* pour que partant du fruit du socle, la structure de la Grande Pyramide nous donne en son périmètre structurel la valeur de huit fois 450 m soit 3600 mètres justes ? Ce nombre considéré sacré par les plus anciennes civilisations est en étroite relation avec les cycles cosmiques et les Antiques Mythologies.

- *Quelles sont les probabilités* pour que la trois mille-six-centième partie de cette structure, c'est à dire le « mètre », ôté de la hauteur de la Grande Pyramide nous donne la Terre et son année sidérale ?

> 147,1317686 m moins 1 m = 146,1317686 m divisé par la circonférence terrestre, soit 40 008 km valeur moyenne de la Terre, multipliée par 100 000, = l'année sidérale avec toutes ses décimales, soit, 365,2563708 jours.

- *Quelles sont les probabilités* pour que l'arc-en-ciel possède des angles de réfraction en lumière incidente scientifiquement établis, en accord parfait avec les angles de bases de la Grande Pyramide ? Laquelle Grande Pyramide, rappelons-le, a une structure engendrée par les étoiles d'Orion. Par quel effet miraculeux ces données d'angles correspondent, l'une d'elle au violet avec l'entrée dans le spectre visible et l'autre au vert avec le milieu de la gamme chromatique ; cela en parfaite similitude avec Osiris, dieu vert du renouveau à qui la Grande Pyramide est dédiée.

- *Quelles sont les probabilités* pour qu'un triangle équilatéral regroupant sur chacun de ses côtés, **le mètre et la coudée réunis**, nous procure 9 fois la hauteur de la Grande Pyramide, dont l'origine est céleste ? Il y a « 9 chiffres » base de composition pour l'ensemble des nombres et 9 dieux président à la Genèse de l'Égypte (l'ennéade).

- *Quelles sont les probabilités* pour que cette même pyramide, coupe et plan associés, nous gratifie d'un tracé de forme ovoïde, semblable à celui que dessine la Terre en sa trajectoire autour du Soleil ? Quelle probabilité pour que ces valeurs affichées, multipliées par un million, coïncident avec les distances réelles de la Terre (particularités que la pyramide inscrit sur ses faces aux équinoxes en observant une dichotomie de l'ombre et de la lumière) ?

- *Quelles sont les probabilités* pour que l'espace réservé à la Lune dans la découpe en cercle camembert de la Terre, se révèle identique à l'emplacement occupé par la Grande Pyramide ? Le rapport volume, mesures, distances et pourcentage coïncident à merveille.

- *Quelles sont les probabilités* pour que l'étoile Sirius située à 8,6 années lumières de la Terre, soit engagée dans ces recherches spécifiques ? Le temps propre de l'étoile occupe un important espace stellaire, c'est ainsi que Sirius se trouve en relation avec le schéma de la Grande Pyramide et la montée en altitude du cycle précessionnel. Nous constatons que la plus belle étoile du Ciel, se trouvait au départ du cycle à moins 10 450 ans, sur la ligne du carré base, alors qu'à la fin du demi-cycle elle se trouvera sur la base du prolongement céleste. Rappelons que cette dernière ligne délimite la hauteur précise du triangle équilatéral inscrit dans le Soleil.

- *Quelles sont les probabilités* pour que le point central entre deux cercles, l'un de quadrature, l'autre inscrit dans le carré base, représente l'année zéro de notre ère ? Quelle probabilité pour que ce point affiche un nombre d'années identique entre lui et le règne de Khéops, de même qu'entre lui et la fin du demi-cycle précessionnel ? Quelle probabilité pour que le bas du cercle indique le début du judaïsme avec l'unification des ouvrages du Pentateuque sous Josias, et que le haut du cercle indique le début de la religion musulmane avec la prise de la Mecque ? Quelle probabilité, pour que le centre de ce même cercle indique, lui, la naissance du Christ et le début de la chrétienté ?

- *Quelles sont les probabilités* pour que le diamètre du cercle Terre - Lune ajusté aux apothèmes de la Grande Pyramide, coïncide avec la chambre du Roi à hauteur exacte du corps de l'initié placé dans le sarcophage et dont l'étoile Saïph occupe déjà la poitrine ?

- *Quelles sont les probabilités* pour que le déplacement de la constellation d'Orion au cours de son demi-cycle précessionnel, affiche des données d'une grande précision ayant trait aux valeurs de la Grande Pyramide ?

Pour quatre facteurs principaux : le départ du cycle – la situation sous Kheops (rénovation du site) – la naissance du Christ – la fin du demi-cycle. Ces données d'une rigueur absolue sont vérifiables à l'aide de logiciels professionnels appropriés et n'offrent pas d'interprétations.

- *Quelles sont les probabilités* pour que le Soleil, notre astre de lumière, soit de nombreuses fois impliqué dans l'aspect schématique de la construction. Pour que ses valeurs amenées à l'échelle de l'édifice, coïncident avec les pentes, les bases, les nombres et les distances. Pour que son triangle équilatéral circonscrit repose sur le socle du monument comme pour justifier « l'horizon de Kheops ».

- *Quelles sont les probabilités*, pour que l'on retrouve sur le plafond d'une tombe de la XVIIIème dynastie, les principaux critères que nous exposons en matière de rapport avec la constellation d'Orion, alors que les anciens Égyptiens n'avaient aucun moyen de mesurer les distances des astres et d'en tirer des conclusions ?

- *Quelles sont les probabilités* pour que se trouvent réunis dans le volume d'un tombeau attribué à un monarque sans grande notoriété, tous les critères de la connaissance véhiculés depuis des millénaires par l'élite des communautés humaines ? Des mythes archaïques aux légendes occidentales du Graal. Du paléolithique enseigné aux applications mathématiques les plus prodigieuses. Autant de mystères dont on ne peut soupçonner l'origine sans susciter la suspicion.

Quelles sont les probabilités pour qu'autant de facteurs d'ordre scientifique relèvent de simples coïncidences ? Pour que ces coïncidences soient regroupées en un seul monument, avec des marges d'erreur ne dépassant pas le plus souvent 1 millimètre pour 100 mètres ? Est-ce là vraiment le fait du hasard ? Si ce n'est pas le fait du hasard, alors, il nous faut admettre avec Jean Guitton et un nombre croissant de scientifiques qu'il existe un :

« **Principe Concepteur et Planificateur de l'Univers** »

Ce « *Principe Créateur* » aurait laissé libre cours à l'intelligence humaine pour qu'elle se manifeste selon ses ressentis. Hélas, la plupart des êtres sont fascinés par les apports du créé ; la tentation matérielle obnubile chez eux toute autre forme d'aspiration. En considérant n'être que les épiphénomènes de caractère aléatoire d'une nature aux agencements fortuits, ils s'éloignent du message subtil de cette « *raison d'être* » que nous offre ce « **Principe Créateur** ».

Il nous faut impérativement tenter de rééduquer notre système cognitif pour qu'il ne se détache pas de la réalité intemporelle. Lorsque l'on s'emploie à la chercher on la trouve, et celle-ci nous apparaît alors aussi évidente que cette matière technologique qui nous fascine. La juste pensée s'organise autour de la réflexion, du courage, de la volonté d'aboutir, doublée d'une action commune et fraternelle, source de dépassement du soi. Nous devrions méditer cela :

« Un rayon de lumière n'est pas visible en l'obscurité du vide, il lui faut rencontrer un obstacle pour qu'il se manifeste. Si nous avons conscience de ce vide, c'est à nous de parvenir à une réalité existentielle sur laquelle la lumière peut se réfléchir. »

« *La physique gravit pas à pas la haute montagne qui accède au réel, pour trouver finalement déjà installée au sommet, la connaissance intuitive.* »
Jean Charon

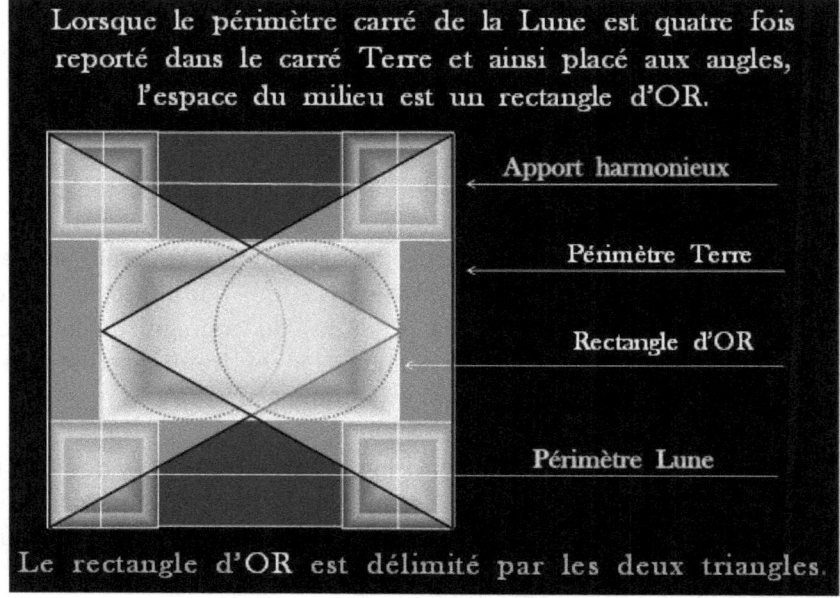

Nous constatons qu'il y a peu d'êtres humains qui espèrent en une harmonie universelle de caractère divin. Cela signifie qu'il nous manque la culture nécessaire pour établir en soi des convictions. Nous ne prenons plus le temps de réfléchir à la nature du monde qui nous entoure, pris que nous sommes dans le vortex sociétal du mieux vivre. Alors que pour évoluer il nous faut accéder à des stades successifs d'acceptation et de reniement. Ainsi désengagés des aspirations spirituelles les plus anodines, nous versons dans la démesure et mettons en péril notre propre évolution. Nous sommes au seuil de la décadence, abusés par les insidieuses facilités que nous offrent les technologies, ces leurres de l'équilibre psychique. Sereines en leur éternité, les pyramides du plateau de Gizeh attendent l'heure de leur révélation. Ce serait là, le début d'une prise de conscience dont nous avons le plus urgent besoin pour fédérer un esprit de cohésion universelle.

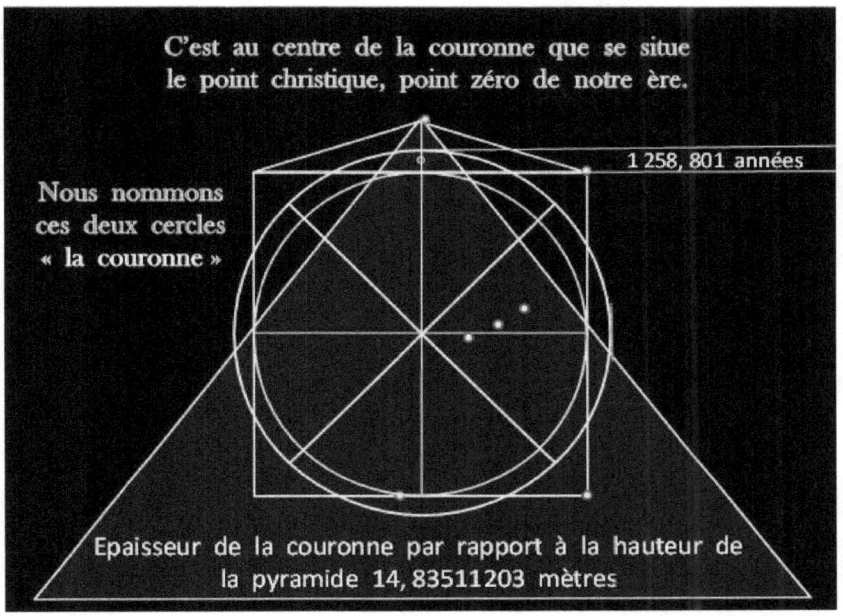

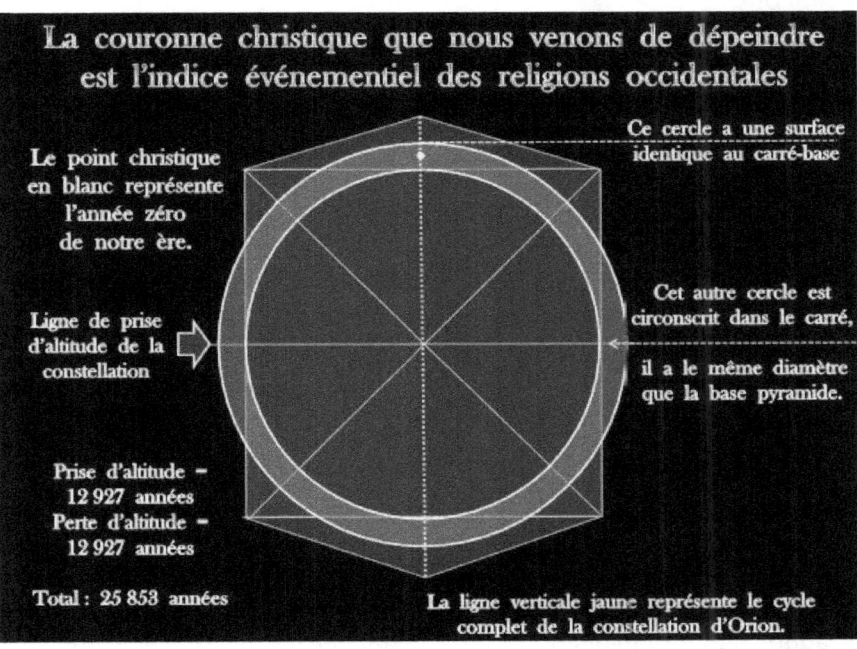

Georges Vermard

Restauration Grande Pyramide Kheops - AL NITAK

moins **2 491,735552** années et

moins **2 464,642614** années avant JC

4 983,471113 années avant la fin du demi-cycle

(N° 7 sur le plan)

Un cercle intérieur s'inscrit entre les apothèmes des pyramides réelle et virtuelle, le haut de sa circonférence indique clairement l'époque du Roi Kheops.

Le diamètre de ce cercle est égal à 188,1909872 m et son périmètre réalise 591,2194001 m, nombre insipide s'il en est ! Nous aurions bien tort cependant de le considérer comme tel. Si nous cherchons à définir l'indice journalier de cette valeur, et que nous la divisons par l'année sidérale de **365,25637** jours, nous obtenons, chose à peine croyable, « **le nombre d'or** » **1,618**642271. Autrement dit, chaque fraction du cercle intérieur divisée par l'année sidérale, représente le nombre « phi ». Ne cherchez surtout pas cher lecteur, les superlatifs capables de décrire cette situation, ils n'existent pas ! Pour les esprits pointilleux qui revendiqueraient les décimales d'un « phi » plus conventionnel,

2,61803399 égal à $\dfrac{\sqrt{5}+1}{2}$ = 1,618033989.

Nous soutenons que les décimales qui ne concordent pas, n'ajoutent et n'enlèvent rien à la divine proportion. Qui plus est, l'œil humain ne sait apprécier une valeur aussi infime lorsqu'elle est exposée en comparaison, exacte à 99, 962422023 %. Ce « phi » n'est qu'une convention mathématique pratique sans réalité objective.

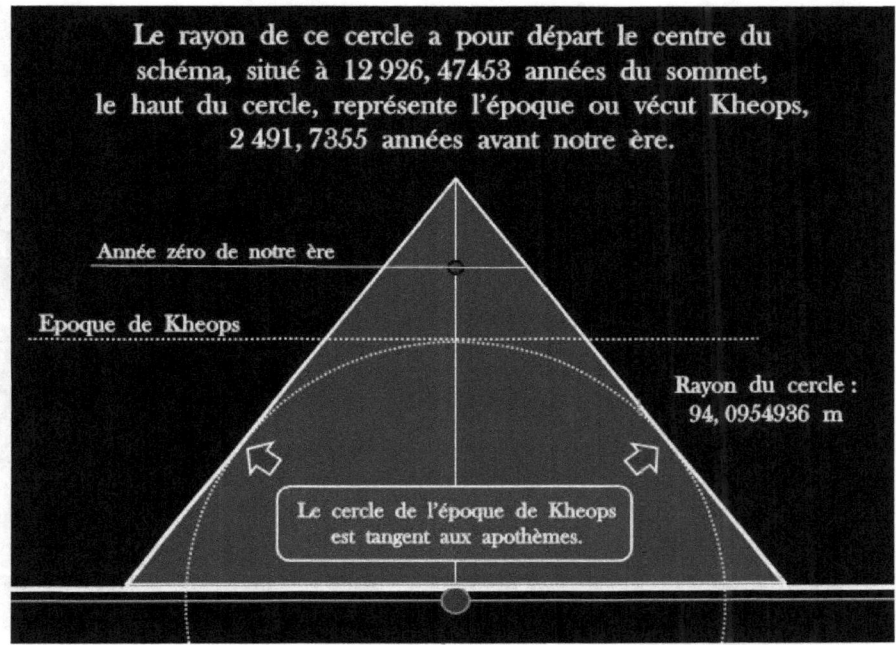

Cette mise au point, fait peut-être du **1,618642271** émanant du cercle, la véritable référence, puisqu'il s'inscrit dans l'immuable **Tradition Primordiale**. Ceci étant, nous considérons que la formule adaptée au 1, 618033989 est très pratique et nous continuerons à l'employer. Le point (8), c'est la circonférence du cercle couvrant les apothèmes de la Grande Pyramide, mais pas seulement, les 2491, 735552 années qui séparent le règne du **Roi Kheops** de l'ère **Christique,** annonçant la première année de notre ère et la fin du demi-cycle. L'ère de **Kheops** = 2491,735552 années, avant l'année zéro + 2491, 735552 années de l'année zéro à la fin du cycle, cela est égal à **4983,471113** années.

En d'autres termes et fort curieusement, **l'année zéro de notre ère,** partage en deux le nombre d'années qui s'écoulèrent et s'écouleront, depuis le règne du Roi Kheops jusqu'à la fin du demi-cycle précessionnel. Soit, 2 492 années + 2 492 années.

Cette constatation n'est pas simplement troublante, elle remet tout en question, elle valide beaucoup de choses. Nous préparerait-elle, à un essor nouveau, à une remise en question de nos problématiques sur la survie de la biodiversité ?

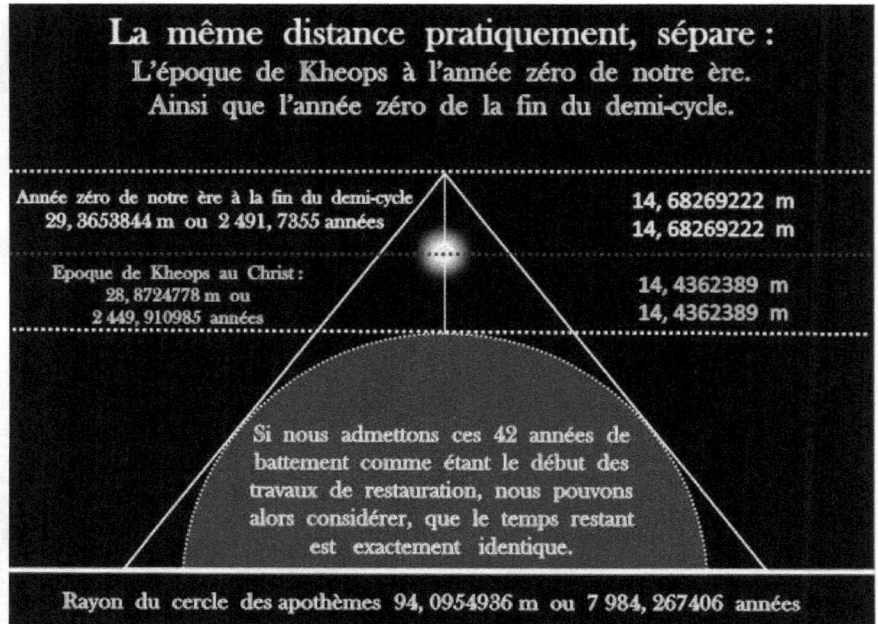

Ces 2 491,735552 années avant le Christ reconverties en mètres et doublées pour atteindre la fin du demi-cycle, représentent 58,7307701 m. Cette distance verticale évoque le diamètre d'un cercle dont la circonférence est de 184,5081559 m. Si nous faisons abstraction des millimètres décimaux après le zéro, il nous reste, 184,5 m. En cette symbolique nous avons la trinité de toutes les religions à mystères :

$$184{,}5 \div 3 \times 2 = \mathbf{123} \text{ (valeur du verbe, AIMER en Primosophie.)}$$

Il s'est donc passé des événements de la plus haute importance sous le règne de Khéops et de son père Snéfrou. Les Rois de ces lointaines dynasties étaient prédestinés à engager de profondes réformes. Cela impliquait **la restauration de la Grande Pyramide**, appelée « Le Temple d'Isis » ou encore à la lecture d'autres textes plus anciens « la maison de Dieu ». Selon toute logique et en cela Hérodote ne se serait pas grandement trompé, les travaux de restauration concernant cet édifice durèrent plus de 20 ans. Ils préparaient les mentalités à une lente métamorphose des sociétés humaines. L'ensemble des 14 pyramides osiriennes et surtout celles de Gizeh, était appelé à constituer le support symbolique de cette ère nouvelle, ne matérialisaient-elles pas ces pyramides, *l'accès aux connaissances des origines* ?

Les signes les plus significatifs que nous pouvons déceler, sont : Les prédictions des devins, lisibles sur l'échelle chronologique et comparables aux champs akashiques des hindous - le partage des années restantes du demi-cycle avec l'avènement du Christ - la situation géométrique positionnée sur la circonférence des apothèmes et les ressources mathématiques qui en émanent. À l'époque de Kheops, le point vernal affichait un décalage de 111,1111 par rapport au départ du demi-cycle et la constellation d'Orion, il était alors à l'indice 45° au-dessus de l'horizon. Les canaux des deux chambres, dirigés sur des groupes d'étoiles ayant un rapport direct avec les pyramides. Cela fait beaucoup pour les épaules fragiles de notre belle coïncidence.

Une telle énumération peut très bien, à elle seule, justifier une « restauration » manifestement intensifiée par les convictions spirituelles de l'époque. En notre ère de tous les dangers, une conjonction nantie de pouvoirs doctrinaires, affirme sans preuve, qu'il s'agit là de tombeaux, réalisés dans le cadre des privilèges que s'octroyait jadis la royauté ! Imaginer que ce monarque fut assez absurde pour croire, que sa pyramide (sic) allait le rapprocher des dieux, ne peut qu'entretenir chez ce type de théoriciens, des convictions inversement proportionnelles à l'ascension de Kheops vers les étoiles. C'est ce que d'autres appellent les abysses de la sottise.

La vérité, c'est que les « Neterou » prescrivaient les tâches à accomplir avec l'appui de la médiumnité des prêtres, et que le « **hem neter**, leur royal serviteur » se devait d'exécuter au mieux des intérêts divins, les souhaits émis par ces devins prophètes. Les précisions mentionnées par Hérodote concernant l'édification, le nombre d'années, les moyens mis en œuvre relèvent au plus court, de banales sornettes. Quel rédacteur en chef de l'un de nos magazines contemporains, prendrait au pied de la lettre, des potins que lui rapporterait l'un de ses rédacteurs, sachant que ses dits potins, restitueraient de mémoire une situation datant de 2 000 ans ? Et qui plus est, aurait été par lui glanée auprès de cénobites d'un monastère sans références spécifiques et sans exhibition de documents recevables. Cela ne pourrait qu'inciter à la plaisanterie, s'il ne s'agissait pas d'un enseignement dispensé comme étant le fruit d'études approfondies enseignées par des générations de formateurs !

Nous passerons sous silence le fait, que, selon Hérodote, le Roi Khéops aurait en toutes lettres dans le texte, prostitué sa fille, afin que chaque relation de ladite demoiselle, rapporte à son père une pierre pour terminer sa pyramide. Rappelons qu'il s'agit de deux millions cinq cent mille blocs, ce qui nous incite à saluer au passage le beau tempérament de cette jeune personne, dont la performance ferait pâlir toutes les hétaïres de la lie des bas-fonds. Fort de ce vertueux principe d'édification que l'on ose à peine qualifier en la circonstance d'érection, toujours selon Hérodote, la demoiselle se fit dresser une pyramide à sa gloire personnelle, près de celle de son père ! Gageons qu'entre les deux, c'est la fille qui nous paraît avoir eu le plus de mérite à gagner sa « demeure éternelle », qu'il ne nous faudrait pas confondre avec une maison de tolérance. Quittons ces grossières bouffonneries, rapporté par le témoin en titre de « l'Histoire », patron des journalistes et revenons à des pensées, au combien plus sérieuses ! En soulignant tout de même au passage, que ce conteur baladin sert de référence historique à toutes les jeunes générations désireuses de vérité.

Nous l'avons dit, la naissance du Christ se situe curieusement à mi-chemin, entre le début de cette restauration et la fin du demi-cycle précessionnel. C'est sensiblement à cette époque que prit corps la légende des sépulcres royaux. Antérieurement, les pyramides étaient considérées par les habitants du Nil, comme le témoignage de connaissances laissées par « **les dieux des origines** » *lorsque ceux-ci vivaient parmi les hommes*. Néanmoins, l'idée de tombeaux, est très ancienne. On peut même soupçonner les prêtres d'en avoir véhiculé l'idée, ceci pour protéger les pyramides des déprédateurs et autres chercheurs de trésors, qui ne se seraient pas alors contentés de fouiller les chambres dites sépulcrales.

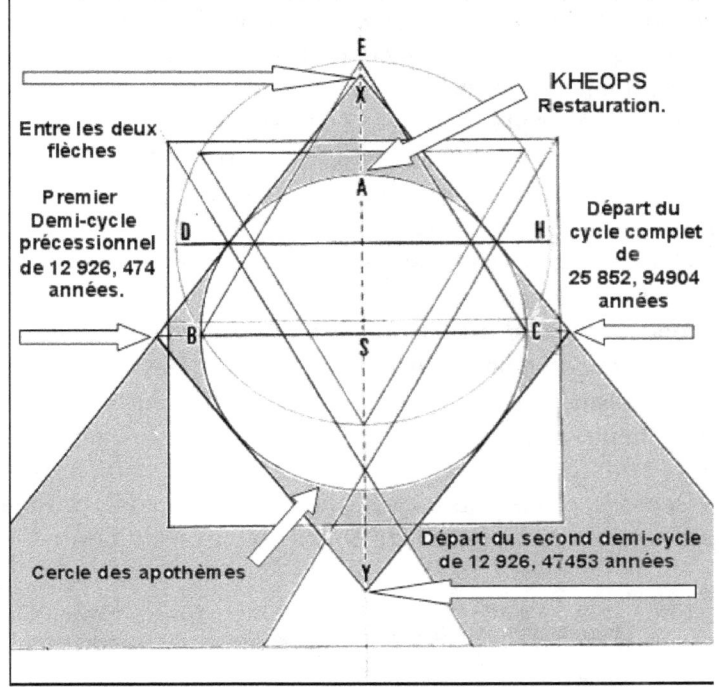

Sur notre illustration, nous ferons observer que les points (D – H diamètre du cercle le plus haut), recoupent le point précis où le second cercle se juxtapose aux lignes des apothèmes.

Lorsque la constellation d'Orion atteignit 45° d'altitude, les canaux intérieurs des chambres royales emplirent leurs fenêtres d'étoiles messagères.

Delors, une ère nouvelle allait imposer ses desseins aux Hiérarques initiés.

En évoquant l'insipidité d'un tombeau, que les pillages successifs banalisaient en une curiosité des plus éculées, ceux-là auraient-ils espéré dissuader de nouveaux déprédateurs ? C'est une hypothèse qui en vaut une autre, ceci étant, il n'est pas exclu qu'au cours des siècles des monarques en mal de renommée, aient été tentés d'utiliser ces nobles et impressionnants vestiges pour sépulture. Cette éventualité ne saurait dénaturer le caractère sacré des monuments et l'évidence de leur destination originelle. Aussi est-il peu probable que Khéops fut relaps à la cause sacrée, car les souverains de cette époque bénéficiaient encore d'une secrète et haute initiation. Nonobstant, en enrôlant pendant des années une partie importante des forces vives de son royaume, Kheops ne pouvait que s'attirer la vindicte revancharde du peuple. Soucieux sans doute de mener à bien cette mission « *divine* » ordonnée par « *les astres* », le monarque, à ce que l'on sait, fit preuve d'un manque de tempérance et le travail obligatoire frôla parfois l'esclavagisme. Kheops, c'est probable, laissa aux peuples des bords du Nil une image peu satisfaisante de sa personne, sur laquelle les siècles vinrent greffer les inévitables fantasmes de la calomnie. Nous avons décrit en notre ouvrage précédent (Oméga Alpha) la confusion historique et adroitement entretenue, qui tend à nous faire confondre la restauration totale du monument et son édification proprement dite, des millénaires plus tôt. Un conformisme qui se veut rassérénant, veille sur l'inamovibilité des enseignements dispensés. Mais, lorsque se présente les signes annonciateurs de la fin d'une civilisation et que nous pressentons les frémissements d'une autre, c'est précisément ce conformisme suranné qui par excès de sa nature, incite au changement des mœurs.

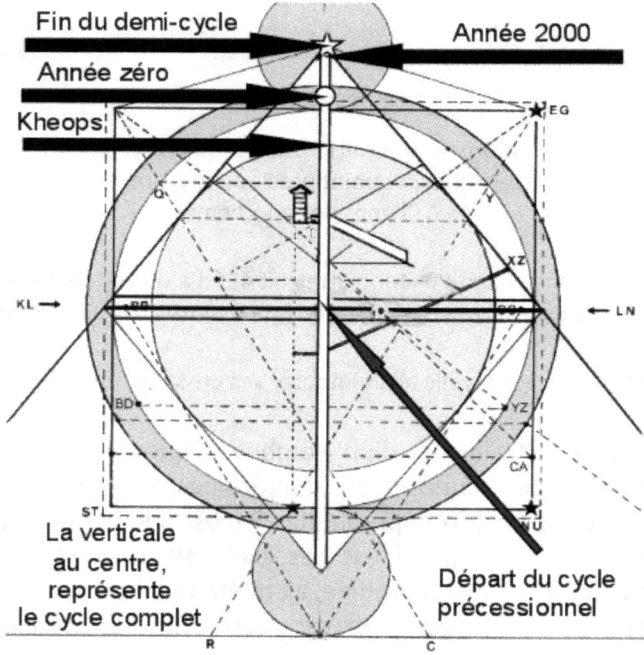

À l'aide de ce graphique, nous comprenons mieux le merveilleux de cet agencement. Le haut du cercle pour Kheops. L'étoile pour la fin du demi-cycle. L'année zéro de notre ère au milieu de l'épaisseur de la couronne.

Le départ du cycle qui représente aussi sa fin, se situe au centre de la ceinture.

Si nous prenons l'année 2 000 encore proche de nous comme référence. À partir de ce repère, nous avons **491,735557 années** qui nous séparent de la fin du demi-cycle.

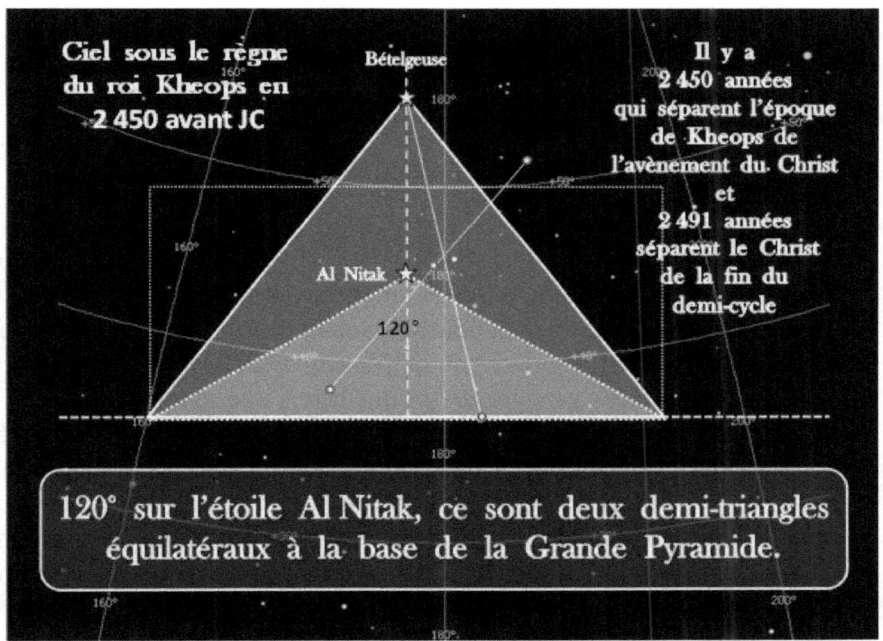

Le plus troublant réside peut-être dans le fait, que si nous reprenons le nombre d'années qui sépare la construction de la Grande Pyramide de l'avènement de Kheops nous trouvons 7 984,832889 années. Or, lorsque ces années sont reconverties en mètres, elles nous donnent 94,10215788 m x 2 = 188,2042922 m. Nous avons vu précédemment que le cercle intérieur tangent aux apothèmes, celui-là même dont le point haut de la circonférence nous donne l'époque où vivait Kheops. Ce cercle a pour diamètre 188,1909872 m soit 0,013328567 m de différence avec le nombre doublé de mètres qui nous procure les années. Devons-nous voir là qu'une simple coïncidence ou une incitation à aller plus loin sur les chemins de la découverte ?

Georges Vermard
NAISSANCE supposée d'ABRAHAM

Patriarche des Religions Occidentales

1 949,457982 années avant JC.

4 441,193148 années de la fin du demi-cycle.

(Entre les N°8 et N°7 sur le plan)

Réputée être issue de la culture chaldéens ou akkadienne, l'option monothéiste du patriarche **Abraham** pourrait avoir pour souche un monopaganisme propre au peuple de Canaan. Toutefois, si nous essayons de voir plus loin, cette sorte de simplification du déisme a peut-être pour origine les dévotions simplificatrices des tribus Bédouines itinérantes du désert arabique. Selon certains, cette foi en un Dieu unique, aurait été insufflée par un courant sapientiel émanant d'un personnage semi légendaire, ayant pour nom, Melchisédech Roi de Salem. Nonobstant, nous ne devons pas négliger le fait, que ce mot *Abraham* a une nette connotation avec la culture de l'Inde méridionale. Ce qui confirmerait contre toute opinion généralisée, que la race sémite a des antécédents de la culture aryenne à peu près certains.

Si l'on s'en réfère uniquement aux textes, à cette époque de doute popularisé où régnait le paganisme, on peut supposer que la disparité religieuse était telle, qu'une fraction de ces tribus sémitiques résidantes à Canaan, jugea plus pragmatique de s'adresser directement au « **Père des dieux** ». Attitude, certes outrecuidante, mais si bien appropriée aux ambitions humaines. Cela étant, il est tout à fait envisageable que ces peuplades semi-sédentarisées, aient, elles, à subir une influence. Fut-elle l'apanage d'un homme sage, la prépondérance d'une école de pensée ou le fruit d'un resplendissant hasard ? À moins que ce soit, comme nous le suggérons par ailleurs, les prêtres égyptiens d'Amon (le secret) qui tentèrent avec les hébreux, peuple déjà près-conditionné, ce qui avait échoué avec Akhenaton.

Quelle qu'en fut jadis la source, cette attitude eut pour conséquence graduelle d'éloigner les dieux, ces précieux intermédiaires, qui jusque-là maintenaient le lien entre **la Terre et le Ciel**, entre la pensée sublime et la conscience en herbe, entre la lumière révélée et la timide conviction. Ces dieux ne se substituaient pas à Dieu, ils l'assistaient de leurs compétences auprès des hommes. Hélas, l'époque aspirait à l'observance, qui précéda à *la soumission de la pensée spirituelle*. Le Proche Orient devint en cela l'innocent précurseur des siècles conflictuels qui suivirent cette simplification des mœurs.

Depuis cette époque, « Nous » les grands mutants du show-biz, sommes directement pontés avec « **Le Créateur de toutes choses** ».

Notre civilisation s'est enfin élevée à sa hauteur, même... même un tout petit peu... plus haut, pour qu'il n'y ait pas de préséance stupide et qu'un dialogue profitable puisse s'établir d'égal à égal avec le très haut. Et c'est précisément là que « le haut blesse ». Malgré nos efforts, nous ne parvenons plus à communiquer. Est-ce par altération du langage commun ? Est-ce par absence de qualités vertueuses ou par exil des dieux interprètes ? Ils nous ont bien laissé des manuels, ces dieux, que nous appelons encore « *textes sacrés* ». Hélas, nous ne sommes plus capables de les décrypter. Aussi, nous observe-t-il curieusement « *Le Créateur de toutes choses* », sans bien saisir semble-t-il où nous voulons en venir. Ah ! Si nous pouvions lui expliquer, lui faire comprendre que nous ne sommes pas tous des mécréants relaps au sacré, mais de simples cas sociaux, tout bêtes, combien aurait-il matière à s'en émouvoir. Et puis du même coup, pour illuminer sa pensée créatrice, on l'initierait à cette psychanalyse moderne, dont il semble s'interroger sur la finitude. Les dieux se sont fait « la malle » (probablement Osirienne), nous avons bien notre « politiquement correct » et notre économie de marché, mais ces notions « tendance » sont par **Lui** incomprises. À tel point, que nous ne pouvons plus lever un bras au ciel, fût-il d'honneur, sans « qu'**Il** » nous roule les gros yeux. Alors que les Anciens levaient fréquemment les deux bras et **Dieu...** leur souriait. N'aurions-nous plus rien à attendre de la justice divine, **nous les monothéistes**, les purs, les durs, les vrais, les sans taches ? Nous, qui pour la gloire du Très Haut, avons patiemment brûlé vif tous les suppôts du paganisme et autres infernaux polythéistes... Nous qui persévérons çà et là à mitrailler et déchiqueter les mécréants qui abhorrent la pensée unique. Nous qui envoyons régulièrement au diable chacun de leurs morceaux laïques pour purification. C'est révoltant d'injustice... mais, tentons de reconstituer notre chapelet aux perles éparpillées !

Afin de souligner l'importance de cette époque sur le plan de l'ordonnance schématique, nous ajouterons que le point de datation que nous attribuons à Abraham, est assujetti aux nombres en général et au nombre « **100** » en particulier. Il y a précisément 100 m de la ligne de départ du cycle à l'existence supposée d'Abraham, sans toutefois aucune authenticité historique. Avec notre méthode de datation, nous situons l'apparition du Père de religions occidentales sur la scène publique à 692 ans de l'avènement de Moïse. Rappelons que le nombre a une signification symbolique, ce dernier est plus proche de la réflexion, alors que la géométrie est plus proche de l'état d'âme.

Le nom d'Abraham est lui-même sujet à controverse, car il se pourrait que ce soit là, non point le nom d'un personnage, mais celui d'un corpuscule ethnique, ce qui n'altère aucunement la qualité de l'inspiration. Face à la pluridisciplinarité du paganisme ambiant, le nom d'Abraham devint la référence originelle des religions occidentales, il sut infléchir les esprits sensibilisés vers « *une pensée unique* ». Les hermétistes de l'époque semblent avoir soutenu *cette action réformatrice,* sur le plan *des Nombres* ». Il devint alors l'ultime espoir de reconversion des gnoses en danger d'étiolement. Une page de l'histoire des hommes était tournée !

Revenons tout de même sur ce nom d'Abraham si éloigné des fondamentaux chaldéen ou araméen et beaucoup plus proche des consonances sanskrites. Il est curieux de relever que les 243 nombres qui représentent les valeurs numériques du mot « Abram » sont ceux des diverses hiérarchies célestes du védisme. Aussi est-il à peu près certain qu'il existe une filiation entre le judaïsme et l'hindouisme, Ab-Ram que l'on ne saurait trouver très éloigné du nom d'Abraham ne signifie-t-il pas « *le père très haut* » ? Si nous tenons compte qu'Abraham naquit en la ville d'Ur (Our) en Mésopotamie, et que toute la Chaldée connut un apport important d'exilés expulsés de l'Inde aux environs de 4000 avant JC, ceux-ci étant conduits par des brahmanes, il y a matière à s'interroger sur l'ascendance que nous soupçonnons.

Nous trouvons parmi l'iconographie religieuse du Proche et Moyen Orient les traces patentes de la *Tradition Primordiale*, sous des formes parfois à peine altérées. En exemple, cet étrange aspect graphique sur lequel il nous suffit de faire figurer les étoiles d'Orion pour reconstituer notre tracé schématique de base.

C'est le « Chen » égyptien, nous retrouvons ce hiéroglyphe dans le « Soleil Horizon » des sumériens. Abraham était à ce carrefour de civilisations.

Le Grand Architecte de l'Univers.
La Grande Pyramide et ses mystérieuses datations à caractère spirituel.

MOÏSE, L'EXODE

LE DÉBUT DES RÉFORMES RELIGIEUSES

1 258,801193 années avant JC

3 750,536745 de la fin du demi-cycle

(Entre les N° 6 et N°7 sur le plan)

À Toute époque, il était enseigné aux néophytes, aptes à s'élever au-dessus des conditions primaires, *qu'un unique et omniscient esprit, habité par toutes les vertus, a créé l'univers.* Mais, loin des préceptes dispensés aux multitudes, l'austère initiation proposée restait l'apanage de quelques-uns. Les Hiérarques Éveilleurs de consciences attestaient même, que lorsque cette « **Sapientia Dei** » était sollicitée, elle influait sur le comportement et prédisposait à l'état de sublimité. Mais, la cérébralité humaine, phagocytée par cette matérialité qui nourrit nos instincts liminaux, a toujours eu des difficultés à accéder au « **Pur Esprit** ». Il y a bien des âges, il fut donc envisagé une démarche progressive, axée sur le pas à pas de la symbolique traditionnelle. C'est ainsi que le culte rendu aux dieux, ces subtiles auxiliaires du divin, aida l'homme à l'accomplissement de cette tâche. Par l'affinement de son système de pensée, par l'élimination progressive de ses défauts, par l'éveil de sa sensibilité, l'être humain put alors, pressentir en lui, les orées prometteuses de « *la divine harmonie* ».

Hélas ! Vint le temps où des individus firent preuve d'un amoindrissement de leur état de conscience. Ces lointains précurseurs de notre matérialisme outrancier, crurent pouvoir se passer de ces intermédiaires qui étaient là pour tempérer leurs ardeurs existentielles. Dès lors, ils multiplièrent les incursions et imposèrent avec le temps leur volonté de puissance. Pour l'humanité, ce choix s'avéra lourd de conséquences, il s'ensuivit une altération des mœurs. **La Tradition Primordiale** fut alors désapprise et l'homme en oublia graduellement… sa raison d'être.

Demeurait toutefois un ultime espoir de redressement, mais il imposait les rudiments d'une religion simplifiée, à laquelle pourrait adhérer le plus grand nombre. Prêtres et Devins optèrent alors pour un monothéisme élémentaire, encodé d'un **hermétisme traditionnel** secrètement dissimulé. Une telle option pensait-on, serait susceptible d'endiguer les rivalités grandissantes, engendrées par un polythéisme devenu complexe et de moins en moins perçu en son essence commune. Quant à la masse hésitante, on savait que le temps venu, elle suivrait par respect ou obéissance. Le paganisme toutefois n'était pas mort, ces mesures extrêmes n'empêchèrent pas les distensions ethniques dues aux diverses conceptions religieuses.

Cette dernière réforme, accompagnée de ses cortèges de conquêtes et d'aléas, perpétua son ontogénie jusqu'à nos jours. Si l'option jadis finit par être unanime, ce monothéisme par trop simplifié, aux accents d'une extrême candeur, engendra avec le temps, doute et suspicion. Aujourd'hui, nous constatons que nous nous sommes dangereusement éloignés de ces subtils enseignements théosophiques, dont les Anciens Hiérarques attisaient l'esprit des preux, sous l'appellation de « **Tradition Primordiale** ».

Cette tradition est balayée par nos excès en tous genres, résultant du rejet progressif de nos convictions religieuses, au bénéfice d'une orthodoxie hédoniste au tempérament éclectique. Par sa conduite, l'homme moderne se trouve détourné du **Principe Souverain.** Il est tout autant éloigné des enseignements de la Gnose traditionnelle et plus encore de cette « **conscience cosmique** » à laquelle il devrait être annexé et dont il ne réalise plus, en son matérialisme exubérant, l'urgence relationnelle. Bientôt, l'homme sera seul, face à son anthropocentrisme, ce n'est somme toute, que la manifestation la plus ostensible de sa faiblesse.

Si nous reportons la largeur de la couronne christique 14,8351143 m vers le bas, nous obtenons 1 258,801193 années avant JC. *Il est possible que l'épaisseur reportée de la couronne,* ait déterminé la date de naissance de **Moïse.** À moins qu'il ne s'agisse là d'une phase cruciale de la vie active de ce Prêtre d'Osiris. Très tôt, ce grand initié fut formé à la délicate mission que devaient lui confier les Hiérarques omniscients, sans-doute se résumait-elle à ce genre de définition :

« *Regrouper une population hétérogène, aux ascendances peu éloignées, telles que bédouines, chaldéennes, cananéennes, araméennes, amorrites, akkadiennes, phénicienne, Yéménites et autres. Cultiver les aspirations attentistes de ce qui pourrait former une communauté religieuse et enseigner le particularisme d'un monothéiste simplificateur.* »

Ces populations tribales étaient le plus souvent impliquées en un mono-paganisme à caractère sacrificiel plus que cultuel au sens noble, cela représentait malgré tout une avancée considérable.

Il fallait donc éloigner ces peuples des tendances panthéistes, et activer un monothéiste simplifié unificateur, apte à franchir sans dissolution les turpitudes des âges nouveaux. On aura compris qu'il allait du devoir d'un grand prêtre initié égyptien, tel **Moïse,** de convaincre des peuplades non conditionnées par une culture ancestrale, de suivre une voie simple, mais en rien simpliste. Il lui fallait engager une cohorte humaine sur les pistes esquissées d'un **savoir** plus rationnel, en ménageant les bases de **la connaissance traditionnelle.** Pour satisfaire à ces exigences, il était nécessaire de renoncer aux liturgies séculaires, tout en cheminant résolument en leurs empreintes, ce qui s'avérait fort délicat. Déjà se profilaient les 3 484,421828 années de tourments que l'humanité allait devoir affronter, avant d'atteindre la sérénité spirituelle prédite en « **l'âge d'or** » (base du pyramidion). Hélas ! Le pyramidion ayant été détruit, sa forme spectrale nous contraint à réviser hâtivement cette prédiction.

Aujourd'hui, nous constatons combien ce monde militaro-industriel, multi-nationalisé et médico-lobilisé (que l'on nous pardonne ce néologisme hybride) aux dangereuses tribulations, demeure inhibitif à la voie spirituelle. Depuis Moïse et les légitimes espérances des temps nouveaux, les sirènes des déicides ont enfanté des milliards de fans. Ce qui rend d'actualité la mise en garde du « **Très Haut** » à travers la prose des Prophètes :

« *Ô épouse infidèle ! Tu t'es attachée aux pierres polies du torrent, c'est là ton partage. Tu as répandu des libations pour les honorer, et tu leur as fait des offrandes. Souffrirais-je patiemment tes outrages ?* »

Isaïe, LVII,6

Toutefois, il y a « *des devoirs sacrés* » qu'il n'est jamais trop tard d'entreprendre. Dans les années 2000 où peu après, se sont présentés des événements qui devraient inciter tout un chacun à la réflexion et plus singulièrement le peuple hétérogène qui fut confié à Moïse. Avant de clore ce chapitre, une mise au point rapide est sans doute nécessaire, elle concerne l'historicité des faits décrits :

La Captivité en Égypte – l'Exode – le rôle de Moïse – Les Plaies d'Égypte – « la Terre promise » - Les Conquêtes de Josué.

Ce sont là autant de thèmes qui ont besoin d'être compulsés pour devenir crédibles à l'entendement profane. Un volumineux ouvrage serait nécessaire, il ne ferait toutefois qu'effleurer le sujet. Pour l'instant, effectuons un rapide tour d'horizon :

La captivité en Égypte :

L'esclavage, la soumission, les coups reçus au cours du labeur quotidien, sont certes fascinants dans l'option de la cinématographie hollywoodienne, mais à l'authenticité irrecevable. S'il devait en être autrement, nous devrions imputer ces voies de faits à un schisme sacerdotal dont les travailleurs immigrés auraient eu à subir les conséquences, ce qui s'avère hautement improbable. Les Anciens Égyptiens étaient trop empreints de déontologie, pour avoir d'aussi méprisables attitudes, que l'on qualifierait de nos jours de façon plus prosaïque de bavures. Aux XI et XII siècles avant notre ère, les peuplades de Canaan n'étaient pas encore constituées sur un plan social et moins encore unifié sur un plan religieux. Avant que ne soit défini le royaume de Judas et d'Israël, il était question de tribus de souches d'origines diverses se livrant à un nomadisme pastoral. Aussi n'est-il en rien étonnant qu'en vertu de la fascination qu'exerçait l'Égypte, doublé des difficultés à vivre hors de ses frontières, que des peuplades en semi-errance aient préféré un travail plus sédentarisé en pays étranger. C'était, le temps d'une récupération, l'assurance d'être à l'abri des disettes, des fléaux climatiques, des maladies endémiques ou des pillards itinérants. Certes, le travail proposé était à faible salaire et le plus souvent ingrat, façonnage des briques, mais il était librement consenti. Il ne s'agissait aucunement d'esclavage, comme nous le voyions trop souvent mentionné. Cela n'exclut en rien l'hypothèse selon laquelle, des prisonniers capturés aux cours d'engagements militaires auraient été soumis de force à des travaux plus pénibles.

Il nous paraît tout à fait raisonnable d'envisager un roulement migratoire, d'affluence intermittente, s'étendant sur des périodes antérieures à l'invasion des Hyksos. Ces apports de travailleurs, étrangers aux Nilotes, auraient pu s'étendre de 1800 av JC, jusqu'à Pi Ramsès aux environs de 1200 avant JC, avec une affluence décroissante jusqu'en 900 avant JC, avènement supposé de Salomon (royaume de nos jours hypothétique) et construction du temple de Jérusalem.

L'exode :

Cet exploit ne serait-il rien d'autre que l'interprétation de l'expulsion des Hyksos ? Nous savons que ces audacieux envahisseurs venus du nord de l'Europe, occupèrent le sol de l'Égypte aux environs de 1750 av JC, pour ce qui est des premières tentatives de pénétration dans le delta, jusqu'à leur départ forcé en 1570 av JC. La question de l'authenticité des faits, se posait sous Manéthon, elle se pose encore aujourd'hui, compte tenu des fouilles récentes qui tendraient à prouver, par la facture des poteries, une influence cananéenne prédominante au cours de cette période. Par ailleurs, les récits des exploits guerriers du Pharaon Ahmosis poursuivant les Hyksos jusqu'à une citadelle élevée au Sud de Canaan, laisse perplexe.

Mais éloignons-nous un instant des faits qui se veulent historiques pour consulter l'Ancien Testament :

Nous relevons dans « Les Nombres 1/45-46 » le détail suivant au sujet du recensement qu'effectuèrent Moïse et Aaron, avant que ne s'effectue le départ des hébreux :

*« Et voici le total des fils d'Israël recensés selon leurs maisons paternelles depuis l'âge de vingt ans et au-dessus, de tous ceux qui en Israël étaient aptes à faire campagne. Le total des recensés fut de **603 550**. »* Ancien Testament – Nombre1/45

Nous constatons qu'il s'agit là d'éléments masculins, pour plus de précisions de « guerriers », près à entreprendre « *L'Exode* » c'est-à-dire un long périple de 40 années dans le désert arabique à la conquête de *la terre promise*. Si ce texte nous interpelle c'est qu'il est significatif de *l'aspect crypté des écrits bibliques*, ce qui fait que nous avons un certain contentement à prendre ce thème en analyse.

Voyons d'abord le côté vraisemblable de ce nombre saisi au premier degré. Nous avons en ces écrits des hommes uniquement dont l'âge peut être évalué entre 20 et 40 ans, ce sont des guerriers. Il n'est donc pas stupide de considérer que ceux-ci pourraient avoir un frère inférieur en âge et un père encore vivant. En étant circonspect en nos évaluations cela reviendrait à calculer que pour un effectif de 603 550 adultes, nous aurions en plus la moitié des pères, soit 302 000 environ, plus les frères estimés à un plus petit nombre environ 100 000. Il nous faut nécessairement doubler ce nombre au féminin, sœurs et mères, 402 000 et trouver des femmes au guerriers soit 302 550. Après quoi il nous faut ajouter au moins deux enfants par couple, compte tenu que très peu n'en ont point, mais que d'autres en ont six, soit 807 100. Maintenant tentons de récapituler, non pas les seuls guerriers comme il était précédemment question, mais le nombre d'individus composant la population Juive au départ de l'exil :

Guerriers 403 550 + pères et frères 402 000 + femmes de guerriers 403 550 + sœurs et mères de ces femmes 402 000 + enfants des couples 807 100 = 2 418 200 individus.

C'est deux fois la population de l'Égypte, alors qu'il n'est nulle part question, dans les textes égyptiens d'un tel déplacement de population. A qui peut-on faire croire que ces gens-là, s'apprêtent à traverser un désert inhospitalier aux très rares points d'eaux. Ajoutons à cela les inévitables animaux domestiques d'accompagnement, bœufs, chèvres, ânes se trouvant sans pâturages, sans eau ou presque et cela pendant 40 ans. L'épopée relève d'une impossibilité historique, si ce n'est d'une franche aberration. Si nous tenons compte des dates émises, l'Égypte échaudée par l'invasion Hyksos, contrôlait les moindres mouvements migratoires et maintenait des postes avancés sur tous les territoires concernés. Il est donc beaucoup plus raisonnable d'imaginer un déplacement autorisé de quelques centaines d'individus, plus sûrement que le périple d'une armée potentielle en quête d'un lieu de résidence. L'idée qui s'impose et à laquelle nous adhérons et celle de déplacements restreints échelonnés sur des années. Cette éventualité n'évince nullement le fait, que ces peuplades enthousiasmées par une foi dominante, aient pu projeter de gagner les hauts plateaux ammonéens dont certains étaient originaires. Ces lieux étaient occupés par les ammonites et autres moabites, composantes du peuple cananéen, alors que les territoires du littoral étaient investis par les philistins. Il est plus que probable, que les patriarches hébreux de ce peuple en formation, aient été encadrés par des prêtres égyptiens dûment missionnés, cela pour les raisons que nous avons exposées plus haut.

Quant au nombre avancé de **603 550 guerriers**, il ne fait de doute qu'il relève des lois cabalistiques, ce qui est tout autre chose et c'est là que réside la plus grande étrangeté. Si nous ne pouvons pas voir clairement de *vérité* en ce nombre, *il en est peut-être une cachée* qu'il serait souhaitable que nous découvrions. Procédons donc par analyse, ce nombre possède 6 chiffres, on peut aussi le considérer sous la forme 1 2 3 4 5 6. Voyons, lorsque ce dernier nombre est ôté du premier ce que nous obtenons :

603 550 moins **123 456** = 480094 divisé par les 12 tribus d'Israël = **40 007, 833** c'est à 100 mètres théorique près, la circonférence moyenne en kilomètres de la Terre aux environs du 45ième parallèle. Que peut bien signifier ce concours de circonstances... si s'en est un ?

Et bien à vrai dire, nous sommes absolument subjugués par un tel résultat.

Pour plusieurs raisons, la première étant que notre planète à ici un intérêt spécifique, parfaitement adapté à la situation historique la plus notoire et la plus expressive du peuple Juif. Et puisqu'il s'agit de « *l'exode* » cela renforce considérablement l'interprétation que l'on peut donner à cette prédiction, car nous allons le voir... s'en est une.

Si nous extrapolons un peu, la circonférence terrestre évoque une expansion globale. On ne peut donc réprimer la tentation de faire coller à cette image la « *diaspora* » ou la dispersion de par le monde, des Juif chassés par Vespasien et Titus en 70 de notre ère. C'est après la prise de Jérusalem que les Juifs furent contraints de s'épandre dans toute l'Europe et de se réfugier dans les nations d'accueils.

Avec les codifications que nous exploitons, nous aurions pu trouver la Lune, le Soleil, Vénus en leurs rayons et diamètres, non *c'est la Terre en sa circonférence*. Ce résultat est tellement prodigieux, que seuls les rares êtres initiés à l'étude de la Guémétria peuvent en mesurer la portée ? On pourrait objecter qu'il s'agit là de l'Exode, laquelle est de beaucoup antérieure aux événements caractérisant l'occupation romaine. Nous voyons là au contraire, une singulière corrélation événementielle, l'Exode étant déjà le présage conjoncturel des événements à venir. Nous pourrions nous interroger sur la provenance, d'où vient ce nombre prémonitoire, si telle est sa signification ? Ce serait intéressant, mais nous ne rentrerons pas dans un développement qui consisterait à évoquer la redécouverte des textes sous le roi Josias ou le retour de la captivité à Babylone et la recomposition d'Esdras, nous nous contenterons de ce texte évocateur de Moïse Maimonide :

« Chaque fois que vous trouverez dans nos livres un récit dont la réalité semble impossible, une histoire qui blesse à la fois la raison et le sens commun, on peut être certain que ce récit renferme une profonde allégorie voilant une vérité mystérieuse ; plus grande est l'obscurité, plus profonde est la sagesse de l'esprit. »

Ce qui signifie pour nous, que les Hébreux fuyant l'Égypte étaient dépositaires d'une partie de la connaissance des hiérarques égyptiens, lesquelles étaient les héritiers incontestables de *la Tradition Primordiale*. L'art et la pratique de la divination était depuis toujours l'apanage des Grands Devins, ce sont eux qui demandaient à ce que l'on inclût dans les textes considérés sacrés, le produit de leur intuition mantique. Ces affirmations à l'époque de notre matérialisme exacerbé, peuvent prêter à sourire, ce sont les résultats de ces prétendues sottises qui demeurent troublants. Mais attention tout est cycle dans la nature des choses, si elle est privée de la foi, la puissance d'aujourd'hui engendrera les défaillances de demain... ainsi va le monde.

Moïse :

Il est utile de rappeler que le Roi Sargon fondateur de la dynastie d'Akkad, début du XXIII siècle, avait, bien avant Moïse, été découvert nourrisson, flottant au fil de l'eau dans une panière de jonc. D'autre part, lorsque l'on compare le mythe du déluge sumérien à celui que vécut Noé en la Genèse, on ne peut être que dubitatif sur le caractère exclusif et directif de ces narrations. La symbolique mythologique étant, il reste à déterminer la part de merveilleux qui sert volontiers de traîne nuptiale à l'Histoire des hommes.

Les plaies d'Égypte :

Elles furent le résultat d'effets climatiques aussi désastreux que cumulatifs. Compte tenu de la superstition d'alors, il ne nous apparaît pas déraisonnable d'envisager que de telles nuisances, aient accéléré le départ de travailleurs immigrés engagés en pays d'Égypte. En ces temps-là, l'interprétation des phénomènes naturels et leurs conséquences, passait nécessairement par le crible du châtiment divin. De nos jours, cette vision des choses pourrait scientifiquement être entérinée par des relevés géologiques. Ne démontrons-nous pas qu'un cataclysme peut en être responsable, l'éruption en mer Égée du volcan Santorin, au XVIIe siècle avant notre ère, en est un exemple (les dates toutefois ne coïncident pas et l'énigm demeure). Quant au passage de la Mer Rouge, encore appelée « *Mer des joncs* », des vents locaux intempestifs étaient connus pour créer des effets de brusques retenues ou de déferlement des flots, engendrant des phénomènes de marées. L'arrière-garde de l'armée de Bonaparte faillit tragiquement en être victime au cours de la campagne d'Égypte.

Les conquêtes de Josué :

L'occupation par la violence des terres de Canaan, aussi valeureux qu'apparaisse l'exploit, relève davantage du mythe guerrier que de la certitude historique. S'il en était autrement, le fait constituerait l'un des *premiers génocides connus de l'Histoire des hommes*, il suffit de relire « Josué » pour en être persuadé. Les groupes archéologiques de nationalités diverses qui se sont penchés sur les traces de ce lointain passé, n'ont relevé parmi les couches correspondantes, aucune des marques d'agression qu'ils étaient supposés y découvrir. Bien au contraire tout laisse supposer une pénétration graduelle et pondérée des sites répertoriés. Mais l'histoire dit-on, est une grande folle qui n'a pour vérité que son maquillage. Ces glorieux faits d'armes auraient-ils été évoqués cinq siècles plus tard, afin de renforcer une identité ethnique et spirituelle alors déficiente ? Aujourd'hui beaucoup de chercheurs sont enclins à le penser.

La terre promise :

« *La terre promise* », serait-elle les hautes terres judéennes, espace restreint entre les plaines du littoral occupé par les Philistins et la vallée du Jourdain. Les hauts plateaux étaient depuis toujours fréquentés par un nomadisme pastoral. Aussi est-il probable, que ces populations clairsemées, furent à l'origine des éléments composites qui formèrent plus tard le royaume de Juda. Après la conquête, Israël fut la tribu la plus sédentarisée et aussi la plus favorisée, puisqu'elle occupait les plaines fertiles du Nord, abondamment irriguées. Le commerce caravanier et maritime lui offrait de généreux débouchés sur les pays lointains. Alors que la tribu de Juda, était circonscrite sur les hauts plateaux, ses élevages conditionnés par la sévère transhumance, la prédisposaient à un état d'esprit plus sectaire en matière de religion. Avec le temps, celui-ci finit par s'imposer à l'ensemble de la communauté juive.

Que notre lecteur nous pardonne ces quelques évocations, elles ont pour dessein de nous remettre en mémoire les péripéties religieuses à l'origine de la civilisation occidentale, telle que nous l'interprétons depuis plus de 2000 ans.

Il est indéniable que des êtres charismatiques ont jalonné notre parcours, toutefois, il y a des difficultés à dater de façon précise leurs interventions historiques. Leur authenticité même est parfois mise en doute. L'intention pour le chercheur philosophe, est de découvrir aux seins des conjonctures, les caractéristiques qui pourraient en favoriser les coïncidences.

Pour autant, nous faut-il accréditer la notion « *d'êtres supérieurs* », inspirant des méthodes didactiques aptes à fédérer les conceptions divergentes du genre humain ? Nous faut-il voir plutôt une forme événementielle cyclique contraignant l'homme à une révision permanente de « *l'acquis* ». Ce sont les ruptures de comportement et les incidents de parcours qui sont les plus sûrs garants de notre évolution.

Georges Vermard

NAISSANCE DU JUDAÏSME ET DU ZARATHOUSTRISME

629,400592 années avant JC 630,1590744

avec le fruit du socle pour quadrature.

3 121,136144 années de la fin du demi-cycle.

(N° 7 sur le plan)

Cette date est d'une importance fondamentale, elle marque de son sceau l'authentique départ de notre civilisation occidentale.

C'est peut-être également, sans que l'on en ait l'absolue certitude, la naissance de Bouddha Siddhârta Gautama.

C'est en effet sous le règne de **Josias Roi de Juda**, en terre de Canaan, exactement en **630 av JC**, que furent compilés les textes mythologiques et historiques relatifs à la Torah. Les cinq livres composant « **le Pentateuque** » regroupent : *La Genèse – L'exode – Le Lévitique – Les Nombres – Le Deutéronome*. C'est-à-dire l'histoire des peuples de la Bible, dont se réfèrent aujourd'hui encore, trois des plus importantes religions de la planète.

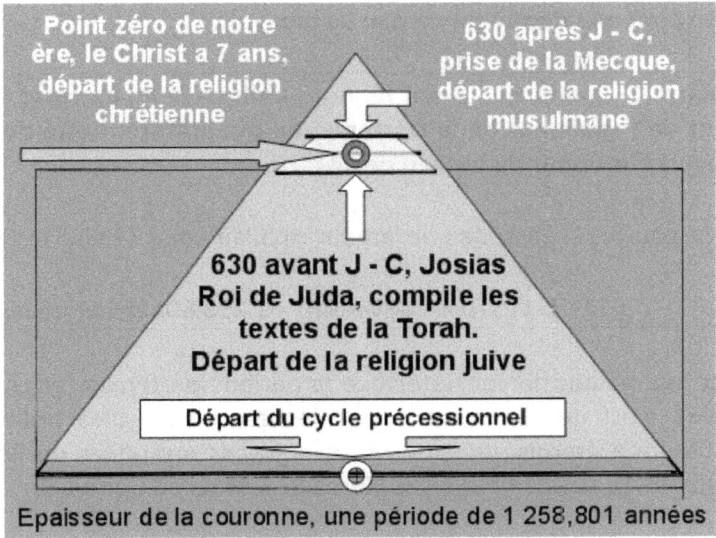

630 avant JC, c'est le siècle de rupture du cordon ombilical qui reliait jusque-là, le peuple juif à l'Égypte traditionnelle. Cette date, symbolique entre toutes, se manifeste par la disparition de « **L'Arche d'Alliance** ». Le prophète Jérémie n'ignorait rien de l'importance de cet événement et des déchirures que cela provoquerait dans les siècles à venir. **629** ou **630** avant JC, c'est également la date qu'avancent les historiens pour la venue au monde de Zarathoustra, le Zoroastre grec. Rappelons que cet homme remarquable enseigna une religion d'amour où le feu purificateur, constitue aujourd'hui encore, une des traditions symboliques les plus marquantes de l'Iran.

Mais revenons en Égypte. Entre l'invasion assyrienne d'Assarhaddon en 671 avant JC et l'invasion des Perses avec Cambyse II, en 525 av JC, les hiérarques furent contraints d'admettre, que l'Égypte ne serait plus jamais ce qu'elle avait été. C'est ainsi, que parallèlement à l'apogée de l'Assyrie, on devait assister à la fin théorique de la civilisation la plus remarquable de l'antiquité. L'Égypte sacerdotale procéda alors à un enfouissement concerté de « **La Tradition Primordiale** » dont elle était dépositaire. Les Grands Prêtres décidèrent de mettre **la clé** sous les ruines des temples et **la serrure** dans les religions nouvelles en émergence. Il y eut bien par la suite quelques tentatives hégémoniques dans la lignée de celles de Néchao II, pour retrouver le prestige d'antan. Mais l'épopée se terminera lamentablement et « La Grande Égypte » se tapit sur les bords du Nil pour apparemment ne plus se mouvoir.

> **Le point (7), moins 630 avant JC, nous indique la fin du carré base et le début de l'épaisseur de la couronne de quadrature. Cette dernière se trouve à l'intérieur du linteau de 144°.**
>
> La couronne possède une largeur circulaire de : 14, 8351142 m ÷
>
> 0,011785113 (année pyramidale) = **1 258,801184 années**.

Il est intéressant de constater que la période de temps relative à **1259 années** ainsi définie, a vu éclore les esprits les plus brillants dont l'Antiquité a éternisé le souvenir, des grands mystiques de Bouddha à Mahomet en passant par Jésus, Zoroastre, Mani ou Confucius.

Ceux-là ont profondément modifié les critères spirituels qui allaient engager les temps futurs. Alors que des mathématiciens, des moralistes, des philosophes, de Pythagore à Proclus en passant par Platon donnaient l'impulsion d'une pensée nouvelle. Sur un autre plan, des conquérants ou stratèges peu communs, tels qu'Alexandre, Cyrus, César ou Attila ont agité les frontières du monde antique. Cet espace-temps d'un peu plus de mille années, en corrélation avec l'épaisseur de la couronne, aura engendré les plus grands génies, les plus éloquents mystiques, connu les plus grandes invasions et les plus notables déplacements humains dont l'histoire a conservé le souvenir.

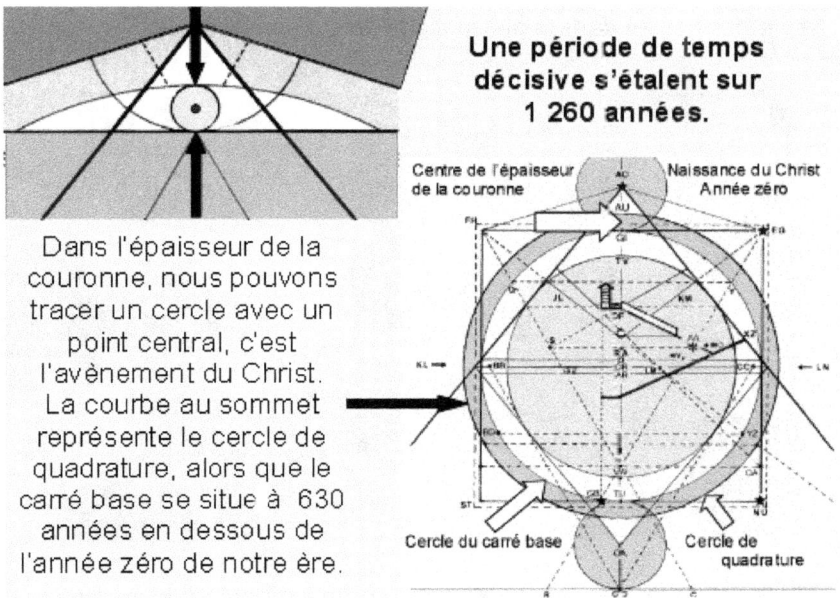

Dans l'épaisseur de la couronne, nous pouvons tracer un cercle avec un point central, c'est l'avènement du Christ. La courbe au sommet représente le cercle de quadrature, alors que le carré base se situe à 630 années en dessous de l'année zéro de notre ère.

En 630 avant notre ère, une logique nouvelle semble se dessiner ; elle assure la prééminence d'un « *état de cérébralité* » dominant, le plus souvent en opposition à un « *état de conscience* » fragilisé par le bouleversement des mœurs. Alors que jusque-là, il apparaissait que l'un et l'autre bénéficiaient d'un équilibre satisfaisant. 630 av notre ère, détail signifiant s'il en est, *les premières pièces de monnaies sont frappées en Asie mineure.*

La largeur de la couronne en son point bas, c'est à dire le haut du carré-base, constitue donc un pont, un anneau de lumière, une frontière au-delà du temps sacré, une béance, ouverte sur le monde futur. Cette ascension sera principalement orientée sur l'épreuve des tentations psychiques, celle du pouvoir facilité par les échanges commerciaux, les conquêtes, la notoriété et ce qui va de pair à l'appât du gain. Tout cela, au détriment de l'ancestrale connaissance, qui favorisait *la dimension du soi par la quête spirituelle*. Nous, êtres humains, allions désormais, devoir vivre à l'extérieur du cercle formé par la couronne. Nous allions devoir osciller entre une application dans le concret et la nostalgie d'un appel intuitif. Celui-ci est chaque jour plus évanescent, car chaque jour nous nous éloignons de ce paradigme « *couronné de 1260 années* ». Sans en avoir vraiment conscience, l'humanité entamait l'âge des grandes épreuves psychologiques, cet âge aujourd'hui est loin d'être achevé, il est seulement entré dans la phase aigüe de son dénouement.

Allégorie de la création du monde, soutiré d'une bible en mauvais état datant de l'année 1602. Nous remarquons combien est présent en la mandorle, le triangle équilatéral fruit de nos recherches. Figure en juste place la Lune, le Soleil et la diversité de la création à travers la pensée imaginale des rédacteurs bibliques. **Le Principe Créateur** évolue au centre d'une matière animée, nimbé du triangle significatif de sa paternité, celui-ci symbolise la lumière aux origines numérique et géométrique du créé. Touchante puérilité ou sublime connaissance ?

Ne nous hâtons pas trop de rejeter en des formules se voulant péremptoires ces écrits réputés naïfs qui nous viennent de l'aube des temps « *un trésor est caché dedans…* ». L'immensité des âges, la difficulté des traductions, les interpolations successives, ont altéré les faits originels, au point parfois de les rendre impénétrables ou infantiles. Anachronisme et incohérence se sont écoulés dans le sablier du temps. Nous ne disposons plus aujourd'hui de recoupements suffisamment fiables pour rétablir avec certitude le sens de l'histoire, aussi, devons-nous être prudents avec les chronologies enseignées.

Il est fort probable que d'autres civilisations que la nôtre ont connu et quelques fois dépassé le niveau de technologie que nous avons aujourd'hui atteint. Des quantités d'objets, de bijoux, d'outils, d'ustensiles de toutes sortes ont été découverts dans des couches profondes des magmas rocheux, parfois à plusieurs centaines de mètres sous terre. Les scientifiques généralement, boudent ce genre de découvertes, avec ce dédain qu'autorise l'incompétence hors des chemins balisés de l'acquis. Ceux qui feraient volontiers fi de ce confort par désir de vérité, compromettraient fortement leur avancement dans la dignité conventionnelle du politiquement correct. Les exemples de ce type sont nombreux, ne dit-on pas qu'un démon dirige le monde ? Que pouvons-nous attendre d'une civilisation qui s'enfonce graduellement dans la licence et l'amoralité, si ce n'est l'attitude apparente du « *jusque-là...tout va bien* » !

Eglise de Josselin
Morbihan

La Grande Tradition resurgit parfois en des endroits inattendus avec cette note juste que confère l'universalité de la connaissance.

Le cercle de quadrature

Le principe chronologique que nous défendons avec l'exemple de la *couronne de quadrature* pour évoquer la naissance des religions occidentales, était selon toute apparence, connue au moyen-âge par « *les compagnons du devoir de vérité* ». Cette représentation ne peut pas être due au hasard tellement son sens caché est évident. Rappelons que c'est l'espace entre le cercle de quadrature et le cercle circonscrit dans le carré-base, qui nous donne la largeur de la couronne dont nous dépeignons les propriétés. Cette application peut surprendre, nous n'en doutons pas, elle est cependant issue des déductions que nous impose l'esprit de *la Tradition Primordiale*. Ces révélations furent longtemps véhiculées sous le manteau ou ordonnancées dans les officines des sages. Toutefois, des temps nouveaux aux aspects inquiétants, nous contraignent à les placer désormais à la portée de ceux qui espèrent en un autre engagement de l'humanité. *Le grain et l'ivraie biblique* prennent ici leurs significations. Ce n'est pas des supposées élites que viendra la survie du monde, mais de la notion de spiritualité.

104,7565594 années avant l'année zéro de notre ère.

Naissance de Rabbi Perahiah

L'ÉSSENIEN, MAITRE DE JUSTICE,

législateur de la communauté de Qumram.

2 596,492111 années avant la fin du demi-cycle.

(Entre les N°7 et N° 6 sur le plan)

Nous mentionnons par devoir la naissance de ce personnage peu connu. Les Grands Maîtres demeurent le plus souvent dans l'ombre pour hisser les missionnés vers les assises du témoignage. Entendons, ceux ou celles que les critères divins ont désignés. Cela semble être le cas de **rabbi Perahiah,** (Essénien Pythagoricien) né en Palestine, sous le consulat de Publius Rutilus Rufus. Selon toute vraisemblance, il fut l'initiateur de son fils **Jéhoshuah Ben-Perachiab,** lequel, selon le Sepher Toledoth Jeshuh, fut l'un des précepteurs de Jésus enfant, au sein de la communauté essénienne. Les deux personnages conduisirent l'un et l'autre leurs élèves et disciples en Égypte afin qu'ils bénéficient d'une culture initiatique du plus haut niveau. Ces grands initiés devaient influer sur la trajectoire future du monde occidental. Leur historicité est attestée dans « le Talmud » et corroborée par les rouleaux esséniens de la Mer Morte, (ces derniers sont en déchiffrement depuis leur découverte en 1947). L'opinion qui est la nôtre, c'est que ces rouleaux sont depuis longtemps déchiffrés, mais que leur contenu publié s'avérerait subversif, et bien évidemment non conforme à l'esprit actuel des religions concernées.

Le troisième homme, « **Jésus** » que Claudia Procula, épouse de **Ponce Pilate,** appelait « **le juste** », a servi de référence symbolique à cette métamorphose spirituelle. Cela, face au sectarisme ambiant de son époque, facteur sclérosant des communautés humaines. N'oublions pas qu'au cours du premier siècle et cela jusqu'au Ve siècle, les pèlerins allaient prier à Jérusalem, dans une église dédiée à Ponce Pilate (le procurateur romain de Judée). Le droit romain en sa législation ne transigeait pas sur la responsabilité de la fonction. Aussi croyons-nous savoir, que les vrais motifs de bannissement de Pilate, furent d'avoir contribué à sauver la vie d'un condamné à mort, en l'occurrence **Jésus,** après sa crucifixion.

Ponce Pilate procurateur, était en opposition au sanhédrin, composé principalement par la noblesse saducéenne et pharisienne juive. Pilate aurait fait évader Jésus en grand secret après sa crucifixion et protégé sa fuite en Syrie. Dénoncé par les membres du sanhédrin qui finirent par éventer la chose, Pilate eut à rendre compte de ses agissements auprès de Vitellius (le légat impérial) puis auprès de Tibère (empereur). Hélas, ce César mourut lorsque Pilate était en mer, le procurateur dut alors rendre compte de ses actes à Caligula, lequel le condamna à l'exil à Vienne (dans les Gaules) où il acheva sa vie tragiquement quelques années plus tard. Depuis, les églises coptes et quelques autres congrégations, tiennent **Ponce Pilate** pour un martyr. Jésus donc aurait été supplicié, certes, mais il ne serait pas mort sur la croix. Des gnostiques révèlent sa présence dans la région de Damas où il aurait continué à enseigner sous le couvert, puis en Inde, au Cachemire où il serait mort à l'âge « symbolique » de 120 ans, (le **sang** et le **vin** du Graal mythique). Des siècles plus tard on substitua à **la symbolique du jeune berger à la canne patriarcale, accompagné d'un agneau de paix,** (icône Ébionite chrétienne) un homme supplicié agonisant sur la croix (icône catholique). Une tendance dissolvante s'est alors immiscée en la gnose native, pour faire place à une intervention rédemptrice des fautes humaines. En reléguant l'homme à sa condition inférieure et en banalisant la symbolique, on a gravement compromis l'accès à la perfectibilité du soi.

Il nous fallait voir la croix en sa symbolique (géométrie), nous avons vu *l'instrument du supplice* - il nous fallait voir le « 100 » (la loi des nombres), nous avons vu *le sang* (la loi de la vie) - il nous fallait voir la couronne et le gnomon - *nous avons vu la tiare de dérision et ses épines* - il nous fallait voir la diagonale sublimant le calice Graal, *nous avons vu la lance perçant le flanc* - il nous fallait voir les « 3 » étoiles du baudrier d'Orion au bas de la croix, *nous avons vu les trois Marie éplorées.* Il nous fallait voir avec la perforation des mains et des pieds, les « 4 » étoiles-cadre, *nous nous en sommes tenus aux plaies de souffrance.* Il nous fallait voir une croix dite de Saint-André (croisement des étoiles cadre), *nous avons vu une croix patibulaire.* Aujourd'hui, les plus réfléchis d'entre nous n'osent pas se dire athées, ce qu'ils réservent aux esprits plus simples, ils se disent agnostiques (c'est à dire privé de connaissances, avec le « A » privatif grec). Mais cette attitude est le plus souvent accompagnée d'un dénigrement de toute métaphysique rattachée à l'ontologie.

La gnose des origines était précisément là, pour éclairer, ceux qui dans l'interversion, avaient des difficultés à trouver une réponse. Pour le plus grand nombre, la voie était ouverte, entre, d'une part la foi du charbonnier et le rejet pur et simple pour cause d'élucubrations sans fondement. En voulant lier le merveilleux à des faits relevant d'une pseudo historicité, les religions ont certes, quelques siècles durant étayé la foi issue du ressenti, mais elles ont contraint, cette foi, à s'exiler dans le dogme où à l'âge d'une réflexion dominante, elle s'étiole et se meurt. Aujourd'hui, la persistance de la foi est moins dans les atours de sa représentativité, que dans les appels intuitifs d'une noèse individuelle en mal de représentation.

Des siècles durant, cette pléthore d'options divergentes, s'est coupée des vertus morales, divulguées par l'enseignement de jadis. Privé de l'engouement populaire, cet enseignement se réfugia sous le boisseau, l'ascèse ou le profond des sectes. La gnose (authentique et sublime connaissance des valeurs existentielles) eut de plus en plus de mal à s'insérer dans la vision communautaire. Le danger inhérent à cette segmentation, c'est que le message originel ravivé par le Christ au premier siècle, a perdu graduellement de sa vigueur. Aussi est-il perçu par une généralité de fossoyeurs, comme une absconde nigauderie, pratiquée par des adeptes à la santé mentale défaillante.

Alors que ce message, nous le disons haut et fort, est bouleversant d'authenticité. Il nous faut comprendre qu'il était gémellaire à sa source, la partie la plus commune s'adressait aux péagers, aux publicains, c'est à dire au peuple en sa simplicité. Les gentils et plus tard les ébionites, ainsi les nommaient-ont, n'avaient pas droit à l'espérance religieuse, le Christ leur a enseigné cet espoir qu'il jugeait inhérent au comportement moral dicté par l'état de conscience.

Le second message christique, s'adressait aux gnostiques, aux initiés nazaréens zadokites et esséniens, et plus généralement aux conducteurs d'âmes dans le magma de la temporalité. En notre éducation contemporaine, nous n'avons notion que du premier, avec beaucoup d'interpolations primaires dans les écrits, ce qui engendre un inéluctable sillage de doute sur son authenticité.

À l'opposé de la déduction clairvoyante des Anciens Égyptiens, une logique matérialiste horizontale a obnubilé nos pensées, au point de compromettre toute élévation verticale. À la perspective d'un futur proche, la conscience bafouée prépare sa revanche. Demain rien de ce que nous verrons, entendrons, toucherons n'aura une garantie d'authenticité, et la matière même confondra notre jugement. Chaque jour, nos sociétés nous projettent davantage dans le domaine des apparences au détriment des valeurs fondamentales. Le virtuel grignote insensiblement notre raison d'être, notre aptitude à penser, nos capacités à réagir. Nous versons graduellement en un monde insipide, en une masse grégaire, conditionnés par ce que nous imaginons être les instruments de notre liberté, alors que ce sont les invisibles chaînes de notre soumission à la banalité. L'exploitation ne s'exerce plus avec le joug de l'autorité, mais par l'attrait d'une surconsommation technologique qui nous éloigne de la nature des choses. Nous sommes les mutants d'un environnement que nous ne dominons plus.

Nous allons constater dans un instant, qu'il existe une légère différence, entre ce que nous considérons être l'année zéro de notre ère et « le point christique ». C'est à dire, l'année calculée de la conception du Christ. Ce point est également le lieu de convergence des lignes hautes du triangle équilatéral, possédant des côtés de 360 m, ce qui est significatif d'une venue au monde prophétique. Cette différence est insignifiante à l'échelle de la pyramide, puisqu'elle est de 9 centimètres sur plus de 152 m.

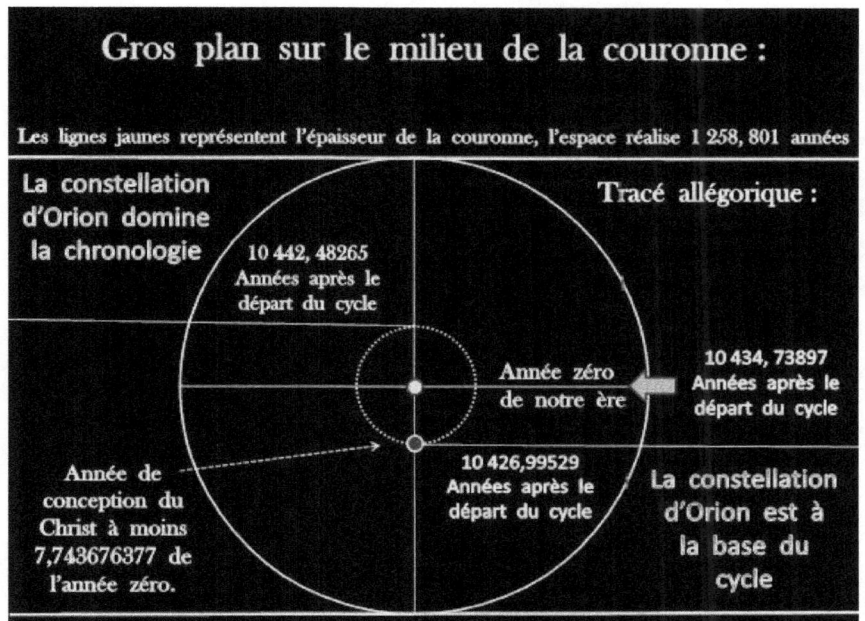

Le petit cercle intérieur est ici volontairement agrandi, il illustre la différence entre le point central, année zéro de notre ère et l'année de conception du Christ. Du zéro de notre ère (point central) à la ligne horizontale au bas du cercle, il y a 629,40059 années, ce qui fait que le diamètre du cercle représente 1 258,801 années. La plupart des textes mystiques citent le chiffre 1 260 années ou jours, pour inciter le chercheur à la perspicacité dans la relativité du temps.

La constellation d'Orion incite le chercheur
à tracer une croix regroupant
les 4 étoiles- cadres.
Cette croix n'est pas la croix christique,

dite égyptienne,  mais la croix
de Saint André, dite cosmique.

Vénérée aux temps naissants du
christianisme par les gnostiques, puis
exportée dès le premier siècle en Irlande et
en Ecosse, les deux croix associées
formeront plus tard le drapeau Britannique.

Le hasard est un décideur versatile qui ne peut agir qu'à travers les espaces laissés par les lois. L'univers est élaboré par un **Principe Créateur Omniscient,** l'inspiration qui semble conduire ce Souverain Principe, est d'inciter chaque être plongé dans la complexité matière à faire évoluer son état de conscience. Au terme culminant de son élévation, cet être dont il question, ne doit son accomplissement qu'à lui-même. À l'origine des temps, les religions avaient pour mission de dispenser la *Connaissance Universelle* qui était sensée servir de support à cette démarche. Des millénaires durant, messagers et prophètes en ont été les émissaires désignés par le Souverain Principe pour accompagner et adapter à l'évolution des races ces philosophies de sagesse. Il nous faut préciser que l'intelligence telle que nous la comprenons, est la synthèse intuitive et discursive d'un état de conscience en évolution. Celui-ci ne peut se réalise que dans l'épreuve existentielle, incitant cette conscience à la méditation, à la déduction et à la réaction comportementale. L'élévation de l'état de conscience a peu de choses communes avec nos capacités intellectuelles, celles-ci peuvent même être perturbées par le principe de cette évolution. Car la simple logique s'attache à la facilité, aussi ne trouve-t-elle pas toujours son intérêt dans la démarche de connaissance et moins encore dans la foi qui généralement l'accompagne.

CONCEPTION et NAISSANCE du CHRIST

ANNÉE « 0 » DÉBUT DE L'ÈRE CHRÉTIENNE

2491,735552 années

avant la fin du demi-cycle

(N° 6 sur le plan)

Depuis le début de cette chronologie, notre lecteur aura observé que ce sont les recoupements géométriques et leurs indices numériques qui justifient les dates que nous exposons, celles-ci sont en rapport avec les faits historiques répertoriés. Lorsque dans la structure schématique, une altitude pointée focalise un certain nombre de convergences, il y a tout lieu de penser qu'il s'agit là d'un fait important, plus important parfois que la notoriété qui lui est accordée. Pour ce qui relève de l'année zéro de notre ère, année officialisée pour être l'année de la naissance du Christ, aucun point ne réunit autant de paramètres, si ce n'est peut-être, le croisement des étoiles cadre d'Orion ou le toit de la chambre de la Reine. À chaque altitude pointée, peut-être nous faut-il envisager un événement exceptionnel de l'histoire des hommes. Toutefois :

> La question se pose, avec une acuité renouvelée ; comment ces « bâtisseurs d'éternité » étaient-ils à même de prévoir un futur aussi lointain ? Comment pouvaient-ils envisager 10 000 avant notre ère contemporaine, que naîtrait un être d'exception, dont l'existence serait l'objet d'une symbolique élaborée à l'historicité singulière ?

Il y a grosso modo trois manières d'envisager la question :

La première, consiste à ne voir là que sottises, indignes d'un esprit rationnel. L'individu en question se détournera sans plus d'attention de ces balivernes lamentables, élaborées par des intellects illuminés dans le sens le plus péjoratif du terme ! Ils se qualifient » d'athées » et ils se sentent le plus souvent supérieurs à cette plèbe mentalement dépendante de perceptions débiles, que leur déficience neuronale n'est pas à même de gérer.

La seconde manière, c'est d'accepter tout d'un bloc sans doute possible, avec la candeur frénétique d'un Piazzi Smyth mesurant la pyramide avec un mètre d'arpenteur et une lime pour faire concorder ses obsessions. Ce qui équivaut à un puissant ressenti non maitrisé par un état mental investi par l'intuition dominante sans logique régulatrice de conduite. Si ces deux manières antithétiques ne nous paraissent pas très appropriées aux qualités que l'on prête à l'esprit, il nous faut alors opter pour une autre orientation :

La troisième manière consiste à examiner au plus près les mesures, jauger des probabilités et des vraisemblances, établir des analogies, confronter les paramètres à des critères scientifiques, établir des plans à des échelles rigoureuses, explorer historicités et mythologies. Et surtout, ne pas accorder la moindre concession à l'arrangement ou à l'approximation ces antinomies du merveilleux.

C'est l'examen de ces paramètres qui établira selon nous, la plus probante impartialité, c'est aussi l'option que nous avons adoptée. Ce qui n'exclut en rien les imprécisions de quelques dixièmes de millimètre sur des centaines de mètres, cela peut résulter du degré de fiabilité des machines, du cumul des nombres, des reconversions de mesures, des choix de documents, autant de petits facteurs taquins qui ne sauraient altérer la crédibilité de la démarche. Nous n'écrivons pas dans le dessein de faire l'apologie de la Grande Pyramide, même si ce monument mérite largement toute l'attention qu'on lui porte. Nous n'écrivons pas davantage pour susciter une adhésion quelconque à une doctrine à un système, mais bien pour laisser au fond des filtres incrédules du mécanisme contemporain, les traces aurifères d'un autre âge. La date christique en question occupe avec une précision bouleversante, le centre de la couronne créé par le cercle de quadrature. Aussi est-il aisé d'en déduire, que ce point « **crucial** » fut calculé par des êtres, pourvus d'étonnantes facultés de connaissances et de prémonition.

L'année zéro de notre ère, est marquée par un point placé au milieu de la couronne

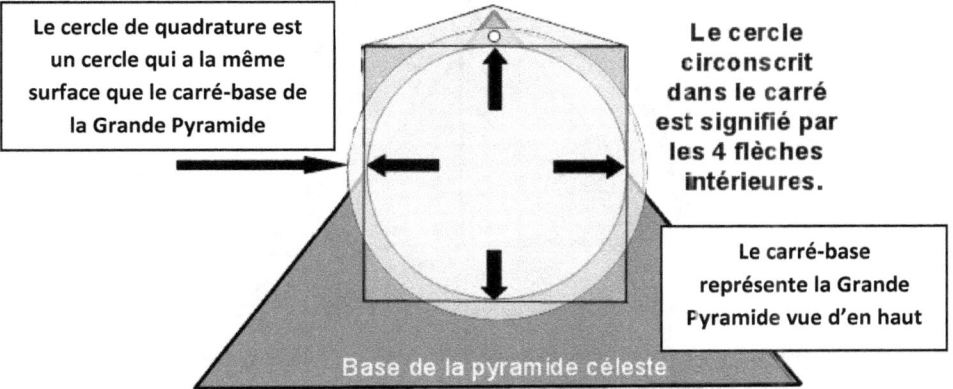

Le cercle de quadrature est un cercle qui a la même surface que le carré-base de la Grande Pyramide

Le cercle circonscrit dans le carré est signifié par les 4 flèches intérieures.

Le carré-base représente la Grande Pyramide vue d'en haut

Base de la pyramide céleste

Nous appelons « couronne » l'union des deux cercles

L'épaisseur de cette couronne est de : **14,8351142** m, divisée par

0,011785113 (la clé chronologique), cela nous donne :

1 258,801184 années d'un bord à l'autre.

Curiosité : Si nous nous multiplions l'épaisseur de cette couronne par π, nous réalisons : Ø 14,8351142 m x π = 46,60588577 m. En plaçant un « 1 » devant, nous constatons une approche à 2 m/m près de la hauteur sur le socle de la Grande Pyramide.

De surcroît, ce 46,60588578 m de circonférence est identique à l'une des longueurs de ce chef-d'œuvre intérieur de la Grande Pyramide qu'est **la Grande Galerie** à encorbellements. Elle mène à la chambre du Roi, et sur l'étendue de sa longueur au sol, celle-ci est donnée pour 46,61 mètres, mesure établie avec un rayon laser. Autrement dit, **la longueur de la Grande Galerie placée en cercle aurait pour diamètre la largeur de la couronne dont le point central représente l'année zéro de notre ère.** La valeur nous apparaît si précise, qu'elle ne peut être que délibérée, c'est à dire, imaginée sciemment par les concepteurs. La Grande Galerie aurait-elle pour fonction de nous instruire sur cette période de temps exceptionnelle de près de 1 260 années que connut l'humanité, ce n'est pas impossible ?

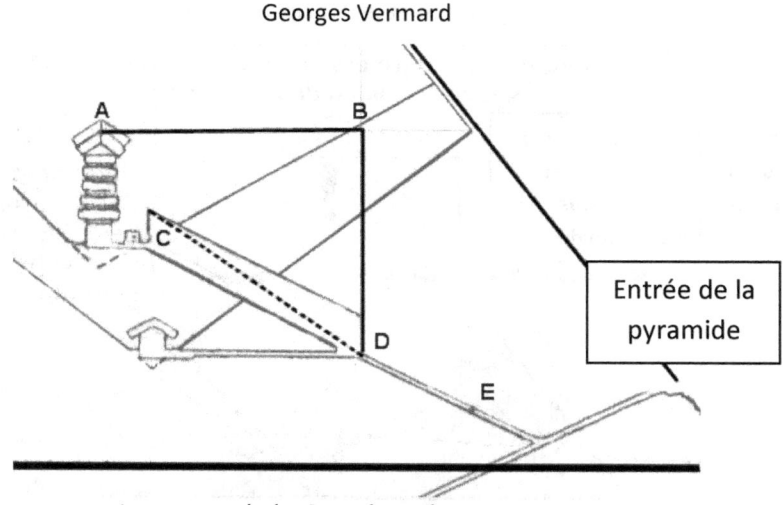

Longueur de la Grande Galerie en C - D =

46,605888577 m, (les décimales sont bien évidemment théoriques). Le point « E » sur le couloir ascendant, représente le point de croisement des étoiles-cadre de la constellation d'Orion.

Nous avons vu que lorsque l'on abaisse jusqu'au **centre de la chambre souterraine** la hauteur de la Grande Pyramide, l'extrême pointe du pyramidion atteint le **centre de la couronne** ; c'est l'avènement considéré de **Jésus Christ** « an zéro de notre ère ». Ce qui est révélateur et réellement prodigieux, c'est que la chambre souterraine en question, est tout simplement assimilable à la grotte de la nativité. Sur un plan symbolique, la vie de Jésus est alors figurée par l'élévation vers le sommet de la pyramide, autrement dit, l'ascension vers la couronne. Mythe et réalité ne peuvent être plus liés et plus explicites qu'ils ne le sont en cette démonstration !

La chambre souterraine est considérée par les spécialistes, comme une pièce sépulcrale inachevée et sans intérêt particulier. Concours de circonstances ; sous le règne du Roi Kheops (selon nous, le restaurateur de la Grande Pyramide), le centre de cette cavité (chambre souterraine), se situait à mi-hauteur du niveau qu'occupait la mer méditerranée par rapport au socle de la pyramide. Environ 29 m de la surface de la mer et à environ 30 m de la base sur le plateau. Aussi pourrait-on en déduire qu'une emblématique « **naissance en la grotte** » symboliserait la théophanie (lumière divine en les ténèbres), alors que « **le milieu de la couronne** » symboliserait la crucifixion, mais aussi la sublimation (révélation transcendantale de la croix cosmique).

En ce qui concerne la hauteur de la pyramide, elle pourrait représenter le parcours existentiel de la vie du Christ. Cette vision des choses est connexe au nouveau testament, l'existence du Christ est limitée à une symbolique de 33 ans, et nous allons tenter de comprendre pourquoi !

> Il ne s'agit pas d'adhérer inconditionnellement à ces faits amplement controversés, mais bien de savoir s'ils ont une réalité symbolique ou non, l'essentiel pour nous, tient aux anagogies qui procèdent des croyances. Sont-elles ou non indissociables de l'esprit que l'on prête à la « **Tradition Primordiale** ».
>
> Pour le « connaissant », la souveraine vérité ne peut pas être extraite de la foi, fut-elle l'expression louable du ressenti, mais bien de la cohérence des preuves dans le contexte de phénomènes existants, dont la Grande Pyramide est un exemple adéquat !

Au terme de sa très courte vie publique, rendu mémorable par la métaphore et le prêche, **le Christ** aura su raviver l'entendement des mythes, supports de la symbolique traditionnelle. Il aura aussi et surtout enseigné l'amour divin à travers l'esprit de connaissance. Par son martyre supposé ou réel, mais délibérément ordonnancé, il nous aura montré l'authentique chemin de **la quête spirituelle**.

La croix est à la base de la vie, c'est le premier symbole humain, elle définit les deux dimensions, elle suggère l'ellipse chromosomique, la fonction des hémisphères corticaux, elle est le centre du cercle et du carré, elle matérialise les points cardinaux, la croisée des chemins, ses valeurs sont ascensionnelles et linéaires, abyssales et solsticiales. La sémiotique de la croix est le signe par excellence. Nous les modernes, avons tout exploité, tout risqué, tout rentabilisé, tout répertorié, tout compris... sauf, le chemin que le Christ nous montrait avec opiniâtreté, celui du **lien Terre–Ciel**. Au lieu de cela, nous avons démythifié la portée de cette symbolique disséminée aux seins des mythologies et nous avons galvaudé l'esprit de connaissance.

Vingt siècles plus tard, nous n'avons toujours pas saisi, que ce n'est pas l'acte de crucifixion en tant que tel, qu'il nous faut encenser de nos dévotions, mais l'acte de création accompli par le » **Principe Créateur** ». Ce leitmotiv inlassablement ressassé par le Christ » *Père, le Père, mon Père* » terme générique intentionnellement succinct d'une tentative de rapprochement de la créature vers son créateur. Autrement dit, la complexité était la suivante, comment inviter l'homme à s'émouvoir de manière constante de la création, afin d'entretenir un lien permanent et respectueux avec l'esprit ? Le terme le plus concis, le terme le plus simple pour des gens simples, était… « **le Père** ». En observant la nature, nous ne pouvons manquer de merveilleux, mais nous manquons d'émerveillement !

Voilà la voie salutaire que **le Christ** nous indiquait, et persévère à nous désigner à travers des actes liturgiques ou métapsychiques. Hélas alors même qu'il nous montre la Lune, nous, pauvres humains… avons l'œil rivé sur son doigt, qui n'enserre nul dollar pour que nous lui accordions crédit. La croix, oui, mais nullement celle du supplicié. Les Templiers, somme toute, l'avaient non seulement discerné, mais reçu en tant qu'enseignement lors de leur quête orientale, venant peut-être des Druzes. Les cathares également ne l'ignoraient point, puisqu'ils se référaient de ce grand méconnu qu'est Mani, c'est pour cela qu'ils sont morts torturés par une autorité, imbue de pouvoir temporel. Toute politique aujourd'hui, est tributaire d'un lobbysme technologique, qui ne diffère en rien de ces méthodes inquisitrices, si ce n'est le voile médiatique de l'apparence, qui absout tout comportement supputé démocratique. Aujourd'hui nous nous montrons horrifiés par la torture du corps, alors que la torture de l'esprit, en rien plus secondaire, est le fait quotidien de nos sociétés sans âmes. Jusqu'ici notre « chance » se concrétisait par un phénomène paradoxal ; nous étions devenus des consommateurs et cet immense bouclier de sacs plastiques, a protégé l'occident des affres de l'impéritie politique. Mais ce fourvoiement « démocratique » a une fin, il se consumera dans la fournaise spéculative que lui réservent ses cupides addictions à *la croissance perpétuelle*, ineptie de nos âges immatures.

Par l'abnégation significative de sa personne, le Christ nous indique depuis plus de 2000 ans le chemin, ce n'est pas celui naïf de la bonté à tout défi, c'est celui des nombres et de la géométrie lorsqu'ils passent par l'astronomie. Pourquoi les nombres et la géométrie ? Parce que ce sont les valeurs natives, authentiques, intraitables, leurs résultats ne s'interprètent pas à l'infini, comme les idéologies attachées aux conditions humaines, l'intention philosophique ou la phraséologie dogmatique pilastre des religions. Les nombres sont ou ne sont pas, et si **ce divin est**... vivant sous nos yeux, alors ami lecteur il est grand temps que nous songions à réformer notre comportement.

Plus de 2000 ans de réflexion, cela devrait suffire à une option responsable, il y va de la vie d'une petite planète bleue, qu'un jour le divin, nous offrit comme support à notre germinale verticalité !

33 ans (années théoriques d'existence de Jésus)

x 0,011785113 (clé chronologique) = 0,388908729 m

x 1000 = 388,908729 ÷ √2 1,414213562 = 0,**275.**

275 multiplié par la coudée pyramidale de 0,5236006 m =

143,9901648.

Soit exactement au millième de millimètre près, la hauteur en mètres sur le roc de la plateforme, au-delà, se situe le pyramidion symbole du nombre pi et de l'intemporalité, la Grande Pyramide réalise alors 147,1317686 m, la différence nous est donnée par le nombre π.

Cette plateforme exprime « **le temporel** » avec Pharaon, alors que le Pyramidion lui, est d'ordre « **spirituel** » avec l'Our'ma et les 12 Hiérarques. Rappelons que ce pyramidion ou gnomon, emblématisait hier encore l'âge d'Or, malheureusement... il est détruit, et ce n'est pas seulement l'effet du hasard, nous verrons bientôt pourquoi ! La distance maximale relevée depuis la base du socle, jusqu'au sol défoncé et bosselé de la chambre souterraine, atteint la valeur théorique de 30, 5738353 m. On comprendra que cette dernière valeur est à considérer à quelques centimètres près, du fait de l'état des lieux, (voir de 30 ou 40 centimètres dans le pire des cas). D'après une synthèse de différents relevés, la hauteur de la chambre, serait alors de 3,464101614 m (aux décimales évidemment théoriques), ce serait deux fois la valeur de **√3**. Ce qui fait que le milieu ou rayon de cette cavité, peut être évalué à l'indice de **1,732050807** m (la racine de √3).

Georges Vermard

Distance base – grotte = 30,5738353 m + hauteur pyramide 147,1317686 m = sole de la grotte, chambre souterraine 177,7056039 - √3 1,732050807 m

= demi hauteur de la grotte = 175,9735531.

Ce qui nous incite à l'opération suivante : 175,9735531 m, moins la distance séparant l'année zéro de **la fin du demi-cycle précessionnel**. Valeurs évaluées en mètres :

175,9735533 m - 29,3653851 m = **146,608168 m.**

(la hauteur de la Grande Pyramide sur son socle).

Ce résultat est tout bonnement merveilleux et les quelques dixièmes de millimètre en rapport avec la profondeur de la grotte, ne changeraient rien à l'affaire. Notre lecteur aura remarqué que les racines de **√3** et **√2** jouent en nos calculs un rôle important :

1,414213562 x π 3,141592653 = **4,442882936**

Les 146,608168 m de la hauteur, pris à l'indice, non de la coudée pyramidale de 0,5236006 m, mais à celui de la coudée ésotérique, soit 0,523598774 x 280 = 146,6076567 m. Nous constatons qu'il y a une infime différence avec les décimales. Toutefois, ce genre de dissemblance numérale que nous appelons d'une coudée à l'autre « *respiration* » est indispensable à la précision du calcul suivant :

146,6076567 ÷ 4,442882936 = 32,99831636 ou 33 ans.

Les 146,6076567 m précédemment adoptés, divisés par l'année pyramidale de 0,011785113 nous révèlent à l'échelle précessionnelle 12 440,07222 années, divisées par les 33 années christiques ou plus précisément 32,99831636 années que nous venons de trouver, cela fait des coupes de 376,9911193 années : **376,9911187** années **÷ π = 120 x 3 = 360** (le **sang** et **vin** de la coupe).

> Ce qui nous amène à préciser : **376,9911187** années divisées par les 12 disciples, signe numérique prépondérant de la démarche christique, puis de nouveau par le **10** premier nombre = π 3,141592653

Rappelons les caractéristiques de la dixième naissance après les « 9 » dieux de la Genèse - Le 10 Ouroboros de l'ennéade, le 10 représente à la fois le **Un**, premier principe, premier des nombres, renforcé par le zéro d'Atoum, (le réputé zéro vide n'est qu'apparent). C'est le zéro du **créé** dans **l'incréé** - En Égypte ancienne, le hiéroglyphe d'un faucon à l'effigie d'Horus avait pour signification **le nombre 10**.

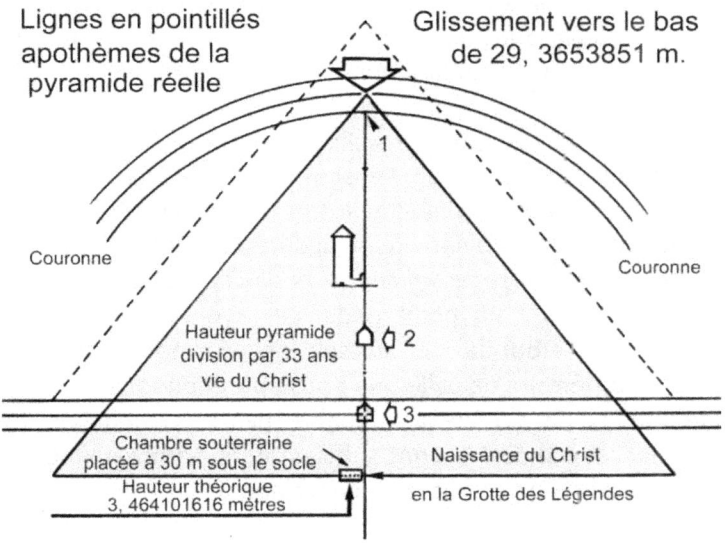

Pour autant ami lecteur, n'assimilons pas cette suite de résultats à une pensée **Créatrice Universelle**, non... non... ne soyons pas aussi crédules, vénérons plutôt le « hasard », celui-ci est si industrieux qu'il mérite bien une part de notre attention.

Lors du glissement vers le bas de la pyramide, son sommet (point haut de la ligne matérialisée) vient se placer sur le point fléché, *première année de notre ère*. Nous remarquons alors, que le point « 3 », vient lui, se placer au centre du carré pyramide, *sur la ligne de départ de la constellation d'Orion*. On aura compris que le point **(3)**, c'est le glissement vers le bas du point **(2)**, seulement voilà, il s'agit de *la chambre, dite de « **La Reine** »*. Nous nous souvenons avoir découvert que (vues en plan) les 3 étoiles du baudrier de la constellation d'Orion, s'appliquaient à la perfection à l'intérieur de cette chambre, décidément bien mystérieuse. La base de la pyramide vient alors couper en son milieu la chambre souterraine, que l'on qualifie également de grotte.

Le fait est suffisamment étrange pour être souligné ; des historiens se sont penchés sur le Ciel de Palestine, afin de visualiser la position des astres à la date de naissance du Christ. Il se trouve que les étoiles du baudrier d'Orion affichaient à la méridienne un angle au sol de 51°51'. Soit, l'angle exact de la Grande Pyramide, premier symbole spirituel au monde. Ce stupéfiant monument dont la masse défie le temps, serait-il le résultat jumelé des œuvres humaines et divines, après ce qu'il nous a été donné de voir, la question se pose ? Et elle est vérifiable à l'aide d'un logiciel d'astronomie professionnel.

Nous incitons notre lecteur sensibilisé par les preuves mathématiques, à examiner sans préjugé aucun, l'ensemble des découvertes concernant la révélation christique. En évaluant la part des coïncidences qui se trouvent focalisées sur la date de nativité ou la datation zéro ? Ce serait un défi au bon sens, que d'envisager *un concours de circonstances* qui formerait à l'orée de notre ère un point nodal de rayonnement, judicieusement disposé à ce carrefour des options spirituelles. Il nous faut donc discerner une réalité différente de celle que nous appréhendons au quotidien, elle proviendrait d'un ailleurs inestimable par nos capacités communes. Demeurent les indices, ils sont suffisamment nombreux pour étayer de certitudes les présomptions les moins élaborées.

Orion et le Principe Créateur

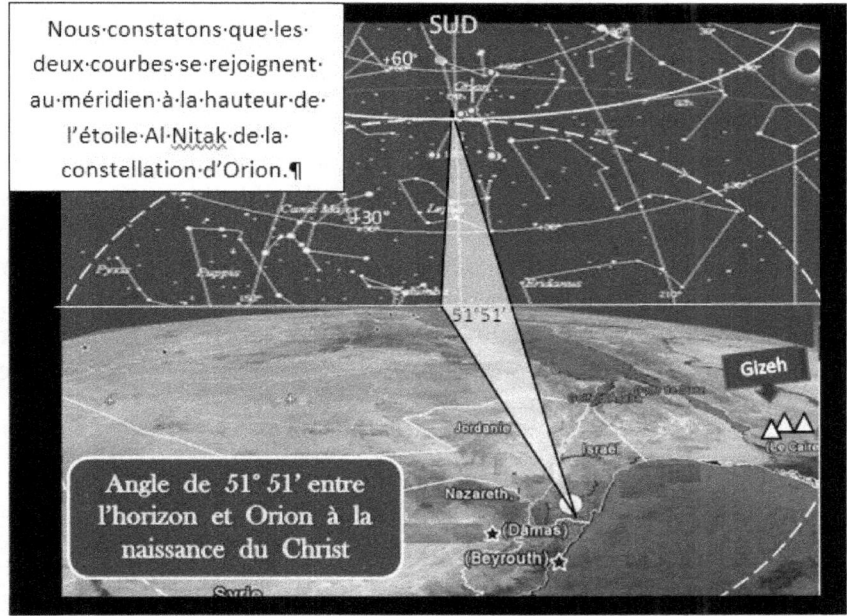

Cette carte du Ciel extraite du logiciel d'astronomie Skymap-Pro, nous renseigne sur la position d'Orion à la date authentique de naissance du Christ, 7 ans ou exactement 6,90439587 avant notre ère. Plus de 2000 ans après cet amoncèlement de preuves, o combien significatives, nous persévérons à déployer les aptitudes mentales qui nous furent prodiguées aux origines, oui mais, pour amasser quoi... des privilèges. Tel Cro-Magnon amassant ses dents d'ours, cela, au détriment d'un équilibre planétaire et d'un grand disfonctionnement communautaire. Notre cerveau n'a pas évolué depuis cette époque et Cro-Magnon est tellement proche de Gros-Pognon, qu'il est plus facile en matière d'évolution d'en changer les syllabes. Les maîtres du monde ont toujours souhaité que les moralistes soient évincés du cadre public, ces importuns dont l'audace est de souligner leurs lacunes. Aujourd'hui le mercantilisme a gagné ses légions d'honneurs, le temps a épuisé les exhortations des prophètes, les hommes ne sont plus à l'écoute de quiconque, même pas d'eux même. Le supplicié Jésus gravissant les pentes du Golgotha, ne portait pas sa croix, il portait la poutrelle horizontale de cette croix, autrement dit, l'aspect temporel, que nous avons tant de mal à assumer. Le spirituel étant le pieu de souffrance vertical de l'esprit de tradition, celui qui est mentionné à l'origine des connaissances humaines. Ces poutres gémellaires représentent le véritable point de croisement de notre démarche intime, c'est le didyme paradoxal des évangiles, façonneur de nos états de conscience.

N'oublions pas que les 4 branches de la croix christique (étoiles cadre d'Orion), devrons ouvrir aux hommes les voies de la **Tradition Primordiale.** C'est ce que les grecs appelaient *l'Alpha et l'oméga,* le commencement et la fin. Nous retrouvons cela dans ce qui est pour certains, l'insipide icônographie religieuse attachée au fétichisme des croyances. Oui, mais ce serait oublier qu'elles aussi conservent dans les plis de leurs étoles, les rudiments d'une connaissance perdue, qu'il nous est important aujourd'hui de retrouver pour survivre. Ne méprisons rien, réfléchissons, pardonnons, et reprenons le chemin de l'espérance.

Ce qu'il est urgent de réaliser en notre civilisation d'aujourd'hui, c'est que nous avons besoin de preuves pour croire, pour espérer un monde meilleur que le notre. Cela n'empêchera pas une majorité d'individus de renier ces preuves, pour faire que se perdurent frasques et intérets, car pour ceux-là, l'animalité (l'hylique) est encore toute proche. Ils n'ont certes plus les griffes et les dents du bestiaire d'hier pour imposer leurs arguments, mais ils ont *la volonté de puissance que procure l'argent*, et celle-ci conditionne l'évolution naturelle des peuples.

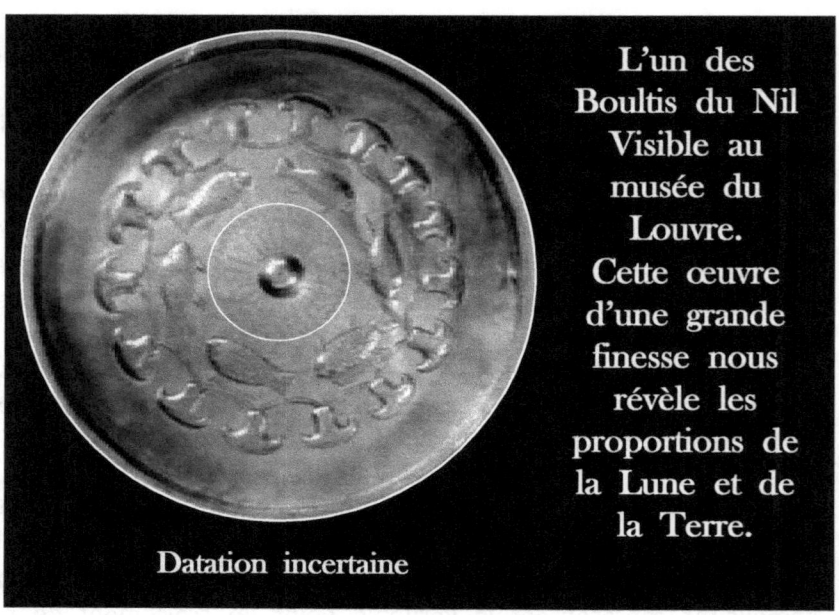

L'un des Boultis du Nil Visible au musée du Louvre. Cette œuvre d'une grande finesse nous révèle les proportions de la Lune et de la Terre.

Datation incertaine

Mais après tout, qu'importe mes amis, si ce n'est qu'une minorité de la population qui est sensibilisée par ces découvertes et commence à réfléchir à la finalité de cette œuvre régénératrice. Vu le contexte que nous vivons, parmi la ruine des états de conscience, c'est déjà beaucoup. Nous pouvons alors espérer un renverssement de cette situation où nous sommes malheureusement impliqués. Lorsque notre choix s'exercera non point seulement sur le ressenti, la foi de tradition ou l'éducation reçue, mais sur la déduction, le désir communautaire d'évolution et la présence spirituelle. Nous verrons la Lune et la Terre comme un disque d'OR. Nous aurons alors gravi une étape décisive, celle que nous indiquent depuis des temps immémoriaux les méssagers de l'édifice pyramidal, dans le dessein de nous faciliter l'accès à l'esprit de cohérence universelle que nous feignons d'ignorer.

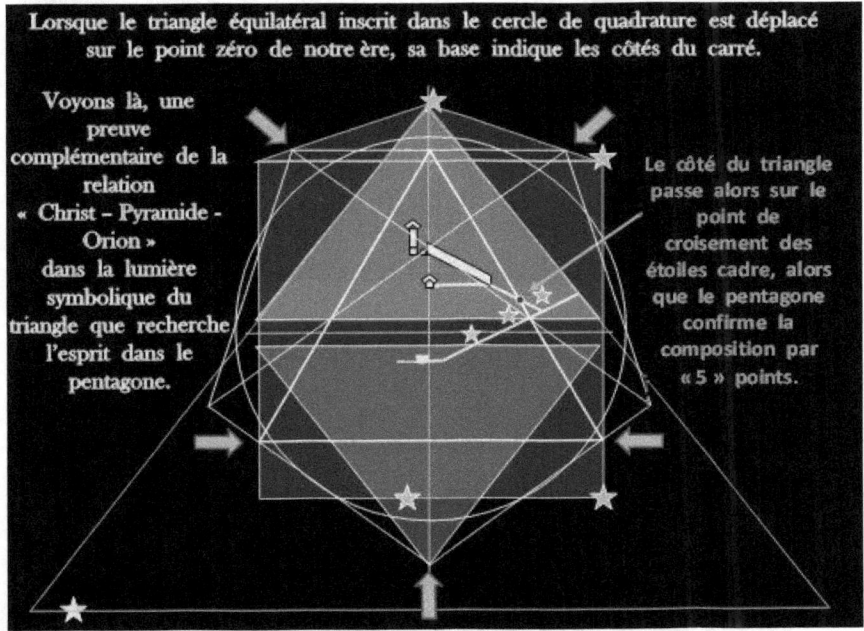

La véritable beauté réside au-delà de la vision commune, elle se médite, pour imprégner la conscience de ses fragrances balsamiques. La véritable beauté n'est pas un passage sur la croisée de nos vies, c'est une calligraphie suscitée par le désir créatif. La véritable beauté, c'est l'envol de la pensée loin des tumultes dévoreurs de nos identités. Recherchons le silence, lui seul sait écouter les plaintes de notre égo souffrant, il sait aussi le transformer en une solennité intérieure. Lorsque vous poussez la porte du tumulte vous engagez une dissémination en vous-même, lorsque vous poussez la porte du recueillement le silence vous écoute, vous rassemble, vous recueille. Le silence ouvre les portes de votre réalité intérieure, il guide votre attention sur le frissonnement de la vie, là où prélude la sensation d'être.

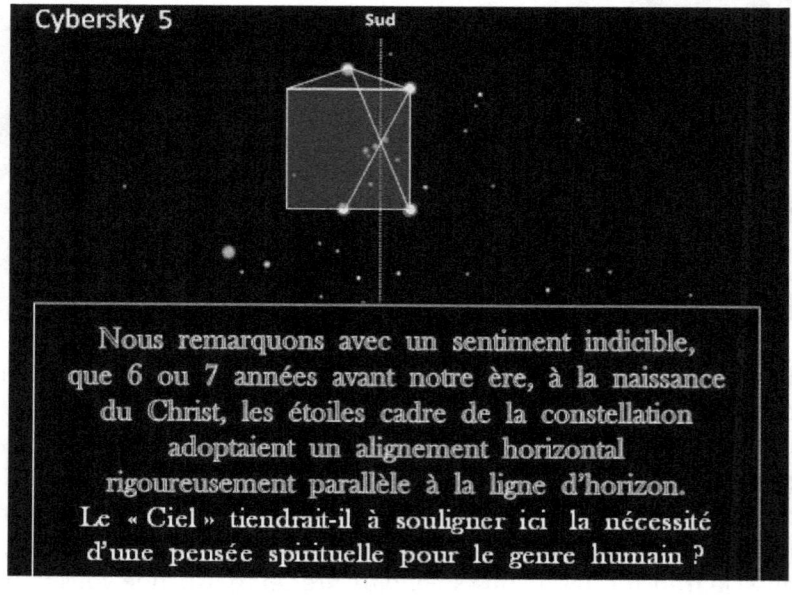

Orion et le Principe Créateur

ENSEIGNEMENT du CHRISTIANISME

SAINT PAUL.

DÉBARQUEMENT EN PROVENCE DE

MARIE-MADELEINE,

ÉPOUSE PROBABLE et PROSÉLYTE du MESSAGE CHRISTIQUE.

44,42898426 après JC.

(Entre les N°6 et N°5 sur le plan)

En ces années-là, Saint Paul, alias Saül, Paulus, Paulo, Shaoül. Ce prince hérodien de lignée Iduméenne, ancien tortionnaire des ébionites, décida de son apostolat. Cette soudaine reconversion serait due à une illumination intérieure, à la suite d'une chute sur la chaussée cavalière qui le menait à Damas. Il se pourrait que ce soit le début du prosélytisme chrétien et que sur le plan de la datation, il y ait un rapport entre deux indices de hauteurs. La date serait ainsi matérialisée par *le sommet culminant* à 147,1317686 m, par rapport à *la hauteur sur le socle* de 146,608168 m, (référence aux pages précédentes). La différence entre ces deux hauteurs est rappelons-le, d'une coudée pyramidale juste, égale à 0,5236006 m. La clé chronologique nous donne 44,42898426 années. Les historiens sont en principe d'accord pour admettre que le début des prédications se situe en l'année 44 de notre ère. Autrement dit, lorsque la pyramide posée sur son socle a sa pointe positionnée sur l'année « *zéro de notre ère* », la hauteur du socle au roc, *dépasse le point christique d'une coudée* ou 44,42898426 années. Cette date coïncide avec le début des prêches de Saül-Paul. Aussi, pourrions-nous en déduire, qu'il y a une relation entre les deux datations exposées ; celle du Christ située à hauteur de 146,608168 m et celle de l'ex-tortionnaire qui se situerait à 147,1317686 m. Prises à l'indice, non de 0,5236006 coudée pyramidale, mais à celui d'une coudée ésotérique 0,523598774 m, divisés par la clé chronologique de 0,011785113, nous obtenons **44,42882936** années pour le début de ce ministère. Rappelons que le ⌀ de cette dernière valeur, correspond à √2 divisée par le premier des nombres 10, il y a là matière à réflexion ! Mieux que cela, la mise à mort de Saint-Paul, est située par les spécialistes, à Rome en l'année 66 de notre ère, soit 33 *ans après la disparition du Christ de la scène publique*, ce qui peut apparaitre troublant.

Selon divers recoupements, ce sont précisément en ces années-là, que lesdites « Saintes Femmes » accompagnées de quelques adeptes, accostèrent à Port Ratis, ancien territoire des Ségobriges. Lequel port, deviendra par la suite, *les Saintes-Maries-de-la-Mer en France*. Si elles ne s'avèrent incontestables, les preuves de la présence de Marie-Madeleine dans les régions de Septimanie et de Provence sont nombreuses. Quant à Yoseph ou Youssef plus connu sous le nom de Joseph d'Arimathie **le porteur du Graal** (entendons, porteur de la doctrine ésotérique enseignée par le Christ). Il aurait pris pied sur le sol gallo-romain aux alentours des années 50. Ce notable de Palestine, membre du Sanhédrin, mais aussi Grand Maître de Connaissance, gagna ensuite la Bretagne latine ou plus précisément l'Ecosse, pour échapper aux répressions tragiques que l'on sait. Youssef exerçait en cette contrée, via la Gaule, un négoce d'étain avec la Syrie et la Palestine. (Rappelons que l'étain et le cuivre, servaient à confectionner des armes de bronze, dont l'armée romaine avait le plus grand besoin.) Probablement disposait-il ce Joseph d'Arimathie, d'une flottille marchande, ce qui dut faciliter l'exode des Saintes Femmes vers le midi de la France en cette région limitrophe des Celto Ligure.

Une fois encore, ami lecteur, n'ayant pas eu l'insigne privilège d'être témoins de ces événements, aujourd'hui si controversés, nous ne prendrons pas partie sur l'existence de ces personnages ou sur la précision des dates avancées. Nous constatons néanmoins, que ces dernières concordent de manière factuelle avec les dates échelonnées de notre éphéméride. Le nom même d'**Arimathie** peut être interprété de différentes façons. Selon toute probabilité, il était lui aussi de lignée davidique et membre du Sanhédrin. Joseph serait ainsi parent de Jésus, certains historiens le placent avant Jacques et Pierre sur le trône épiscopal en tant qu'évêque des populations ébionites de Palestine. Nous pensons nous que c'est Jacques (Jacob, frère de jésus) qui à la suite du martyr christique fut l'héritier légitime.

En hébreu **Joseph**, signifie « *il ajoutera* », en l'occurrence et sous-entendu, il prolongera de par le monde le message enseigné par **le Christ**. En ce qui concerne le nom « **d'Arimathie** », certains exégètes associent le mot hébreu « ram » le sommet, au mot grec « Theo – Dieu », entendons, *la grandeur de Dieu*. Ce qui nous parait un peu excessif même à titre rapporté et honorifique. Nous trouverions plus simple et plus acceptable d'y voir figurer, vu le contexte, des racines égyptiennes qui se prêteraient parfaitement à cette démarche, Hery maâti (convention des voyelles) Hary mati ou Arimathie, (l'Égypte était alors la source incontestée de tous les mystères). Ce nom transcrit en hiéroglyphes :

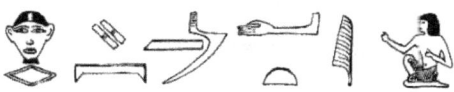

Signifie, au plus simple « **le maître de vérité et de justice** », ce que **Joseph d'Arimathie** était devenu en tant que dépositaire du message christique. En hébreu, « Moreh-Saddok » *le Maître de Justice* ou « Rabbi Saddok », *Maître juste*. Nous aurons compris que *le terme de « Joseph » que l'on considère comme un prénom, est en fait un titre*. Il était donné au frère puîné, quand celui-ci avait à poursuivre l'œuvre entreprise par son aîné. L'influence de l'Égypte était encore considérable à cette époque, surtout en matière de connaissance, le mot « **Kryst** » ne signifie-t-il pas « **le possesseur du secret** ».

Quant au Graal concrétisé, dont Joseph d'Arimathie aurait été porteur, il s'agirait, selon toute probabilité, d'une pièce d'orfèvrerie regroupant un calice muni d'un pied. Ce Graal là, symbolisait le tracé central que nous avons étudié au sein de l'édifice pyramidal. Comprenons que la représentativité de ce que tentait de faire valoir ce Grand Maître, auprès d'un auditoire non sensibilisé, revêtait une importance essentielle. Il faut aussi admettre, et c'est encore le cas de nos jours, que le degré d'acceptation varie avec les critères culturels de discernement. Sur un plan psychologique, le calice tenait le rôle d'un catalyseur émotionnel, Joseph, bien évidemment n'ignorait rien de cela, et son prosélytisme était corroboré par cet objet insolite.

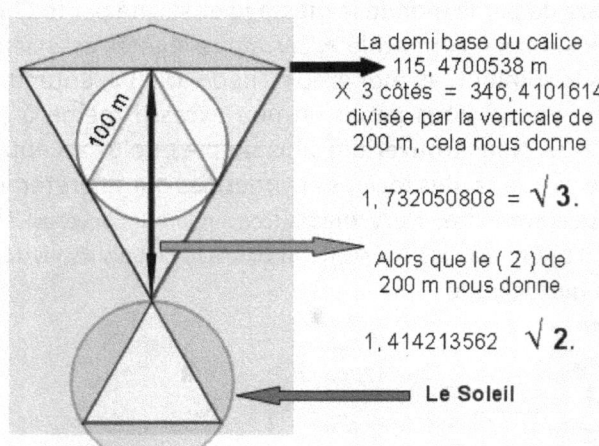

La demi base du calice 115, 4700538 m
X 3 côtés = 346, 4101614
divisée par la verticale de 200 m, cela nous donne

1, 732050808 = √3.

Alors que le (2) de 200 m nous donne

1, 414213562   √2.

Le Soleil

Le contenant du calice regroupe 4 triangles équilatéraux de 100 m de côté. 300 X 4 = 1200 m Sur un plan allégorique, le calice est donc rempli du « sang – vin » des légendes

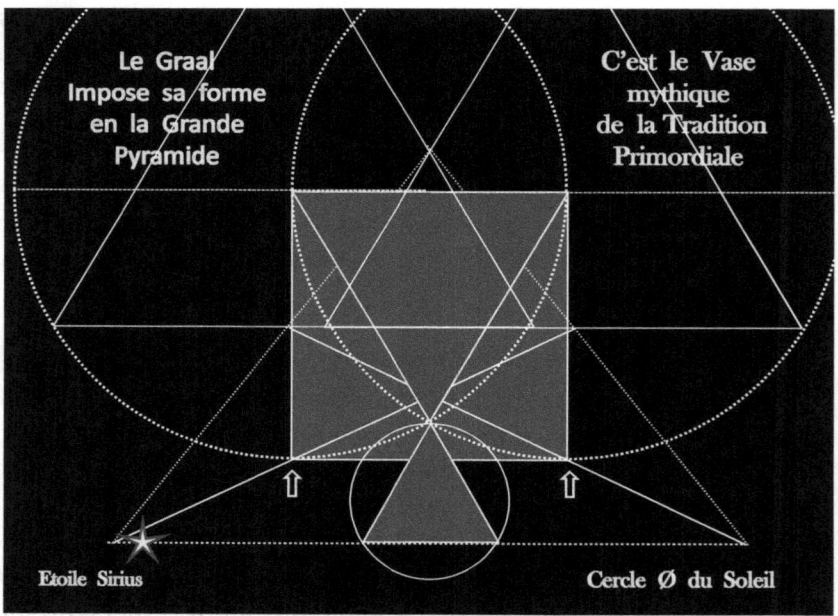

La religion musulmane

629,400592 années après JC - 630,1590744 années,

Selon la quadrature comprenant le fruit du socle

1 861,576478 années de la fin du demi-cycle

(N°5 sur le plan)

Cette première date à peine anticipée de peu de mois de 629, 4 après JC, pourrait correspondre à la décision par **le prophète Mahomet** de la prise de **La Mecque,** alors que quelques mois plus tard **630 après JC**, se trouve être la date de conquête effective de la Cité. L'évènement est d'une importance capitale, puisqu'il conduit à **la naissance de l'Islam.** Avant cette date, le Prophète avait semble-t-il reçu l'essentiel de ses révélations, mais la religion, en tant que telle, ne prit existence effective qu'en 630 après JC. Il nous apparaît surprenant que les trois avènements les plus marquants ayant déterminé l'évolution de nos sociétés occidentales, soient ainsi représentés :

> **630 avant JC** point bas de la couronne : **Le judaïsme**
>
> **Année « 0 »** point central de la couronne : **Le christianisme**
>
> **630 après JC** point haut de la couronne : **L'Islam**

Autre curiosité, sur le terrain au-delà du carré base, à l'emplacement exact des trois religions qui occupent la largeur de la couronne, était érigé « **le temple inférieur** ». Celui-ci adhérait à la base de l'apothème de la Grande Pyramide et nous ne saurions nullement étonnés que « *le Naos* » soit situé au centre d'un espace de 14 mètres, celui de la ceinture. **Le prophète Mahomet** occupe en cet âge la frange haute de cette énigmatique couronne, d'une largeur estimée, nous l'avons vu, à 1258,8011 années ou encore **1260,318149 années**. Valeur moyenne 1259,559 années. C'est donc après avoir bouclé le cycle de 1260 « *cycle* *luni-solaire* » que **le Soleil et la Lune** se retrouvent au même point de l'écliptique. Mais, il y a plus troublant que cela, puisqu'il est dit dans l'apocalypse XI/3 :

> « ... *Et je donnerai à **mes deux témoins**, de prophétiser, revêtus de sacs, pendant **1 260 jours** ».*

Années, cycles, jours, si l'on considère que ce nombre de jours est *emblématique d'une période de temps*, sous forme de cycles, (types de permutations communes à l'époque biblique), les deux prophètes **Jésus** et **Mahomet**, sont bien au rendez-vous des nombres. **1260** multipliés par l'ensemble des chiffres, soit **1, 2-3-4-5-6-7-8-9** et divisés par les 7 étoiles, (Orion étant la grande référence symbolique de l'époque) puis par les 2 témoins = **111,11111111**. Ce merveilleux nombre divisé par « **le 100 du Graal** », multiplié par « **6** » (il créa six) puis de nouveau par « les 7 étoiles » et enfin par π nous livre quoi, la hauteur de la Grande Pyramide sur son socle : **146,6076567** m à 3 millimètres près.

> « *Montre-toi fidèle jusqu'à la mort, et je te donnerai, **la couronne** de vie.* »
> Apocalypse II,10.

Quant aux « **sacs** » dont se « **revêtent** » et non se « vêtent » les deux prophètes, il est question ni plus ni moins d'un code. À preuve, lorsque les enfants de l'Antiquité, pour se protéger des inopinés orages de l'été, revêtaient leur tête de *« cul-de-sac »*, les fonds en pointe retournée de ceux-ci, formaient des capuches qui caractérisaient ce type d'accoutrement, (cette pratique est toujours en vigueur dans les pays du tiers-monde). Stèle dite : « les Encapuchonnés » Northumberland, Angleterre, IIIe s après JC. On ne se montrera pas étonné par l'analogie de forme, entre *les sacs ainsi décrits et les 3 pyramides de Gizeh*, dont il est question. Peut-être nous faudrait-il entendre ; « *revêtu de l'esprit pointu*

ou de l'esprit en « tête » des trois pyramides » ce qui était une façon d'évoquer la Tradition Primordiale, sans en dévoiler le moindre soupçon.

Là se tiennent les deux témoins, en relation **Terre - Ciel** par l'intermédiaire de la manne 〰️ ' « eaux célestes » ▬▬▬ ou plus prosaïquement, onde sur des têtes revêtues de **connaissances**.

Si pour nous « les modernes », ce genre d'interprétation ne dépasse guère en majesté les cachotteries de dames parlottes sur les bancs publics, il fut un temps où de tels indices éveillaient fort judicieusement la curiosité des gens d'esprit. Il y avait là un langage dans le langage, un jeu dans le jeu, qui conduisait à la connaissance sans jamais se départir d'un aspect ludique, quand il n'était pas facétieux ou un rien provocateur.

En ces âges lointains, les domaines du sacré côtoyaient la banalité. C'est ainsi que les profanes non-initiés avides de pouvoir, retournaient le fond des puits, alors que les trésors reposaient bien en vue sur la surface tranquille des étangs. À l'heure d'Internet, nous n'avons plus le sens du caché, le goût du mystère ; nous expliquerait-on ceux-ci, que nos facultés en overdose d'images subliminales banaliseraient sans les saisir les plus évidents symboles.

Ce qui fait que les textes Anciens nous sont aujourd'hui d'assimilation ardue. Nous qualifions d'inepte ce qui est sacré, de puéril ce qui est supérieur, de nul ce qui devrait être notre raison même de vivre. Bien évidemment, nous reviendrons dans les temps à plus de raison et de discernement, mais craignons qu'il nous fasse passer avant sous les fourches Caudines du reconditionnement. De grands tourments sont à venir, ils opposeront races et religions, innocents et assassins, c'est dans le sang que baignera l'avenir.

> « *La dégénérescence des mentalités est moins le verdict de la fatalité, que l'âpre fruit de l'inconséquence* ».

Dans la sourate « 74 », verset « 30 » du Coran, afin visiblement d'inciter à l'éveil, l'Archange Gabriel s'adresse en ces termes au prophète : « **19 sont chargés d'y veiller...** » 74 (la sourate) + 30 (le verset) + 19 (la citation) = 123 (Nous l'avons vu, pour le Christ, il y a là aussi une relation avec le nombre 123). Le verbe « aimer » en Primosophie ou 3 chiffres pour faire 6 = 36.

19 x π = 59,69026041 ÷ 0,523598774 la coudée universelle = **114** (il y a 114 sourates dans le Coran). 114 ÷ 0,523598774 = 217,7239628 ÷ 19 = 11,45911559. Puisque 19 = 1 + 9 = 10. 11,45911559 x 10 = 114,5911551 x π = 360 (le cercle de lumière) multiplié de nouveau par « 10 », le pourtour structurel de la Grande Pyramide **3 600** m.

Nous avons constaté précédemment, que le triangle équilatéral dont la pointe touchait l'année de naissance du Christ, était pourvu de côtés réalisant 360 m. 3 côtés du triangle – 3 périodes de temps – 3 êtres porteurs de révélations – 3 messages différents et complémentaires.

Enfin pour parfaire cette année **630,1590744** après JC, nous ajouterons deux troublants concours de circonstances : L'un a trait à l'inversion, précisément à cette époque, du champ magnétique solaire (ce qui n'est pas une mince affaire). L'autre concerne la construction ou la restauration des pyramides de la Lune et du Soleil à Teotihuacan, exactement en cette période de temps, ce qui est un indice intéressant, compte tenu de ce que nous avons préalablement exposé sur la manifestation de signes divins à des époques données. La fin de la couronne est donc immanquablement un passage, d'une époque à une autre, d'une façon de penser à une manière d'être, d'un temps d'exaltation spirituelle à un matérialisme impudent et dégénératif. Mais attention, toute loi des extrêmes qui se voudrait réparatrice, agrandit le cycle des souffrances.

Il est incontestable, que ces 1260 années, propres à la largeur de la couronne, sont à la base d'un système de pensée, axé sur trois monothéismes à tendances dogmatiques.

Il serait intéressant d'apporter une note philosophique sur cet aspect des choses, ce n'est pas là notre propos, mais reconnaissons que le concours de circonstance est étonnant.

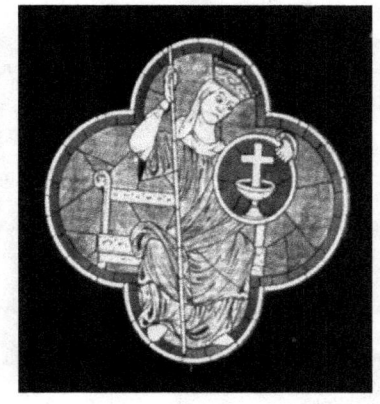

Ce qui nous subjugue, c'est que les 3 religions soient ainsi regroupées en la largeur précise de la couronne de quadrature. Quel être animé par la logique, ne verrait là que poncifs insignifiants ? S'il ne peut s'agir raisonnablement de banalités, alors peut-être s'avère t'il indispensable que nous apportions une réflexion plus approfondie sur cette évidence. Peut-être devrions-nous aller jusqu'à une remise en cause de la logique darwinienne comprise au premier degré.

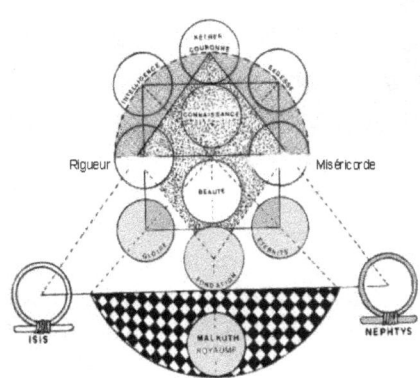

Ne nous faut-il point entrevoir un système existentiel différent de celui que nous prônons, avec cette naïveté immature, qui nous fait avoir les doigts crispés sur nos sacs de billes ? Il est peut-être temps de s'éveiller à une autre réalité, précisément celle qui devrait nous amener à la base du pyramidion.

En la schématique que nous prônons, ce qui caractérise l'aspect symbolique des emplacements occupés par les trois religions, c'est que celui-ci réunit le cercle (spiritualité) et le carré (matérialité) en la même surface. Les hommes sont différents par l'éducation qu'ils reçoivent, certes, mais le sont-ils sur le plan de la réflexion qui les inciteraient à *considérer* un principe universel supérieur à leurs antinomies religieuses ? Tout en étant respectueux de nos filiations cultuelles réciproques, nous devrions entre ces deux cercles que couronne une sémiologie subtile, être interpelés dans nos états de conscience. En diffusant notre haine pour l'autre, *nous offensons le Principe Créateur Universel*. Nous le navrons par le lamentable usage que nous faisons de notre intelligence, par notre dogmatisme aveugle que nous estimons supérieur, parce que c'est le nôtre, nous le blessons par le non-respect de ce qui est créé.

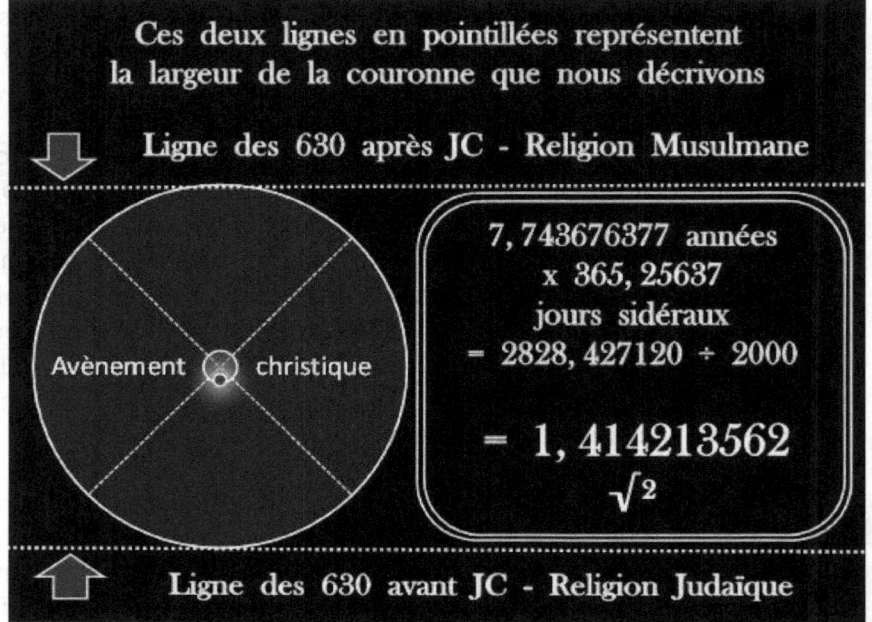

Les probabilités pour que la naissance des trois religions occidentales se trouvent réunies dans l'épaisseur d'une couronne qui implique les mesures exactes du carré-base de la Grande Pyramide, sont résolument inexistantes. Voyons dans cet acte, le tracé d'un doigt divin, lequel de surcroît laisse transparaitre une théo-philosophie à laquelle tout être intelligent se devrait d'adhérer.

La Grande Pyramide écimée

1 780,519194 années après JC.

711,216651 années de la fin du cycle.

(N° 4 sur le plan)

Durée totale du demi-cycle, 12926,47453 années, moins les années précédant l'année zéro de notre ère, évaluées à 10434,73897 années, il reste 2491,73556 années, pour parvenir à la fin du demi-cycle précessionnel. Il nous faut donc ôter la différence en années de la partie tronquée au sommet de la pyramide. Actuellement, la Grande Pyramide n'a plus que **138,75 m** de haut, considérons qu'elle est symboliquement amputée de 8,3817686 m, ce qui nous donne 711,216651 années d'invalidité. Voyons à combien d'années après l'année zéro de notre ère a eu lieu cette déprédation :

> 2 491,743002 années, moins 711,216651 années
>
> **= 1 780,52635 années après Jésus Christ.**
>
> Une volonté de puissance se manifeste de par le monde.
>
> **Guerre d'indépendance des États-Unis d'Amérique**. Le monde va basculer dans une autre manière de vivre, la révolution française couve déjà en ses foyers, l'ère industrielle est à nos portes.

L'église aujourd'hui n'a plus qu'un pouvoir figuratif sur les masses, mais nous savons bien que le relais est pris par les organismes marchands, financiers, mafieux et autres prédateurs. Nous changeons de tourmenteurs, pas d'affliction, aujourd'hui, le but poursuivi est le même, une volonté de puissance générée par le capital et dulcifiée par la complicité médiatique sous la houlette des lobbys. Il en résulte un doute, un doute immense sur la raison de vivre, qu'il faut combler par l'adhésion au système ou la marginalité. Ne faut-il pas aujourd'hui, un minimum d'apparence, un minimum d'éducation, un minimum de conscience, un minimum de sens civique, joint à un minimum de labeur, pour faire un maximum d'argent ? La décollation du sommet de la Grande Pyramide, coïncide en Occident, sur le plan des datations, à une phase accentuée du pouvoir de conquête. On peut en déduire que les déprédateurs de l'édifice qui nous occupe, ont été à leur insu, les instruments du destin. Ils ont matérialisé par leur démantèlement, deux périodes de l'histoire des hommes, pour le vécu, plusieurs siècles d'intolérance religieuse, d'immodération et d'abus d'autorité. Car toute déviation du « **message spirituel primordial** » engendre un dogmatisme, suivi le plus souvent de comportements criminels, en tous points semblables aux idéologies profanes et dominatrices. Que de crimes n'avons-nous pas commis et ne commettons pas encore... **au nom de Dieu** ?

Si nous considérons maintenant la voie ascendante, et le haut du monument avec ses 711 années manquantes, nous mesurons le vide hallucinant et interrogateur des voies du futur. Nous oscillons entre une dégénérescence hédoniste et une spiritualité dogmatique qui toutes deux mènent à une faillite de la dignité morale ! À la fin du XIIIe siècle, une tendance décisive était en train de s'amorcer. Elle aura hélas conduit la gent populaire vers un détachement progressif des valeurs traditionnelles, pour verser en quelques décennies seulement en un rationalisme progressif sans discernement. Par rapport à ce transfert culturel, **le Graal** cet instrument du temps, esquissé au sein de la Grande Pyramide, se devait d'être le témoin des connaissances perdues. A t'il failli à ce rôle ou demeure-t-il sous-jacent ?

C'est en 1190 de notre ère (date que nous retrouvons par ailleurs) que le Trouvère Guyot de Provins côtoya à Mayence, au sacre du fils de Frédéric Barberousse, le futur conteur de « **la légende du Graal** », Wolfram Von Eschenbach. Le héros occitan Perceval, devint ainsi par la volition d'une interpénétration édifiante, Parzival, la sommité mythologique des opéras germaniques magnifiés par le maître de Bayreuth. Le XIIe siècle vit ainsi fleurir les légendes Arthuriennes avec **Chrétien de Troyes,** Robert de Boron et quelque autre.

Il ne fait aucun doute aujourd'hui, que ce fut par le biais des dernières invasions vécues par l'Égypte traditionnelle, que **« la légende du Graal »** fut ravivée et véhiculée à travers le Maghreb (le couchant). La Perse d'abord où le mythe s'enchâssa des fioritures orientales, puis pénétra la péninsule

Balkanique, avant de passer au Ve siècle de notre ère, aux mains des Wisigoths. Ces partisans de l'arianisme, animés par une foi intense, auraient alors importé le vase en Occitanie, dont ils avaient fait de Toulouse leur capitale. Il n'est donc pas impossible qu'il y ait eu une relation entre le trésor d'Alaric Roi des Wisigoths et le trésor, dit, de « Salomon », auquel le **Graal** (en tant que pièce d'orfèvrerie) était censé appartenir. Ce Graal (ersatz miniaturisé de l'authentique) aurait été ramené par Titus après le pillage du temple de Jérusalem. Le Roi Alaric s'en serait à son tour emparé lors de la prise de Rome en 410. Il se peut aussi qu'aux premiers âges de notre ère, une pièce d'orfèvrerie semblable à celle que nous décrivons, ait été transportée en Ecosse par Joseph d'Arimathie. Les Desposynes (les suivants du Maître, qui se veulent être de la lignée du Christ) en auraient hérité (bien que séduisante cette thèse a peu de fondement historique). Toutefois, avec l'apport des mariages mérovingiens et dans le contexte de l'époque, il n'est pas invraisemblable de considérer que le calice ait pu être acheminé jusqu'aux mains des Wisigoths, le secret ayant toujours été bien gardé. Plus tard, les cathares d'Occitan se sentirent moralement dépositaires de « **la légende du Graal** », qu'ils glorifièrent sous trois aspects :

Le premier aspect était enseigné sous le couvert du secret, il était à la fois mythique et didactique, il était divulgué aux sectaires ayant prêté serment. Dans l'ignorance des détails, on subodorait qu'il existait une forme de calice, dissimulé au sein de cet édifice de légende qu'est la Grande Pyramide d'Égypte. L'évocation de cette présence en la pierre demeurerait pour le commun des prosélytes, mystérieuse, intemporelle et sacrée. Le respect toutefois dominait la curiosité, un œil immense était inscrit en sa forme, celui du divin jugeant l'âme.

Le second aspect culturel, était véhiculé à l'insu de tous parmi les contes et légendes, il était connu comme étant une œuvre sublime de justice et de vertu, dont « *la quête* » emplissait de noblesse. Longtemps, il incita les arts lyriques à sa glorification et la chevalerie armée à sa défense. À notre époque, ce second Graal est à la fois mythique, littéraire et didactique, il séduit plus facilement les amateurs de légendes à l'esprit cultivé, publications, opéras, symphonies, mythologies théâtralisées lui conviennent parfaitement. Ses agencements sont allégoriques, sa mission est de véhiculer à travers le choix des mots et la diversité des réalisations, l'esprit culturel d'une *Tradition Primordiale imaginale*. Il se doit de dépeindre sous forme allusive, les principaux critères composant sa nature, en s'attachant au sens moral, tout en éludant la teneur de ses origines.

Un **troisième** aspect du Graal, que nous qualifierons de cultuel, servait de support au rituel des Parfaits. Il s'agissait d'une œuvre d'art concrète, elle représentait un calice ouvragé, serti de pierres précieuses ou sculpté en un pur cristal de roche, une pièce d'orfèvrerie d'une valeur vénale unique au monde. Un tel chef-d'œuvre répond aux critères numériques et géométriques ayant trait au premier, sans toutefois approcher, même de loin, sa richesse évocatrice. C'est ce Graal là pourtant que les hommes ont recherché avec le plus d'opiniâtreté, ce qui augure des appétences mentales et des aspirations initiales du genre humain. Ce calice, il est vrai, possède une authentique valeur marchande due aux nombreuses gemmes qui sont sensés orner les points particuliers de sa contexture. On peut imaginer une émeraude d'une rareté exceptionnelle, enchâssée au point sommital de son couvercle (linteau de 144°). Ce Graal ou « Saint Vaissel » aurait disparu lors du siège de Monségur, le dernier bastion de résistance cathare en 1244 de notre ère. Curieusement perché sur une montagne considéré sacrée, puisque l'éminence où avait lieu le culte, se trouve à l'altitude nécessairement théorique de **1273,239544** m (la clé pyramide). Si ce n'est le cas, le Calice en question a peut-être eu pour destin, de passer aux mains des Arabes en **711** à la bataille de Jerez de la Frontera où l'armée des Wisigoths fut littéralement anéantie.

Nous venons de constater, qu'il y a, fort curieusement, **711 années de vide** *au-dessus du sommet actuel de la Grande pyramide.*

En cette hypothèse, les Arabes auraient alors rapporté **le calice** au Proche-Orient, d'où il s'était expatrié quelques siècles plus tôt pour conquérir le monde. Il n'y a aucun doute que les légendes rattachées au Graal ont fait le tour du bassin méditerranéen pour opérer la plus mystérieuse des missions. Devant ces diverses et subversives menaces, la terrible inquisition de l'époque, se mit en devoir d'enrayer cette « *gnose novatrice* », qu'elle considérait dangereuse pour sa pérennité. Elle agit donc, avec la célérité que l'on sait. C'est peut-être ce qui a fait dire à jésus » *J'apporte l'épée...* », il aurait pu ajouter, « *en même temps que la croix,* » celle d'Orion, bien évidemment, car les deux croix (pathétique et de Saint André) *forment le drapeau britannique aux origines astrale et symbolique !* **Le Graal,** « l'authentique » que nous qualifierons **d'intemporel,** se trouve donc à jamais inséré au sein du concept pyramidal. Ce **Graal**-là, symbolise **la sublime référence**, il est inamovible, inclus en la structure de pierre, sa virtualité assure sa protection et sa pérennité dans les âges. Là où se géométrisent ses formes, il est à l'abri des déprédateurs et des iconoclastes, il est l'incontestable référence d'une **Gnose ancestrale**. Le lecteur aura compris, qu'il nous était impossible d'évoquer l'un des trois aspects, sans faire allusion aux deux autres, car ils sont les éléments composites d'une même nature, *à l'échelle de l'âme, de l'esprit et du corps.*

Nous avons vu que si nous tentons d'évaluer de façon conventionnelle la partie manquante de la pyramide sur l'échelle chronologique, nous obtenons la date de **1 780,519194 années** après le début de notre ère. Cette époque correspond à une intensité des conquêtes guerrières des sociétés occidentales, avec peu de respect pour les peuples dont on conquiert terres et biens, en outrageant leurs mœurs et coutumes. Conjointement, on assiste aux ultimes combats d'une laïcité pour enlever les derniers bastions du dogmatisme religieux encore inféodé au pouvoir. Les sociétés en effervescence vont bientôt secouer le joug des monarchies, mais parallèlement, elles vont s'acoquiner à un pseudo confort matériel, lequel par son apport quotidien de leurres, occultera graduellement la véritable « *raison de vivre* ». Ne laissant à l'approbation des peuples, d'autre téléologie que celle de se soumettre jusqu'à la perte d'identité au pouvoir d'une société de consommation, ruineuse de l'équilibre planétaire. L'homme aujourd'hui, replet de son rôle de consommateur consommé, est donc sur le point de replonger en ce néant d'où il croit naïvement s'être extrait. C'est sans doute cet aspect des choses, qui fit, que par une facétie du destin, l'échelle chronologique fut amputée de son sommet. Pour les observateurs que nous sommes, elle laisse un vide, qui va de la plateforme chaotique de nos ambitions temporelles, jusqu'au sommet de l'idéal humain.

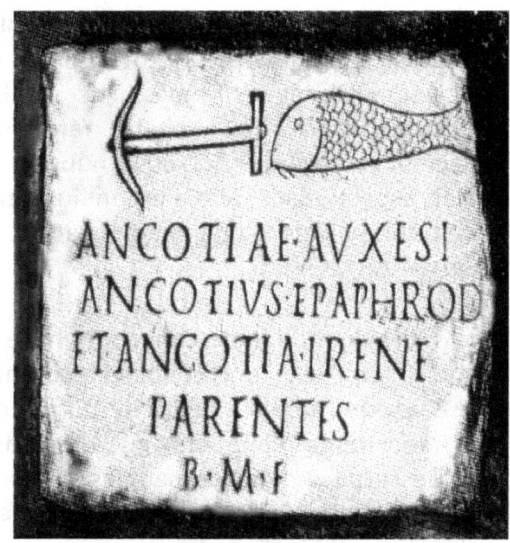

Le signe des Poisson aspire déjà au Verseau et le 14ième morceau du dieu Osiris, le sexe reproducteur (ancre et ankh) la parole perdue de **la connaissance,** est peut-être sur le point de remplir sa mission réformatrice.

La fin de l'ère des Poissons régurgitera-t-elle la quatorzième partie, symbolisant cet état d'interdépendance avec le divin ? Inscription réalisée vers l'an 100 début de notre ère, par les premiers chrétiens des catacombes de Rome.

DEBUT du IIIème MILLENAIRE

Année Luciférienne 2001 après JC

490,7355523 années de la fin du cycle

(N° 3 sur le plan)

DIEU = **102** (Primosophie) LUCIFER = **201**

2001 marque donc le début du désarroi mondial.

Sans intention de plagier les Grands devins, nous constatons que le nombre « *99 VIE en Primosophie* », se trouve être juste avant le « 100 ou SANG » symbole de mobilité vitale, mais aussi de versement. Il faut que notre société adopte impérativement à l'échelle planétaire, des mesures drastiques pour changer les mœurs instituées, sinon, cette civilisation se terminera dans la haine de l'autre et les conflits d'intérêts. Ce n'est pas là une affligeante prédiction, c'est une évidence banale, trop banale, pour qu'elle soit considérée comme une bulle de divination. Une société humaine axée sur le seul profit est un non-sens, son obstination de conduite une calamité. Aucune civilisation, aucune société ne peut nourrir la moindre espérance en le futur, si elle baigne dans *une amoralité généralisée*. L'argent a graduellement tout pourri, les gouvernants, les syndicats, les sports, les services de santé publique, les œuvres culturelles et caritatives, les religions et les technologies les plus salutaires avec la piraterie des cybernautes. Aucun art, aucun projet, aucune idée même, n'est à l'abri de cette engeance mortifère. Une seule option peut sauver le monde d'aujourd'hui, *la foi en une valeur spirituelle commune*, qu'il nous appartient de découvrir. Hormis cela, toute autre réforme politique, sociétale, religieuse ou stratégique qui miserait sur *le bon sens* de l'être humain, ne peut que se révéler utopique, sauf en un seul cas, un seul... une catastrophe planétaire. Là où le milliardaire en caleçon serait soutenu dans son dénuement par le SDF fouilleur de poubelle.

Georges Vermard

Les années cruciales

Danger et Confusion

2 020 après JC

À 471,74300 années de la fin du demi-cycle.

(N° 2 sur le plan)

Lorsque les 20 premières années du troisième millénaire auront exhalé leurs miasmes annonciateurs des plus imminents dangers, lorsque les signes, symbole de notre inconséquence viendront déjouer chacune de nos options, lorsque nos prières n'auront plus pour dessein d'améliorer un compte en banque ou de placer notre dieu à l'apogée, mais d'épargner l'existence de nos enfants. Alors nous aurons franchi l'ultime étape avant que ne s'exerce notre déchéance psychologique. En cette année 2 020 *ou deux milles vint avec son cortège d'épreuves*, nous passerons un cap décisif concernant la mutabilité des sociétés et nous entamerons l'ère subversive de la fin du demi-cycle.

Que voyons-nous à l'horizon de cette date ?

Les guerres religieuses du Proche-Orient ont fini par exporter leur nocivité dans l'esprit des populations européennes fragilisées par les dissimilitudes. En France, la masse de souche magrébine a largement dépassé les dix millions d'individus, un fort pourcentage ne s'est jamais pleinement intégré et forme désormais une réelle opposition à la laïcité étatique proclamée. De mœurs distinctes, cette population allogène peine à adhérer à un mode existentiel qui heurte son système éducatif et moral. L'Europe et particulièrement la France, sont soumis à des attentats journaliers à caractère répétitif. Le monde occidental dans son ensemble, est devenu la cible permanente des extrémistes de tous bords et les voix officielles ont perdu toute crédibilité pour tenter d'apaiser les esprits.

Devant la pluralité et la gravité des attentats perpétrés contre les organismes d'états et les communautés religieuses, l'assemblée nationale française décide d'adopter une loi, qui désormais, punira les auteurs de *toute allégorie à caractère attentatoire représentative des religions déclarées*. Une autre, prévoit *la construction de Mosquées en fonction de la surface au sol par densité de population concernée*. L'annonce d'une participation de l'état à raison de 80% provoque une réaction de la population laïque entrainant des centaines de victimes dans plusieurs villes de France. L'autorisation est donnée à des grandes surfaces spécialisées, d'ouvrir leurs portes à une clientèle exclusivement musulmane. Il n'y a plus que 10% de français de souche juive qui demeure en France par rapport aux premiers attentats de 2015. Avec la masse interconfessionnelle croissante et l'apport d'un système de pensée distinct de celui de la population autochtone, l'anxiété gagne toutes les couches de la société. La république laïque tremble sur ses fondations, elle affiche un désarroi de mauvais augure qui est vécu par certains comme une humiliation inacceptable.

À l'opposé d'une glissade inquiétante des courants populaires, il s'organise une chaine d'union pour tenter de sauver la biosphère en grand danger de pollution climatique. *Fait marquant, quelques intellectuels se risquent à élaborer un principe de gouvernement planétaire, que ne régenteraient non point des carriéristes, mais des hommes et des femmes connus pour leurs qualités humaines*. De sages idéologues pensent que c'est la seule issue possible, ceux-ci auront dans un premiers temps, l'audience médiatique que l'on réserve aux amuseurs publics, avant que l'on ne conçoive que c'est là, le tout dernier espoir avant l'irrévocable. Mais les forces de l'ombre veillent !

Parallèlement à ces courageuses initiatives, des groupes armés aux intentions plus pragmatiques, font peser de lourdes menaces sur une population qui tarde à s'ébrouer de la quiétude d'un état providence lequel visiblement n'est plus de mise. Partout dans le monde, les démocraties sont chahutées, les populations se montrent réticentes à les placer sur l'éminence des formules sociétales. La fréquence des situations conflictuelles provoque de brusques altérations des systèmes économiques et socioculturels, due en partie à un afflux toujours plus conséquent de populations en exil. Le chômage n'est plus simplement inquiétant, il est devenu catastrophique, concernant en certains endroits le tiers de la population. Par voie de conséquence, il s'opère un déferlement des actes répréhensibles, les émules des RAPeurs du « Rien

Â Perdre » évoluent vers une forme nouvelle d'anarchie, elle consiste à saccager les biens publics. Ceux-là prétextent, que les temps sont graves et qu'il faut faire table rase de tout le mobilier des apparences. C'est la marche déferlante des « CINQ-PAS », **P**as d'argent, **P**as d'instruction, **P**as de patrie, **P**as de travail, **P**as d'avenir.

Conséquence : ébranlement graduel des bases civiques, altération des valeurs communes, corruption généralisée des politiques et des organismes de référence. Les prisons sont plus que jamais insuffisantes, elles regorgent de détenus, consécutifs à une recrudescence imprévue du grand banditisme dont les effectifs se sont organisés en commando munis d'armes de guerres. 20% des billets de banque en circulation sont faux, on assiste à une mise à sac quotidienne des lieux de cultes, la haine ici ou là atteint un seuil de démesure. Partout dans le monde, les conflits disputent leurs pouvoirs de nuisance à la pluralité des catastrophes naturelles. Le danger adopte les formes les plus diverses, bactériologiques, atomiques, écologiques et surtout climatiques. Corrélativement, des courants d'idées nouvelles, animés par des sentiments de paix qui flairent bon l'utopie, cherchent à faire entendre leurs voix. Mais le mal-être est si grand et les haines si tenaces que l'inconduite prime sur le bon sens. En occident, médias et « showbiz » flattent toujours à satiété le superficiel, comme pour désamorcer le côté gravissime des choses. Les sports de fauteuil, collectionnent les matches truqués, les pubs qui s'égayaient hier encore avec les pros du business consommateur, prennent la teinte pâlotte des grands malades, un été s'achève pour la cigale et ses albums. La nuit s'avance et quelques inconditionnels optimistes prédisent qu'elle va être étoilée, que nous aurons demain, plus encore de facilités technologiques, plus encore de distractions, plus encore de détente et de loisirs. L'ennui, c'est qu'il y a de moins en moins d'individus aptes à écouter le chant des sirènes, et le temps restant pour reconstruire *le Pyramidion anéanti*, est plus qu'hypothétique.

Ces prévisions ne sont certes pas très optimistes, elles ne sauraient pourtant être comparées à des visions prophétiques, elles sont le simple résultat d'une analyse qui se veut déductive. Lorsqu'un véhicule est lancé à folle allure sur un obstacle, qui n'est plus qu'à une dizaine de mètres de lui, ce n'est pas être devin que de penser qu'il va le percuter. C'est le contraire qui serait étonnant et qui relèverait du miracle. Les décisions en voie d'être prises pour tenter d'enrayer le processus de dégradation, seront toujours inappropriées aux conséquences. Les raisons sont multiples, en premier ; toute décision est freinée par un banal dérangement du confort public, elle se heurte ensuite au processus démographique des partis opposés. Enfin ces dispositions ont toujours un temps de retard sur la progression des désagréments, pour l'évidente raison, que ces mesures, sont le plus souvent inadaptées aux causes, quand elles le sont aux effets.

Malgré toutes ces lacunes, 2020 restera pour certains qui auront la chance de passer à travers les gouttes, l'époque du paradis. Compte tenu de ce qui nous attend dans les décennies à venir, si nous n'avons la bonne idée de nous orienter différemment sur les chemins du futur. Mais espérons, car ce n'est pas lorsque la population constate qu'elle est encline à prendre des décisions, c'est lorsqu'elle est impliquée, et ce sera demain le cas. Il lui faudra choisir pour la lutte et le sang ou l'esclavage et la déchéance, ce choix a souvent été celui des peuples, ce sera demain, celui de vieille Europe.

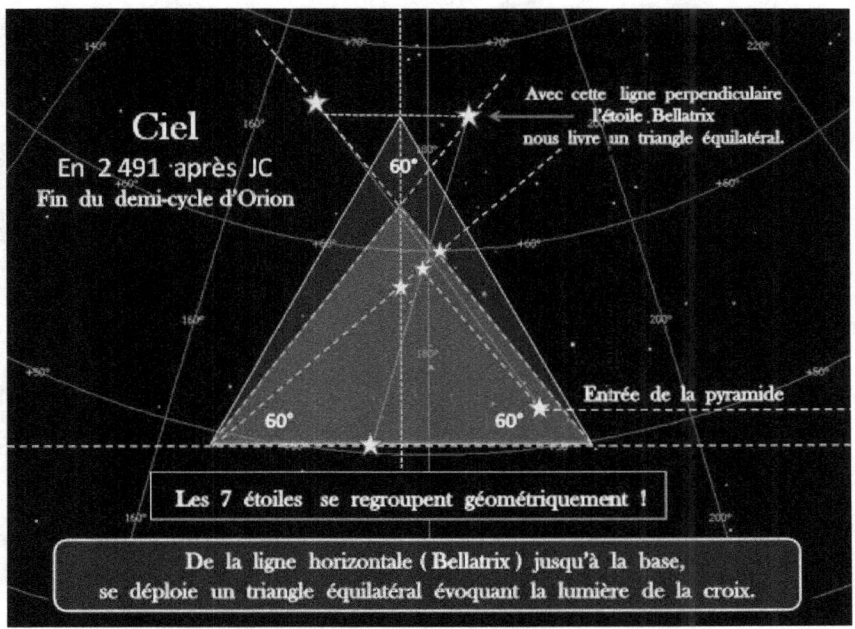

Il est étrange de constater dans le ciel de cette fin de demi-cycle, cette insolite disposition stellaire des étoiles d'Orion sur le méridien. Elles déterminent la pente de 51°51' de la Grande Pyramide comme étant la référence à consulter. Un triangle équilatéral nous avise d'une époque transcendantale en symbolisant le passage d'un feu purificateur, couvrant la forme pyramidale. Serait-ce le point culminant de « *l'âge d'OR* » des légendes anciennes ?

Nous avons hélas encore quatre siècles à gravir avant que ne s'affirme « *une raison d'être* », qui ne soit pas assujetti à l'épaisseur de notre sac de billes. Ce qui signifie, que nous devons dès à présent, procéder aux modifications de notre état mental, pour que nos descendants ne soient pas obnubilés par ce mot de « *croissance économique* » qui est le tatouage le plus débile, qui nous désigne à la communauté céleste comme des pithécanthropes attardés.

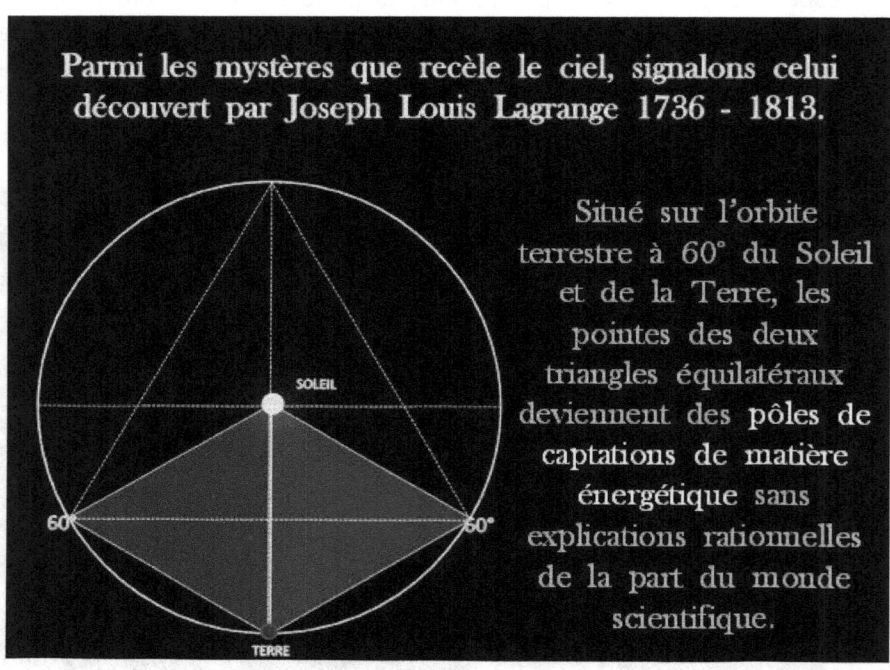

Le ciel nous montre les voies de l'équilibre, mais nous, hommes de peu d'élévation, ne voyons que ce qui meuble l'apparence en nos misérables vies. Nous oublions *la profondeur* parmi les trois dimensions.

À l'échelle astronomique cette profondeur est un voyage parmi les étoiles initiatrices des mystères de la vie. Si le merveilleux nous est caché c'est que nous nous devons de le découvrir, et surtout de l'interpréter. Si nous parvenons à ce stade de lucidité nous entreverrons nettement que le monde n'est pas dû à des effets de coïncidence, et que nous êtres humains ne sommes pas le produit de pur hasard. Nous avons un rôle à jouer, l'ennui c'est qu'il ne nous est pas dicté et que nous nous devons de le pressentir. Le courage est une porte ouverte sur l'inconnu, franchissons là, et ayons la curiosité de réapprendre à vivre avec l'intuitif pour précepteur.

Georges Vermard

L'ÂGE d'OR ou le CHAOS

2 049,805606 années après JC

441,9299501 années de la fin du demi-cycle

(N° 1 sur le plan)

Cette date correspond à l'abaissement de la hauteur totale de la Grande Pyramide, soit 147,131768 m, et la mise à niveau de sa base sur *la ligne de départ du cycle précessionnel*. L'extrême pointe du pyramidion nous donne alors cette date, proche de **2050 après JC**.

Selon un premier et idyllique scénario, cette date étant atteinte, elle pourrait être pressentie comme le seuil de « **l'âge d'or** ». La planète lave lentement ses plaies, la vie collective a recommencé sur des bases tout à fait nouvelles, animée par une solidarité humaine axée sur le bon sens et la dignité des personnes.

La société a enfin admis l'essentialité d'un reconditionnement orienté sur une autre manière de vivre. En premier lieu, une normalisation de la natalité, elle est maintenant exigée sous toutes les latitudes, les nuisances occasionnées par la surpopulation mènent le monde à sa perte. Il faut donc faire en sorte que pendant un siècle ou deux, il y ait plus de décès que de naissances, et la législation sur ce point est intransigeante. Il faut atteindre le plus rapidement possible *l'équilibre démographique* des années 1930, environ deux milliards d'individus. On prend désormais grand soin de l'atmosphère des océans, des animaux et des plantes. On a mis en pratique de nouvelles énergies non polluantes et peu onéreuses. Les courants délétères des années 2020, se sont lentement résorbés, tout être humain sur la surface du globe a un toit, un travail correctement rémunéré, de l'eau, de la nourriture, des soins et des possibilités éducatives. Des principes civiques et des lois communes mondialisées donnent le sens du respect et de la mesure. Les problèmes de parité homme femme, sont désormais placés au rang des archaïsmes dont on a honte d'évoquer l'existence passée. Mais pour préserver la complémentarité des attirances réciproques et en entretenir l'harmonie des couples, les fonctions des deux sexes sont désormais clairement définies, jusque dans la vêture à l'exception près des commodités. La scolarité primaire garçons filles n'est plus mixte, ce qui incite à un langage plus réservé pour les filles et à un comportement viril plus affirmé chez les garçons. Les résultats scolaires sont ainsi améliorés de 40%. Deux langues parlées sont sélectionnées, l'une véhiculaire à une échelle mondiale, l'autre s'il y a lieu, régional. La démocratie, cet énorme mensonge accolé au peuple souverain, a été officiellement remplacé par *la démologie* ou le simple « bon sens » de la race humaine.

Désormais :

> **Une fédération gouvernementale planétaire** veille sur la paix pour tous. Il n'y a plus d'états souverains, la planète est fragmentée en de Grandes Régions semi autonomes, les ambitions hégémoniques d'hier sont ainsi évacuées. Les Grandes Régions dont nous faisons état, sont limitées en superficie et en densité elles ne dépassent pas quatre millions d'habitants. Les administrateurs sont désignés pour leur compétence et leur probité, ils sont affectés à des ministères renouvelables tous les cinq ans. Ces délégués, démunis d'ambitions personnelles, exercent leurs mandats en une parfaite application des lois avec un état de conscience et une probité à toute épreuve.

Le chômage est un terme archaïque qui n'a plus la signification angoissante des années 2015, des conventions planétaires veillent sur l'équilibre sociétal et le bien de tous, par un système judicieux de répartition des exploitations industrielles et artisanales. Pour exemple, le rendement économique n'étant plus une préoccupation, le mot *rentabilité* est remplacé par le mot *équilibre*. Une marque de voiture n'est pas considérée spécifique à l'industrie d'un secteur, mais elle regroupe des éléments de fabrications dans huit ou dix régions. Les zones industrielles du début du siècle, sont morcelées en une pluralité de petites industries et ateliers artisanaux où chacun retrouve une qualité de vie. C'est le cas des poly-boutiques, les grandes surfaces regroupent aujourd'hui des centaines de détaillants indépendants. Les salaires sont régentés de façon interétatique quel que soit sur Terre le lieu de travail, ils sont régis par des barèmes particuliers, selon les compétences et la pénibilité. Honneurs, distinctions et période d'activité écourtée, remplacent primes, dividendes ou privilèges de toutes natures. L'actionnariat est interdit, les marges de chaque entreprise sont celles du fonctionnement, elles sont soumises à une réglementation stricte sans privilège aucun. Il n'y a plus de rentabilité, mais un quota variable de production, ainsi travail et loisirs sont répartis en des espaces temps au mieux des intérêts de tous. Retenu à la source, l'impôt est ensuite dispensé à raison de 80%, selon les nécessités planétaires, avec un retour de 20% à chaque région de prélèvement. Il n'existe plus aucun cas de pauvreté dans le monde, nonobstant, tout individu valide est placé dans l'obligation de travailler, la mendicité est interdite, l'homme doit se mériter lui-même.

Le terme « société multinationale » est compris comme l'aberrance même des systèmes à rejeter, elles figurent en tête sur la longue liste des anormalités cautionnées par les politiques gouvernementales du passé. Toute forme de spéculation financière est désormais interdite, il n'y plus de banques privées, les comptoirs actuels sont convertis en un système de prêts régionaux, ils ne doivent réaliser nul bénéfice et leur fonctionnement est régi par la convention centrale planétaire. La richesse personnelle n'est pas bannie du système sociétal, mais elle ne peut se réaliser dans le domaine spéculatif. Elle est réservée à ceux qui contribuent au bien commun, aux inventeurs, aux gens de l'art, à ceux qui exercent des métiers pénibles ou à hauts risques. Cette richesse est toutefois limitée à ce qu'impose la décence et cela dans le cadre des lois communautaires. Les tentatives de profit illicite sont mises à l'index, les exploiteurs et leurs proches sont écartés à vie de toutes formes de possessions personnelles et de pouvoir. Une monnaie unique est en circulation à l'échelle de la planète, elle prévient ainsi de toute spéculation d'un continent à l'autre. En ces temps d'assainissement moral, les êtres humains ont troqué leur sens inassouvi du gain, contre celui vital d'un civisme salvateur.

> L'adhésion à des religions ou idéologie philosophique est parfaitement licite, dans la mesure où celles-ci sont vectrices de paix, d'amour de son prochain et ne comporte aucune ambition axée sur le pouvoir et le profit. La spiritualité relevant d'un Principe Créateur Universel est entérinée par des preuves scientifiques longtemps dissimulées au grand public et enfin révélées comme étant un facteur déterminant d'évolution et de cohésion sociale. Cette spiritualité ne comporte aucun dogme ritualisé, si ce n'est un amour de la nature du créé. Le prosélytisme est interdit, il est

> avantageusement remplacé par l'exemple d'un mode de vie au quotidien. L'humanité a enfin compris qu'elle ne peut pas se dissocier de la pensée spirituelle, à condition qu'elle ait un prolongement logique et vérifiable dans les aspects physiques de la nature. C'est désormais à la science de le prouver, alors que depuis son émergence, elle employait des méthodes antagoniques.

Les technologies font l'objet d'examens permanents de non nocivité, elles n'apparaissent sur le marché que si elles répondent à des impératifs rigoureux. Les médicaments sont soumis à des contrôles drastiques et la médecine est de nouveau plus proche du sacerdoce que de la comptabilité.

Il existe deux codes juridiques, l'un est d'application universelle, il est obligatoire à 75%, il a trait à la laïcité, la dignité, la protection et la santé des personnes, il s'applique à l'ensemble des populations de la planète. Une loi seconde ou complémentaire à ces 75%, concède 25% de particularisme régional, à condition que ces 25% ne soient pas en opposition statuaire des mesures énoncés dans les 75% de la loi commune et première.

L'érotisme est largement toléré, mais la pornographie prohibée. Il en va de même pour les jeux d'argent, les alcools à très fort indice, et les stupéfiants sous toutes leurs formes. Lorsque la conscience de l'homme est altérée, il n'est plus responsable de ses actes. Des cours de civisme, de déontologie et de philosophie sont obligatoires en scolarité. Le mariage entre homosexuels ne saurait être envisagé, mais un pacte d'alliance est consenti. Sont non tolérés toute manifestation de masse se réclamant de ces différences en flattant leurs artifices.

> De telles mesures, examinées à travers le kaléidoscope du déclin de notre civilisation, pourraient passer pour discriminatoires. Elles sont en fait le moyen le plus efficace de préserver une société de la dégénérescence, par absences graduelles des repères de normalité. Chez l'homme, hélas, lorsqu'un vice est encouragé, il prend le dessus sur toutes ses qualités naturelles. Il n'y a pas de brillante société dans l'histoire du monde, qui n'ait dégénéré par l'usage de ces dangereuses incuries. Les interdire ce n'est pas les chasser, c'est circonscrire leur potentiel de nuisance et refreiner leur amplitude.

Le refus de la peine de mort est la seule mesure que la société nouvelle aura su préserver, considérant qu'un être humain est perfectible jusqu'à son dernier souffle, quels que soient ses crimes. Les prisons ne subsistent plus en tant que telles, les détenus sont astreints à des tâches collectives surveillées par des systèmes électroniques, ils évoluent au sein d'équipes de travailleurs pour se réinsérer dans les meilleures conditions possibles. Les grands criminels jugés irrécupérables, sont stérilisés physiologiquement et regroupés sur une ile de grande surface, dépourvue d'autochtones. Cela quelles que soient leurs origines et leurs aspects comportementaux, afin qu'ils essayent d'organiser à vie et entre eux, leur existence de crapules.

Il y a certes encore des contraintes de second ordre qui s'amenuisent avec le temps, mais jamais… jamais l'humanité n'a été aussi heureuse, la confiance en l'autre est rétablie avec le sens de l'équité. La planète blessée panse lentement ses plaies, 2050 est désormais une ère de lancement pour un avenir meilleures, sur le plan végétale, animale et humain. Quand la conscience de l'homme est défaillante, il faut que ce soit les lois qui suppléaient à sa faiblesse.

OU !

Si nous ne modifions pas la totalité de nos critères existentiels actuels, si nous persévérons à exploiter nos semblables plus démunis que nous. Voyons ce que sera la vie sur Terre au terme des 30 années à venir après l'an 2020.

Selon un scénario différent de celui que nous venons d'exposer, et ce dernier, hélas, est de loin le plus probable. Les 1% des possédants exploitant la moitié des richesses de la Terre, par rapport aux 99% d'êtres humains tenant de l'autre moitié, ont provoqué le grand déséquilibre. La société humaine est plus fragmentée qu'elle ne là jamais été. L'illusion européenne, moquée, dénaturée, aura perduré jusqu'à la fin des années 2030. C'est grâce à la difficulté croissante d'exercer ses bénéfices sur les populations appauvries de l'Europe, que ses services financiers ont décidé de tenter l'aventure en Afrique où quelques marchés d'extractions minérales se montrent encore florissants. Il faut dire qu'il n'y a plus un état qui offre les garanties de sécurité nécessaires aux grosses fortunes d'antan. Pour continuer à faire fructifier leurs intérêts, celles-ci sont contraintes de s'expatrier aux grés des opportunités que leur offrent les marchés tournants, en perdant à chaque transfert des sommes considérables, ce qui rend leur fortune de jour en jour plus aléatoire.

En France métropolitaine, ces nantis d'antan se protègent encore tant bien que mal en dilapidant les profits amassés dans leurs années lucratives. Mais ils sont aujourd'hui contraints de se parquer en des citadelles placées sous protection électronique, dont les périmètres sont entourés jour et nuit d'hommes armés. Le plus souvent, ces défenses illusoires attirent la convoitise des truands, aussi finissent-elles par êtres prises d'assaut par des bandes organisées, munies d'armes lourdes. Ces enclos sont alors rasés ou saccagés, leurs occupants massacrés ou au mieux réduits à l'état de précarité.

Villes et campagnes sont à raison de 60% agencées par parcelles de territoires à tendances ethniques ou religieuse. Ces zones quelles qu'elles soient ne se traversent qu'en payant péages, elles sont sécurisées jour et nuit par des escadrilles des drones armés. En France de nombreuses parcelles du territoire se sont déclarés autonomes, principalement magrébines, elles se qualifient avec une pointe de cynisme de « *Zone de reconquête 124 ou 216* ». Par amendement spécial, ces périmètres d'occupations disséminés çà et là sur le territoire sont exonérés d'impôts, ils recouvrent des espaces comprenant des centaines, parfois des dizaines de milliers d'hectares. Certains d'entre eux sont spécialisés dans le négoce des stupéfiants, qu'entretient par déchéance chronique une abondante clientèle. Ces territoires sont prudemment ignorés par les rares services de sécurité publique, encore en état de donner l'illusion d'une présence.

La plupart des régions réputées hier touristiques ont été légalement vendues sous les politiques laxistes des gouvernements successifs, toujours à court de finances publiques. Plus rien de ce qui constituait naguère le patrimoine culturel de la France ne lui appartient. Châteaux, vignobles, ports de commerces ou aéroports sont la propriété de fortunes étrangères. Le Louvre même a atteint 49% de capitaux étrangers et la Tour Eiffel a été mise en vente au plus offrant. Les gouvernements tournoyants qui conduisent ce qui demeure du pays, ont donné pour explication officielle, que le système administratif de payement était en grande difficulté et qu'il n'y avait aucun autre moyen de gérer la situation actuelle. Il fallait persévérer à négocier aux plus offrants les biens d'état, pour payer les dettes des services publics. Ces tractations commerciales connurent un ralentissement, lorsque l'état se montra incapable de défendre les biens étrangers et qu'il fut décidé que c'était à ceux-ci d'en assurer la sécurité avec leur propre système de force armée.

La chambre des députés est désormais composée de plus de 70% d'élus français, mais d'origine étrangère à l'hexagone. Certains affirment, que si cette assemblée existe encore, c'est uniquement pour les avantages qu'elle procure aux élus désignés, qui ne le sont que par divers engrangements mafieux, appuyés par des lobbys d'intérêt. Les frasques gouvernementales diffusées sur « le netéléspide » concernant l'immoralité des députés, ne suscitent plus depuis longtemps de commentaires. Le peuple sait qu'il n'existe aucun moyen d'agir pour réformer ce système intégralement putride. Et c'est ainsi que les frasques les plus ahurissantes de ceux-ci ne soulèvent aucune remarque. Lors des élections, il n'y a plus que 25% de suffrages exprimés. La nature est devenue partiellement inféconde, les végétaux sont restreints ou engendre des reproductions atrophiées, il en est de même du monde animal. La gente masculine devient corrélativement stérile, la drogue lénitive remplace le désir de l'autre, certains s'en réjouissent, voyant là, la fin d'un monde sans repères. L'afflux d'ondes nocives en corrélation avec les effets de l'air et de la nourriture ont lentement eu raison de la virilité masculine. Près de 40% de la population adulte connait des problèmes de ce type, alors que plus de la moitié des nouveau-nées ont des faiblesses d'organes ou des anomalies congénitales. Les femmes désireuses d'enfanter ont le plus souvent recours à d'anciennes semences conditionnées, jugées plus fiables, elles se rétrocèdent à des prix astronomiques. Malgré un ensemble de méthodes drastiques, l'air des villes est certains jours irrespirable, zones contaminées, pesticides et rejets chimiques véhiculent des maladies résistantes à toutes thérapies. Les zones urbaines sont saturées de produits incontrôlés et dangereux, les moyens mis en œuvre pour enrayer ce processus de dégradation ont été saboté ou détruits. Les conditions climatiques extrêmes produisent année après année des situations désastreuses. L'eau potable est dénaturée, celle qui est encore buvable se vend à prix d'or, la nourriture contient des éléments radioactifs et toxiques, du bisphénol aux OGM engraisseur, en passant par les formaldéhydes, tous les signaux d'alarmes sont au rouge. Les survivants à ces conditions extrêmes, ont des maux de gorge chroniques et des inflammations des voies respiratoires.

Les valeurs morales déjà sérieusement affectées en 2020, se sont effondrées. La vie déroule son quotidien avec une population amorphe, gavée de préceptes publicitaires aux effets subliminaux, elle est manipulée par des allégations télévisées lénitives, qui favorisent des comportements grégaires irresponsables. Les crimes crapuleux sont faits courants, les huit dixièmes demeurent impunis, l'insécurité est partout, les hôpitaux et les corps d'interventions publiques n'existent plus qu'à l'état résiduel. Toute assistance en cas de sinistre est payée par la victime ou ses proches, les ordures sont prises en charge à condition d'un paiement comptant, le plus souvent en nature. Les services d'acheminement de courriers ne fonctionnent que partiellement, pour éviter les visites préalables des colis, la distribution est conditionnée à de substantiels pourboires. À l'image de la langue d'Ésope, Internet-télévisuel 3 D est devenue la meilleure et la pire des choses. Le piratage électronique est un constat aussi banal que celui de lever le pied lorsqu'un trottoir se présente. Toute tentative de parade est rapidement déjouée, des milliers de virus élaborés par des anarchistes cybernautes rendent les transmissions aléatoires ou impossibles des jours durant. Ce sont les enfants qui sont le plus perturbés par l'apport de ces technologies kaléidoscopiques, celles-ci les placent dans un monde virtuel naturel qu'ils ont du mal à intégrer, d'où de nombreux cas de suicides ou de psychopathologie précoce.

Des bandes interlopes errantes d'individus armés font force de loi, ils agressent, pillent, violent et parfois tuent, sans qu'aucun organisme public n'intervienne. La raison évoquée, est que les services d'ordre ne veulent pas risquer leur vie pour de misérables salaires, payés par intermittence. Quels que soient les risques encourus, des zones rurales en rouge sur les cartes, ne sont plus visitées par les services d'urgence. Les puces magnétiques corporelles ont créé de graves situations sanitaires et matérielles. On a de nouveau recours à la monnaie, mais la fausse est si répandue que la pratique marchande est tombée en désuétude, le troc est le seul ersatz qui permet aux plus roués de subsister. Il n'y a pas une propriété privée qui ne soit visitée au moins deux fois dans l'année par des bandes de pillards organisés, lesquelles effectuent des prélèvements qualifiés par eux de « raisonnables ». Les mêmes établissent sur les routes départementales des péages sauvages et spontanés, quand ils ne détroussent pas leurs victimes. Des séries d'accidents sont provoquées par des câbles sectionnés ou des plaques d'égout faisant subitement défaut sur la chaussée. Le moindre voyage ou déplacement devient une aventure, les trains peu nombreux, surchargés et insécurisés ont de vagues horaires de départ, mais n'en ont plus pour l'arrivée. Usines, commerces et immeubles qui n'ont pas pris les mesures nécessaires, voient leurs installations électriques ou sanitaires disparaître. La plupart des ascenseurs ne fonctionne plus, ils servent de toilette au plus pressés. Les rares sociétés de transports publics sont protégées par des organisations maffieuses stipendiées. Les routes sont défoncées ou impraticables, les carburants les plus composites se vendent au marché noir et chaque déplacement éloigné de son domicile est un pari que beaucoup ne tentent plus. 40% des véhicules circulent sans permis, sans assurance ou carte grise, les quantités d'infractions, font que règlements et procès-verbaux sont devenus inapplicables. Faux et vrais agents de la force publique se déplacent par brigades armées de fusils d'assauts, ils exigent que les contrevenants payent sur le champ leur amende, le plus souvent sans remise de reçu. Toute contestation entraîne une prime supplémentaire, pour soupçons et outrages à agents assermentés. Leurs méthodes inquisitrices s'appliquent dans tous les domaines, y compris le racket de protection. Les marchands d'illusions courent les campagnes pour proposer leurs soins aux milliers de malades que les hôpitaux et services sanitaires encore en fonction refoulent. Impôts, assurances, crédits et remboursements ne sont payés que partiellement, de façon épisodique ou pas du tout, les recours trop nombreux sont sans suite.

Il y a longtemps que le mot « chômage » n'a plus de signification, 20% seulement de la population a un emploi, la plupart du temps précaire et sans couverture sociale. Les retraites sont dérisoires, réglées avec des mois de retard, elles sont le plus souvent détournées ou suspendues sans raison légale. La prévarication des fonctionnaires encore en poste, est un truisme désormais indissociable des nouvelles mœurs. Les diplômes s'achètent sans qu'il soit besoin de passer un examen, mêmes ceux de pilotes de lignes aériennes, les usurpateurs sont partout. Dans les villes à très fortes densité, toutes les langues sont utilisées pour se faire comprendre, aussi s'agglomère-t-on par affinité raciale pour faire face aux agressions et brigandage. Les faux papiers constituent une industrie lucrative généralisée rivalisant avec la fausse monnaie. Mendiants et sans logis abondent, ils deviennent une entrave à la circulation publique. Dans les centre villes, les conducteurs de véhicules ne peuvent progresser, qu'en lâchant des billets à faibles valeurs par les vitres entrouvertes.

L'eau de mer est polluée, saturée de produits chimiques, de méduses et d'algues dévoreuses d'ordures. Il n'y a plus guère de poissons, mis à part quelques fosses marines, défendues d'accès par des bateaux de guerre. La pêche intensive, la radioactivité, les métaux lourds et les iles flottantes de déchets ont eu raison de leur présence. Les couches ionosphériques ne retiennent désormais qu'une faible partie des ultras violets, plus aucune personne raisonnable ne s'expose au Soleil, de crainte qu'un cancer de la peau ne s'ajoute à leurs malheurs. Les glaces des pôles ont énormément fondu, au-delà des prévisions les plus pessimistes, faisant monter considérablement le niveau des mers. Des milliers d'iles et atolls ont disparu, les plages du littoral se sont amplement modifiées en un demi-siècle, certaines ont reculé de plusieurs kilomètres, d'autres se sont effacées sous les eaux, de larges zones hier encore habitables ne sont plus accessibles. De partout sur la planète, faune et flore régressent de façon alarmante, au point de disparaître totalement, laissant la place à des lichens malodorants et à la prolifération de méduses.

L'armée est devenue une force militaro-industrielle à caractère semi-privé, elle exerce une défense territoriale sur les secteurs d'intérêt spécifique au commerce international. Des forces dites « de l'ordre », sont conduites par des sbires de la propagande informationnelle, ce sont les émondeurs de la pensée publique. Ils soumettent et parfois éradiquent les derniers individus libertaires, présumés agitateurs de la paix sociale, en fait des écrivains ou journalistes dénonciateurs de méthodes totalitaires et répressives.

Face à cette déliquescence dû à une amoralité généralisée, des milliers d'individus en rupture d'équilibre, se rassemblent sur des lieux élevés, pour implorer le Ciel, d'achever ce monde déchu par un cataclysme planétaire. D'autres procèdent à des suicides collectifs programmés sur internet, la drogue a déjà fait de tels ravages, que l'on peut voir aux carrefours des cités, des dizaines d'individus prostrés dans l'attente de la mort ou de secours inexistants. Des écoliers achètent des stupéfiants désormais en vente libre, comme il en était des sucettes un siècle plus tôt. De nombreux mots ont disparu du dictionnaire. Ainsi, en France de nos jours, le mot « contrebandier » n'a plus grand usage, à l'identique, beaucoup d'autres termes sont tombés en désuétude. Point d'avantage qu'il nous viendrait aujourd'hui à l'esprit, de traiter quelqu'un « d'inhumain », il ne nous viendrait à l'idée en ces temps-là, de l'affliger du qualificatif de « voleur ». Pour l'évidente raison que tout un chacun est, par goût, vice ou nécessité, impliqué dans le contexte général du chacun pour soi. Les mots tels que crapule, violeur, escroc, prévaricateur, déprédateur, arnaqueur, fraudeur et beaucoup d'autres, n'ont plus aucune signification. Ces noms communs sont avantageusement remplacés par d'autres plus saillants et adaptés au quotidien. Le mot « blaze » par exemple, qualifie celui dont la fonction lui permet un prélèvement de passage obligé. C'est ainsi que pour la moindre pièce administrative, nous avons à faire en plus des frais administratifs à cinq ou six blazes. Tout refus se solde par un non-aboutissement, pour cause variée, pièces égarées, erreur de formulaires, défaut de logistique, précisions insuffisantes… etc. Le « barge » désigne un élément d'une bande organisée dans les actes de banditisme, il est probablement membre d'une « bargeak ». Le terme de « souffrants » désigne en règle générale ceux qui viennent d'être dépouillés. « y a six souffrants à qui on a fait le peigne ! » Signifie, que six personnes viennent par eux d'être dévalisées.

Mais comment en est-on arrivé là ?

C'est simple, les pays dit émergents des années 2015 sont devenus en un demi-siècle, les premiers exportateurs de la totalité des produits de consommation courante. Mais avec les années les européens ont vu venir des voitures, des bateaux, des avions, des technologies nouvelles comprenant de la robotique, des engins balistiques et les armes les plus sophistiquées. Un pays tel que la France au train de vie longtemps supérieur à ces pays émergents, n'a pu conserver son standing que deux décennies durant, cela par la vente parcellaire de son patrimoine. En l'an 2050 celui-ci est devenu sectoriel ou inexistant. Les habitants ne peuvent donc plus subsister à l'indice élevé qu'ils se sont obstinés des décennies durant à ne pas reconsidérer. Ils sont aujourd'hui contraints à vivre de travails sporadiques à salaire réduit, équivalent aux salaires des pays qui ont émergé. L'apport quantitatif des populations émigrées est assimilable à une invasion de territoire, ils forment ainsi des centaines de milliers de camps sauvages au gré de leur situation ethnique. Les faibles produits fabriqués dans l'hexagone sont réalisés par de petites entreprises de façonnage aux directions étrangères. L'unique apport qui perdura au-delà des années 2 020, fut le tourisme, mais consécutivement à la situation intérieure profondément dégradée, celui-ci est devenu inexistant. Le savoir-faire français, longtemps prôné comme élément prépondérant et pérenne des ressources du pays, s'est graduellement effrité avec la faiblesse apathique et conceptuelle des générations nouvelles. Il fut aidé en cela par les manques de crédits et la puissance ingénieuse des pays en plein essor. En quarante ans la France, longtemps cinquième puissance mondiale, ne figure plus sur la liste des états prépondérants. Il en est hélas de même de la plupart des pays européens aux fortunes diverses, dont la surpopulation indigente a paralysé le système évolutif et ruiné le statut sociétal.

À la lecture de ces narrations, je pressens cher lecteur, votre sourire dubitatif. Cependant, dans une quarantaine d'années d'ici, si rien ne change de notre notion de vivre actuelle, ce sera et de beaucoup, plus inquiétant que ce nous venons d'évoquer. Loin d'être exhaustif, cet aperçu, n'est pas une mise en scène intentionnellement apocalyptique. Ce ne sont que des déductions logiques, dont les prémices sous-jacentes s'esquissent déjà en nos sociétés démunies de spiritualité, de raisons d'être et aveuglées par l'appât du gain. De tous les maux qui figurent sur les synoptiques des inquiétudes à venir, la moralité décadente de l'ensemble de la population est de loin le mal le plus effrayant, le plus inéluctable, le plus catastrophique. Aucune société au monde ne peut prospérer en état d'amoralité chronique, sa survie n'est qu'une question de temps.

Pourquoi ? Pour une raison très simple ; nous pouvons envisager in extremis des solutions pour enrayer toutes sortes de problèmes, du processus de dégradation écologique, au moyen de nourrir 10 milliards d'individus. Nous pouvons en utilisant des méthodes drastiques ramener en un siècle ou deux la population du globe à un indice viable et prometteur, cela est encore, pour très peu de temps, dans nos possibilités.

Hélas, si l'amoralité se généralise avec la disparition des générations encore en place, si le manque de civisme devient plénier, si les religions ne représentent plus que d'amusantes lubies, si la société se satisfait à réélire des gouvernants opportunistes ou corrompus, si tout a un prix, même la dignité, si la parole donnée n'a plus aucun sens et que seul compte le système « démerde ». Si la filiation parentale même, ne résiste plus à l'égotisme, si la plus fiable des assurances est aléatoire, si le profit domine tout, partout, alors aucune société au monde ne peut se redresser dans de telles conditions et nous vivrons, c'est inéluctable, une fin dégradante et programmée.

Vous n'avez plus le sourire cher lecteur... moi non plus ! Quelques décennies avant cette échéance, le choix semble nous être posé pour nos enfants nés et à naître. Ou, nous nous employons à reconstruire de manière symbolique le gnomon disparu ou nous persévérons à ployer l'échine sur la plate-forme tronquée de l'hédonisme des possédants.

Mais alors attendons-nous au pire, car cette plate-forme dissimule en sa virtualité la raison même de vivre. Autrement dit, il est temps que nous prenions conscience de notre position précaire sur ce sommet étroit et chaotique. L'aire y est restreinte et le moins que nous puissions dire, c'est que nous manquons « d'assise ».

La fin du demi-cycle

De l'année 2050 à l'année 2491,743

Points 2 - 1 sur notre schéma

Notre lecteur aura perçu que le passage effectif à « **L'âge d'Or** » (base du pyramidion), en **2225,16257** après JC, dépendra de ce que nous venons de faire valoir. Par voie de conséquence, la chose se passe de commentaires, mais pas de comparaisons, un vieil adage des Indiens d'Amérique du Nord, dit ceci : « *La Terre n'est pas un don de nos parents, ce sont nos enfants qui nous la prêtent* ».

Sur cette illustration, nous visualisons que la base du pyramidion symbolise le seuil de « **l'âge d'Or** » des légendes Antiques. Hypothétique bonheur d'une humanité parvenue enfin à maturité.

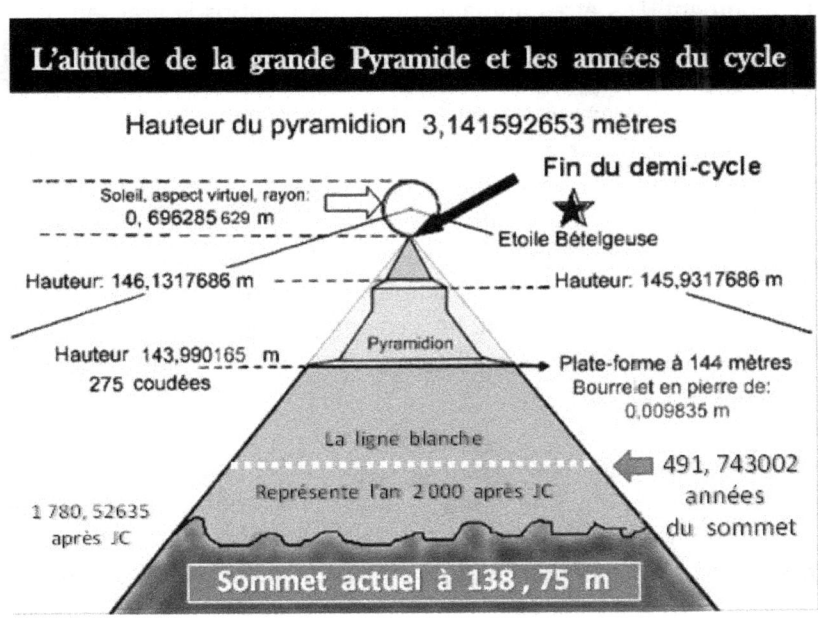

Fin du demi-cycle précessionnel **2 491,735** années après JC.

Georges Vermard

L'âge d'OR : Il se définira par nos capacités à agréer, preuves à l'appui, l'intelligence universelle que nous feignons d'ignorer :

Le **Principe Créateur**.

La constellation d'Orion a atteint sa courbe ultime d'élévation avec la fin de son demi-cycle précessionnel de 12 926,474 années. Nous constatons que ses 7 étoiles traditionnelles connaissent un temps de stabilité avant de perdre graduellement de l'altitude. C'est le point théogonique par excellence. Pendant quelques mois, la constellation parait s'être immobilisée dans le Ciel à sa position la plus haute, puis elle entame son retour fictif vers son point le plus bas. Retour fictif, car la constellation ne bouge pas, c'est la Terre qui se meut sur son axe et nous procure cette impression de descente et de montée. C'est alors que l'humanité ou ce qu'il en reste, s'apprête à franchir le passage de l'émeraude, âme secrète de « **la Tradition Primordiale** ».

Un rayon vert purificateur émane de son système orthorhombique, en forme de losange, semblable à la « ligature » des deux pyramides réelles et reflétées. L'instant est solennel, de grandes festivités corroborent l'événement. Les êtres humains ont enfin compris le vrai sens de la vie liée à la spiritualité. Vénérés, restaurés et entretenus, le Sphinx et les pyramides arborent une scintillante gratitude pour l'humanité en évolution. Personne n'a oublié que ce sont ces monuments, qui deux siècles plus tôt, ont donné l'impulsion régénératrice à une société en déliquescence. Par leur harmonie numérique et leurs indéniables ramifications avec les lois du cosmos, les pyramides de Gizeh auront su imposer au monde le témoignage patent du **Grand Architecte de l'Univers**. Il est unanimement admis qu'une impulsion divine a esquissé cette œuvre indicible et qu'en des temps immémoriaux, un ineffable principe a laissé dans les intelligences sensibles les divines empreintes de sa manifestation.

Par déduction logique, « **l'Âge d'or** » pourrait entamer théoriquement ses prémices 49,76260654 ans après l'an 2000 de notre ère. Mais prenons garde, à l'image du dieu **Osiris**, à qui la Pyramide des âges est dédiée, « **le rayon vert** » émanant de l'émeraude a deux réalités, **la vie - la mort.** Aussi se peut-il, qu'à la suite de notre inconséquence persistante, cette ère soit celle du chaos. Ne sommes-nous pas responsables de deux âmes, **la nôtre** et celle de **la société** en laquelle nous nous sommes hasardés pour évoluer ? L'individualisme est l'ennemi de l'esprit sociétal. Cette constatation ne signifie pas que nous ne sommes rien d'autre qu'une brebis du troupeau, mais cela signifie que nous ne devons pas ignorer le troupeau. Nous sommes une partie de lui, il est une partie de nous.

138,75 mètres, c'est la hauteur actuelle du sommet tronqué de la Grande Pyramide, l'âge d'OR s'est éboulé sur ces mots, prononcés par un homme savant et sage, que la culture de son époque ne comprenait pas... ou... n'avait nul intérêt à le comprendre :

> *« La philosophie est écrite dans ce vaste livre qui constamment se tient ouvert devant nos yeux. Je veux dire l'univers, et on ne peut le comprendre si d'abord on n'apprend à connaître la langue des caractères dans lesquels il est écrit. Or il est écrit en langue mathématique et ses caractères sont les triangles, le cercle et autres figures géométriques, sans lesquels il est humainement impossible d'en comprendre un mot, sans lesquels on erre vraiment en un labyrinthe obscur »*
>
> Le Saggiatore. Galileo Galilée.

Depuis ce jour-là et malgré les apparences que nous procurent les avancées techniques, nous errons toujours dans le labyrinthe obscur de **Galilée**. Une clarté vient cependant d'apparaître, allons vers elle ami lecteur, c'est notre seul espoir. Méditons un instant sur les judicieuses paroles de Georges Orwell, prononcé en 1984 : *« Qui contrôle le passé commande l'avenir, qui commande le présent contrôle le passé »*. Sages, très sages paroles, qui nous aident à percevoir pourquoi, la Grande Pyramide demeure encore pour les esprits diplômés et copieusement rémunérés... un tombeau !

La hauteur de la Grande Pyramide :

147,1317686 m ÷ 0,5236006 = 281 coudées pyramidales

× 44,42882936 (la circonférence × 10 de la $\sqrt{2}$), cela nous donne :

12 484,50105 années précessionnelles correspondant

à la hauteur de la Grande Pyramide.

Divisons le « **100 du Graal** » par le nombre que nous savons réservé à la représentation numérale de

« La Divinité Suprême, DIEU = 102 » puis par le « 10 » premier.

Nous obtenons les décimales du diamètre de l'émeraude placée au sommet de la Grande Pyramide, soit **0,0980392156** m.

Reprenons le nombre d'années que nous avons précédemment mentionné, puis le total du sang divisé par le 102 représentatif :

12 484,50105 ÷ 0,980392156 = 12 734,191 km.

En clair, les années que nous livre la hauteur de la Grande Pyramide, divisées par le sang mythique de l'émeraude (le Graal ou le vert osirien), nous donne : **le Ø moyen de la Terre.**

Si la théosophie provoque nos facultés cognitives, c'est qu'elle se doit d'éveiller les archétypes oblitérés de « **notre raison d'être** ». Sachons pénétrer les refuges conformistes d'un égo pusillanime, pour découvrir le moi pensant et agissant de la dignité humaine. Le nombre « 360 » nous l'avons vu est une grande constante universelle, ainsi que « 30 006 » puisque celui-ci réunit de surcroît les trois zéros divins en son centre. Que penser alors d'un nombre qui regrouperait cette valeur et celle de la clé chronologique inhérente à la Grande Pyramide « **30006,11785113** » affirmant ainsi la lumière du jumelage !

30006,11785113 ÷ 2 = 15 003,05893 x 360 = 5 401 101,213 ÷

1, 2 3 4 5 6 7 8 9 = 4 374 892,022 (la circonférence solaire) ÷ π =

1 392 571,382 km le Ø du SOLEIL

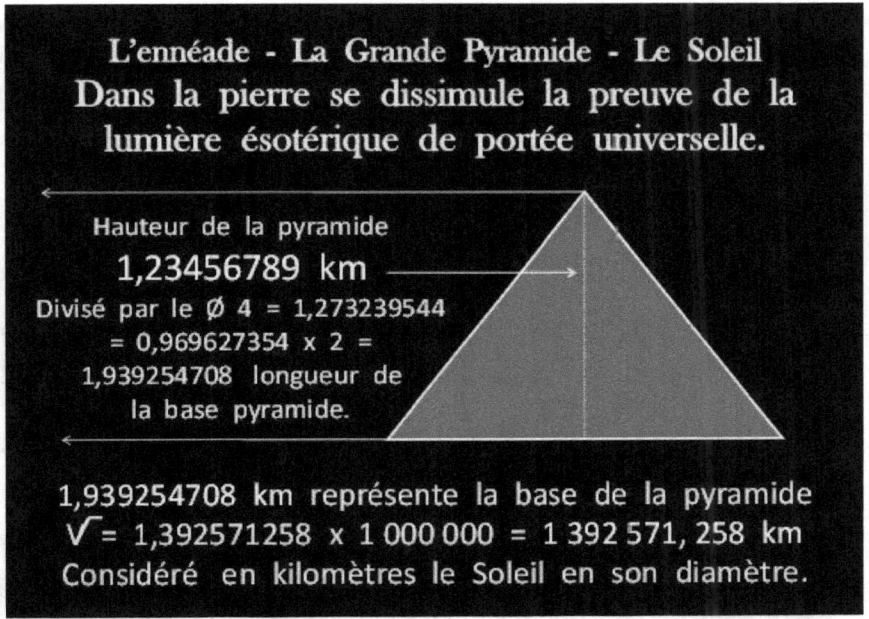

Si nous nous privons de réflexion, nous pouvons continuer à croire à ce tombeau que prône une gente professorale inféodée à un système de pensée consensuel, qui exclut volontiers la logique de sa démarche professionnelle. Mais si nous sommes décidés à quitter le *quatre pattes* commun qui nous permet certes d'être plus près des os à rogner, mais qui nous éloigne de cette valeur humaine que nous croyons discerner en nous, alors raisonnons ! Ces manifestations numériques et géométriques que nous exposons, n'ont pas la gratuité dont se convainc une catégorie professionnelle ensommeillée. Il s'agit d'un « *message à caractère universel* », dédié selon toute probabilité, à une civilisation en perte de repères, telle que la nôtre. Hélas, le mal est si grand et les meneurs de jeux si compromis, que les plus belles vertus engendrent des soupçons d'incrédulité, de suspicion, de méfiance inhérents au système de pensée. C'est dans le doute plus que dans l'assentiment que l'on recherche aujourd'hui sa quiétude, ceci se nomme l'involution. C'est précisément en cet état d'esprit que notre société tend à se généraliser, à l'opposé de la vieille Égypte qui étalait en ses fresques son héritage millénaire !

Alors que les deux tabliers nous donnent la base de la Grande Pyramide, le centre de la tiare de la déesse Hathor nous donne le décentrement de la chambre du roi.

Orion et le Principe Créateur

Mémorandum pour mutants :

Il est des alternatives sur lesquelles glisse l'esprit sans interrogation particulière, mais il en est d'autres qui nous projettent en une perplexité turbulente en bousculant sans vergogne nos conceptions individuelles. Certes, nous pouvons cultiver notre confort personnel en ignorant toute situation dérangeante et nous réfugier en cet esprit « diplômé » artifice de toutes les suffisances. Toutefois, si nous sommes interpellés par notre état de conscience dont nous ne saurions taire l'évolution, nous ne pouvons rester de glace devant l'exotérisme de certaines formules.

Si l'on admet une circonférence simplette élaborée avec le « 4 » et son hôte, le diamètre de 1,273239544, nous avons la *« le sésame ouvre-toi »* du plus mirifique pactole. Cette clé magique, nous donne les mesures de **la Terre, de la Lune et du Soleil**, en une formule passant par les sept étoiles de la constellation d'Orion. Comment ! Mais nous le voyons… de la manière la plus simple :

Bases de la Grande Pyramide $4 \div \pi =$ **1,273239544**

(clé numérale de la Grande Pyramide et Constante Universelle)

$X^2 = 1,621138939 \times 10\,000 = 16\,211{,}38939 \times \pi =$

50 929,5818 km = Circonférence de la **Terre** et de la **Lune**.

50 929, 5818 $\div$ 0, 36 (le plus petit des dénominateurs communs de 360) =

141 471,0606 $\div$ 2 = 70 735,53028 $\sqrt{}$ = 265,9615203

(multiplié par la distance entre notre système solaire et les sept étoiles traditionnelles de la constellation d'ORION, en années-lumière **5 235,98774** la coudée de 0,523598774)
=

1 392 571,259 km le Soleil en son diamètre.

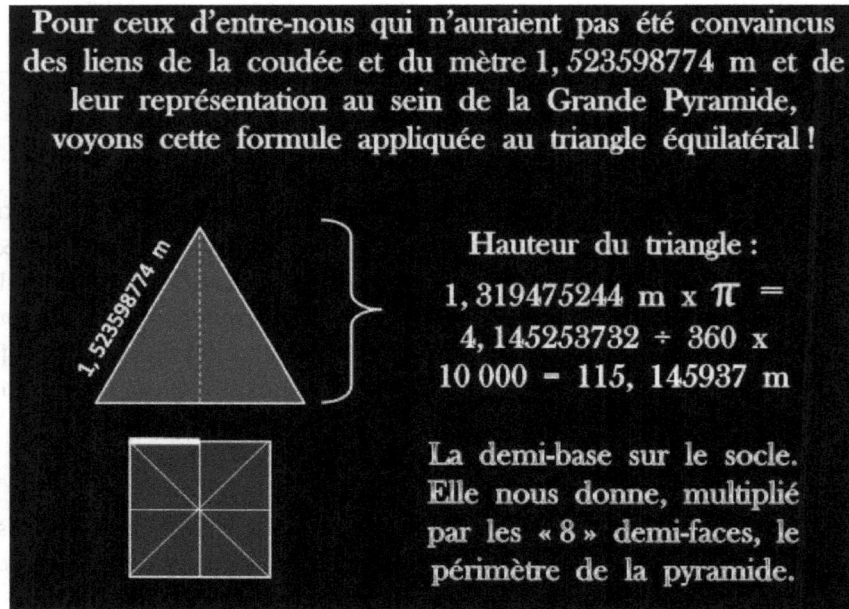

Il y avait en Égypte Ancienne une coudée cachée, réservée semble-t-il, à ces « *bâtisseurs d'éternité* » qu'étaient les constructeurs de pyramides. Cette coudée épousait non seulement les valeurs du mètre, mais elle les sublimait par sa présence toute forme architecturale.

En ce qui concerne le diamètre solaire, la diagonale du carré de quadrature, divisée par « 3 » est égale, en décimales, à la coudée cachée de 0,523598774 m, (années lumières cumulées des « 7 étoiles » d'ORION).

La mythologie est indissociable de l'esprit que l'on prête à **La Tradition Primordiale**. D'une manière judicieuse, Plutarque, nous met en garde contre sa représentativité au premier degré. Si nous sommes attentifs, nous nous apercevons que chaque détail exposé, souligne l'évidence d'une gnose expertement dissimulée. Ne fallait-il pas éloigner de la haute connaissance, le simple curieux qui n'était pas disposé à faire évoluer son état de conscience, parallèlement à l'enseignement reçu ? La sélection était jadis rigoureuse, elle fut des millénaires durant le ciment de l'évolution sociétale. Avec le temps et l'esprit des cycles, ces critères sélectifs se sont édulcorés.

Les maîtres en sagesse ont préféré se taire, plutôt que de révéler les mystères à des êtres qu'ils ne jugeaient point dignes de recevoir les prémices de l'hermétisme. Hélas ! De siècle en siècle, la haute connaissance s'est amoindrie, au point de ne représenter de nos jours que leurres aux douteuses interprétations. Quelques-uns y souscrivent encore, mais le plus souvent c'est par esprit de clan ou ambitions personnelles, les officines des mystères n'ont-elles pas toujours subjugué les ignorants ?

Fort judicieusement, l'iconographie alchimique et les mythologies sont là, pour nous rappeler que l'esprit est éternel et que la voie demeure intacte sous le boisseau. Il est indéniable que les « 14 » morceaux du corps osirien, sont l'exemple même de cette cryptologie cachée au sein des légendes. Le nombre « pi » suivi de « 14 décimales » après la virgule (serait-ce les 14 morceaux du dieu OSIRIS).

$$\pi = 3{,}14159265358979 \times 2 = 6{,}283185306$$

$$\sqrt{}^2 = 2{,}506628274 \div 36 = \mathbf{0{,}06962856318} \text{ km} \times 20\,000\,000$$

(considéré en kilomètres) = le $\varnothing$ solaire.

L'œil circonscrit dans un triangle équilatéral, relève d'une symbolique universelle. Il est représentatif au premier degré, d'une vision permanente établie au sein du principe de « *lumière* ». Il ne fait aucun doute que cette représentation a été directement inspirée par « *l'Oujda* » de l'ancienne Égypte. Œil inquisiteur s'il en est, qui mettait à nu l'état de conscience de celui qu'il interrogeait. La *Tradition Primordiale étant une et divisible* ses harmoniques trouvent des correspondances dans toutes les civilisations. Le fameux hexagramme chinois comportant 64 glyphes ou signes, épouse sans sectarisme les 64 éléments numériques de l'Oujda égyptien, et ceux plus mystérieux encore de la grande mandala de Nazca.

$$64/4 = 16/pi = 5,09295818 \times 10\,000 =$$

en kilomètres, la circonférence **Terre - Lune** au mètre près.

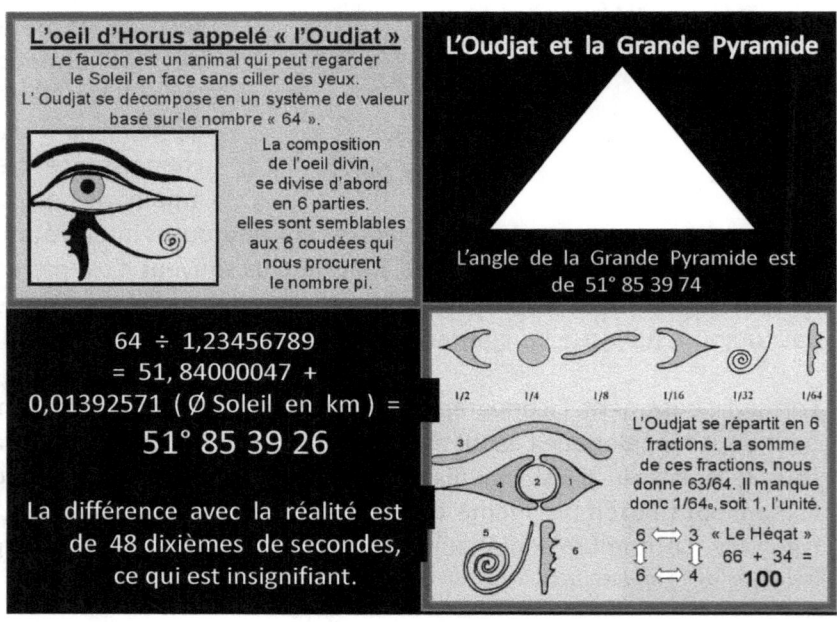

Mètre et coudée étant interchangeables, considérons que le périmètre de « **la Jérusalem Céleste** » réalise 1440 m, pour une hauteur sur le roc de 229,1831179 m (ou deux fois le ø de 360) ÷ 45 (Indice en degrés du conduit Sud Roi) x 10 000, nous retrouvons le rapport **Terre - Lune** en sa circonférence. 144 m (exactement 143, 990165 m) c'est le sommet de la Grande Pyramide sur lequel est placé le pyramidion de 3,141592653 m de hauteur = 147,1317686 m. Le nombre « **45** » le demi-angle droit cité plus haut n'est pas gratuit, ce sont les 45° d'altitude (Al Nitak) de la constellation d'Orion sous Kheops.

Ce pectoral de la XII dynastie appartenait à Sésostris II les justes proportions de la Grande Pyramide

Nous aurions tendance à penser que les concepteurs de l'édifice, se sont amusés à inclure dans la structure générale un étonnant jeu de piste numérique, il est d'une inexprimable complexité, mais il rassemble une myriade de critères ayant une portée symbolique du plus grand intérêt. Il nous faut en puiser les références auprès de la mythologie égyptienne. Les neuf dieux de la Genèse, apparaissent sous la forme énumérable des neuf chiffres ; 1,23456789. Plaçons la virgule comme nous venons de le faire après le « 1 » incarné par le dieu Shou (les nombres) premier Principe. Dès lors, nous pouvons considérer que ce nombre représente de manière originale la hauteur d'une pyramide en **degrés semblables à la Grande** que nous étudions. Si nous désirons respecter les normes structurelles de cette dernière, il est nécessaire pour connaître la demi-base que nous divisions cette hauteur imaginaire de **1, 2 3 4 5 6 7 8 9** par la clé numérale de 1,273239544, nous obtenons alors, 0,969627354 (c'est la demi-base) x 2 = 1,939254708 la racine de ce nombre est égale à 1,392571252 que nous multiplierons aussitôt par un million pour découvrir en kilomètres le diamètre du Soleil **1 392 571,252** km. Cela, en partant de l'exposé des 9 chiffres.

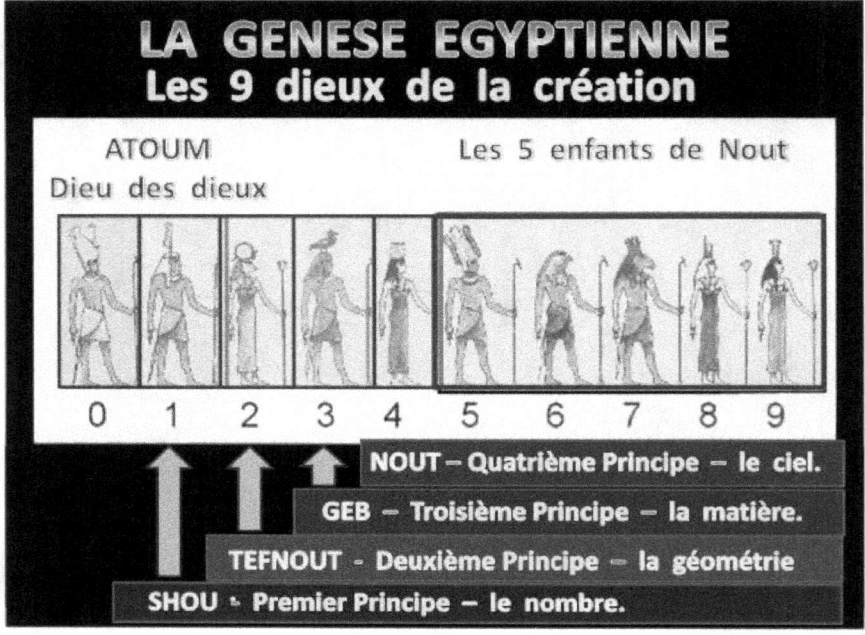

Poursuivons le jeu astronomique des références, en considérant cette fois, que la demi-base de notre pyramide a la valeur de la clé numérale, multiplié par 10 000, soit **12 732,39544** km, multiplié par la clé numérale, nous obtenons pour la hauteur **16 211,38936** km ou la distances des diamètres **Terre - Lune**. Nous avons vu qu'en Primosophie, **102** signifiait « **Dieu** » en langue française. Et bien, si nous ajoutons deux zéros, nous constatons que 10 002, représente la demi-base de notre édifice. Cherchons à découvrir la hauteur en multipliant cette demi-base par 1, 273239544 (la clé numérale), nous obtenons **12 734,94 192,** soit, en kilomètres, le diamètre moyen de **la Terre...** au mètre près. Nous l'avons déjà vu, c'est exact, mais il est bien de se remémorer les domaines du sacré. Prenons maintenant en considération deux données fondamentales symbolisées par les chiffres « 3 » et « 4 », tous deux ont un rôle déterminant au sein de **la constellation d'Orion**. Le premier par les trois étoiles du baudrier, le second par les quatre étoiles cadre ; Ensuite, voyons, si vous le voulez bien, la signification ésotérique de tout cela :

$$3 \times \pi = 9{,}424777959$$

$4 \div \pi = 1,273239544$

Ces deux résultats totalisent 10,6980175 x 2 = **21,39603501**

Le rayon de la Terre aux pôles = 6356,77294 km + 21, 39603501 Le rayon Terre à équateur 6378,1689 km x 2 = **12 756,33795** km

> Prenons le chiffre « 1 » comme référence multiplions-le par « 10 » et établissons sa circonférence, nous obtenons la valeur de
> $\pi \times 10 = 31,41592653$.
> Eclatons ce cercle en « 4 » morceaux.
> Prenons l'une de ces parts de circonférence, que nous allons considérer dès lors, comme un diamètre dont nous cherchons la circonférence.
> Cela nous donne 24, 67401099
> nombre que nous considérons comme un Ø

Il y a une anthologie des sciences cachées que nous nous devons impérativement de révéler à un large public, ceci, afin de procéder à une ultime tentative de résurgence de l'homme par lui-même. Si cette tentative venait à échouer, c'est que nous, êtres humains, serions indignes de l'harmonie créatrice. Notre inconséquence nous mènerait à la ruine programmée de notre état de conscience. Ne nous limitons pas à un contentement des merveilles révélées de la nature, essayons d'aller en ces domaines cachés, voyons ce que nous invite à comprendre le tableau précédant :

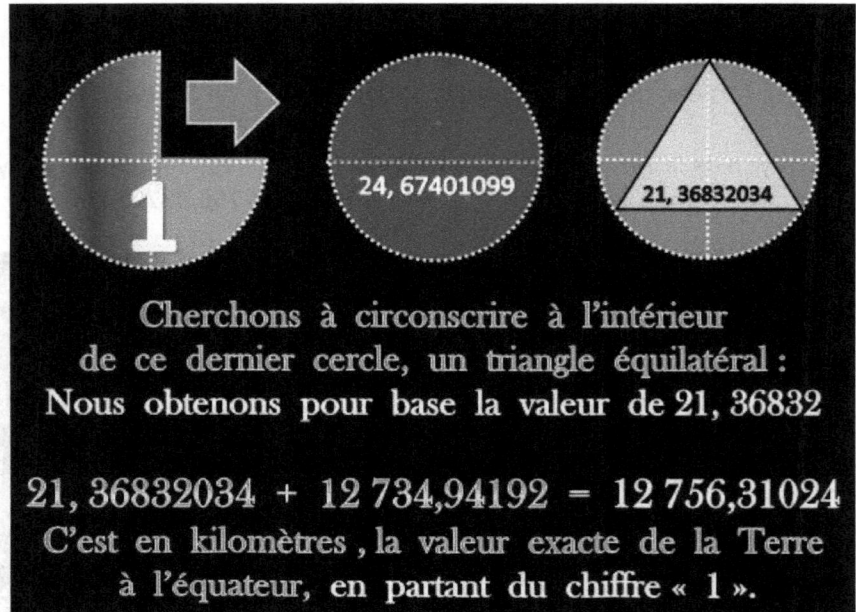

La différence que nous constatons avec la valeur précédente 21,39603501 pour 21,36832034 est de 0,0277 m, ce qui est insignifiant. Maintenant, allons plus loin encore dans le merveilleux. Entreprenons la racine de « **2** » et ôtons-la de la racine de « **3** » nous obtenons 0,317837245, multiplions le tout par le « 4 » de la clé pyramide, puis par notre familier 10 000. Nous réalisons que nous avons le diamètre exact de la valeur au pôle de notre planète, soit : **12 713,48 98** km.

Ainsi, il nous faut nous rendre à l'évidence les chiffres « **3 et 4** » sont en relation numérique directe avec le volume structurel de la Grande Pyramide, dans la parfaite inspiration de la Constellation d'Orion. En vertu du fait que √3 moins √2 nous procure la longueur en kilomètres de l'axe sur lequel tourne notre planète. Le sommet 1 de l'édifice plus les 4 angles font 5, la Grande Pyramide c'est donc aussi la valeur 3 – 4 – 5 attribué à Isis. Voyons sa base aux multiples valeurs, elle a un rapport évident avec la Terre et le Ciel :

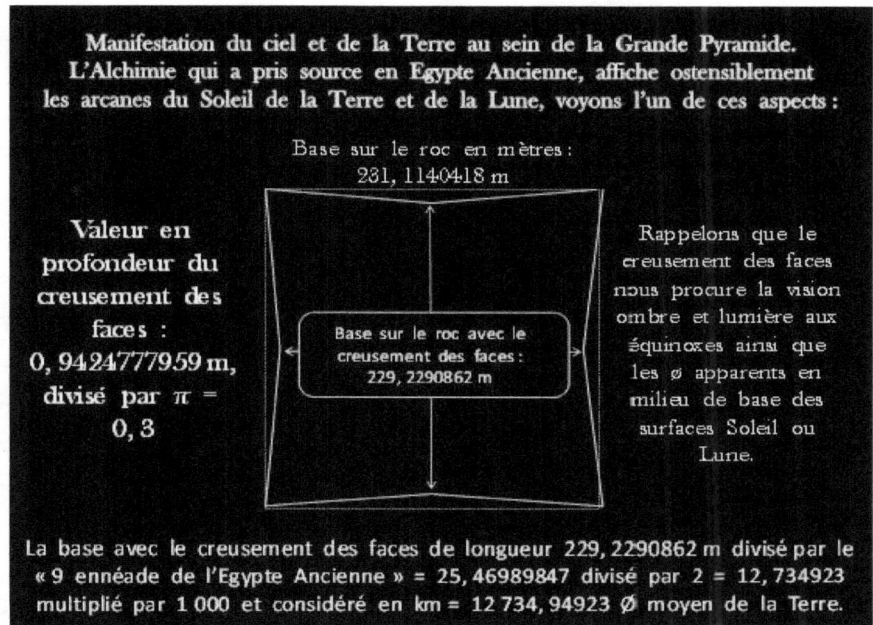

Les derniers relevés des mesures officielles sont en voie de rejoindre les nôtres que nous avons publiées il y a plus de vingt ans. Elles nous avaient demandé un immense travail de recherche uniquement axé sur les rapports numériques de l'hermétisme traditionnel. Les différences relevées aujourd'hui sont de l'ordre de 2 à 3 m/m pour la hauteur et moins de 20 cm pour la longueur de plus de 231 m. Mise à part une suffisance qui serait incompatible avec notre démarche, nous estimons que nos évaluations sont plus justes, du fait qu'elles ne relèvent pas de précisions scientifiques, toujours discutables, mais de paramètres numériques empruntés aux *grandes constantes universelles*.

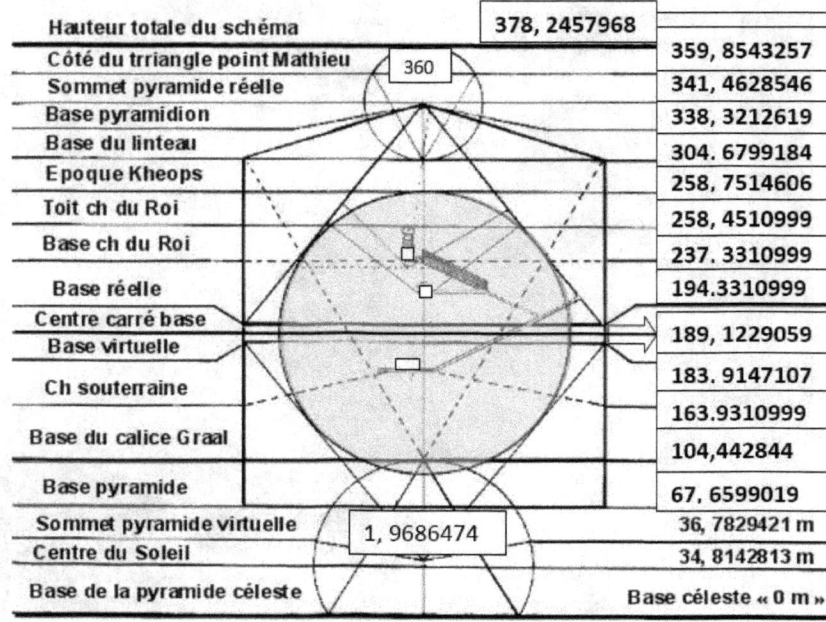

Elle est donnée par l'étoile Sirius au plus haut du cycle et par le triangle Solaire.
Évaluation en mètres des hauteurs sur des points particuliers du schéma.

Pour trouver le nombre d'années correspondant aux mètres affichés, il suffit de diviser la distance que l'on souhaite retranscrire par la clé chronologique de **0,011785113**. Exemple : Nous désirons connaître combien d'années sépare le départ du **cycle d'Orion** de l'année **zéro de notre ère** ? Il nous faut aller chercher l'indice 122,9745779 m sur cette échelle, et diviser cette valeur par 0,011785113, nous obtenons **10 434,73897 années**. En d'autre cas, il nous faut cumuler les distances pour obtenir celle que l'on désire : 122,9745779 m + 29,3653851 m, signifie qu'en ces deux distances cumulées, nous avons une hauteur pyramide du centre carré-base au sommet. C'est le cumul de l'altitude dite « christique », soit, du centre du schéma (départ en altitude de la constellation d'Orion) jusqu'en zéro de notre ère, altitude en laquelle on ajouterait 29,3653851 m pour parvenir à la fin du demi-cycle précessionnel de 152,339963 m, soit, 12 926,47453 années. Si l'on ajoute que 23,570226 m à 122,9745779 m nous obtenons l'an symbolique de l'année 2000 de notre ère. Il restait donc en l'année 2000 de notre ère, 491,7355565 années pour atteindre la fin du demi-cycle précessionnel. 23,570226 m (valeur théorique) c'est également la distance entre le centre de la chambre souterraine et le centre du carré-base. **En résumé :** La hauteur de la Grande Pyramide sur son socle, correspond par le plus grand des hasards, au parcours de la vie du Christ, de sa naissance dans une grotte, à sa mort supposée sur la croix symbolique. Ou encore, 146,608168 m divisé par 32,99843145 (33 ans) = 4,442882936, la circonférence de la racine de deux 1,414213562. Le graphique suivant, nous donne les principaux points de référence figurant sur notre schéma de base, il établit la valeur d'un apothème à l'autre, à la hauteur du repère annoncé. Pour connaître le périmètre de la valeur indiquée, il suffit de multiplier cette valeur par 4.

(Nous arrondissons ici les 23,46 de la chambre souterraine à 23,570226, car, à notre époque, le chaos du sous-sol permet largement cette approche du centre de la cavité. Cela jusqu'à 20 où 30 centimètres.)

Ces graphiques chiffrés pourraient contenir quelques erreurs de calculs, mais aussi de recopies ou de positionnements, nous nous en excusons auprès de notre lecteur. Ce genre de recherches demande beaucoup d'attention et de concentration pour parvenir à des résultats fiables, seuls aptes à satisfaire l'esprit. Nous les livrons avec l'espoir qu'ils pourraient servir de référence à des personnes sensibilisées par la démarche initiatique que nous inspire la Grande Pyramide.

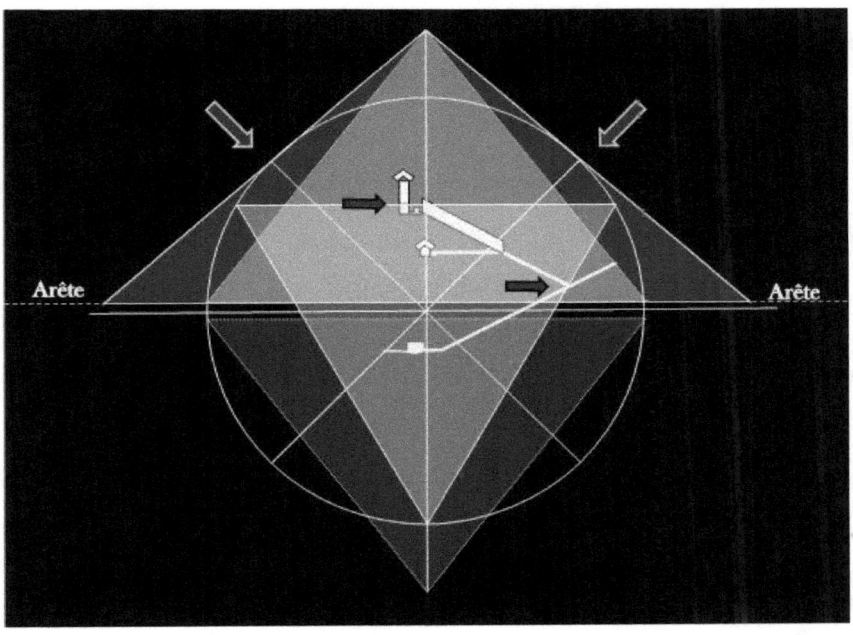

Ainsi assemblé en effet miroir, le rectangle regroupant les trois pyramides absorbe en lui-même la Grande Pyramide avec le toit de la chambre de la Reine pour faisceau de lignes et un rectangle d'OR pour le point de croisement des étoiles cadre.

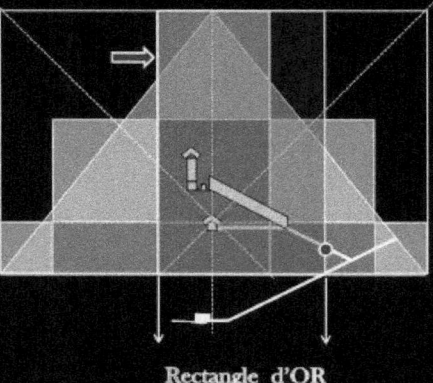

Rectangle d'OR

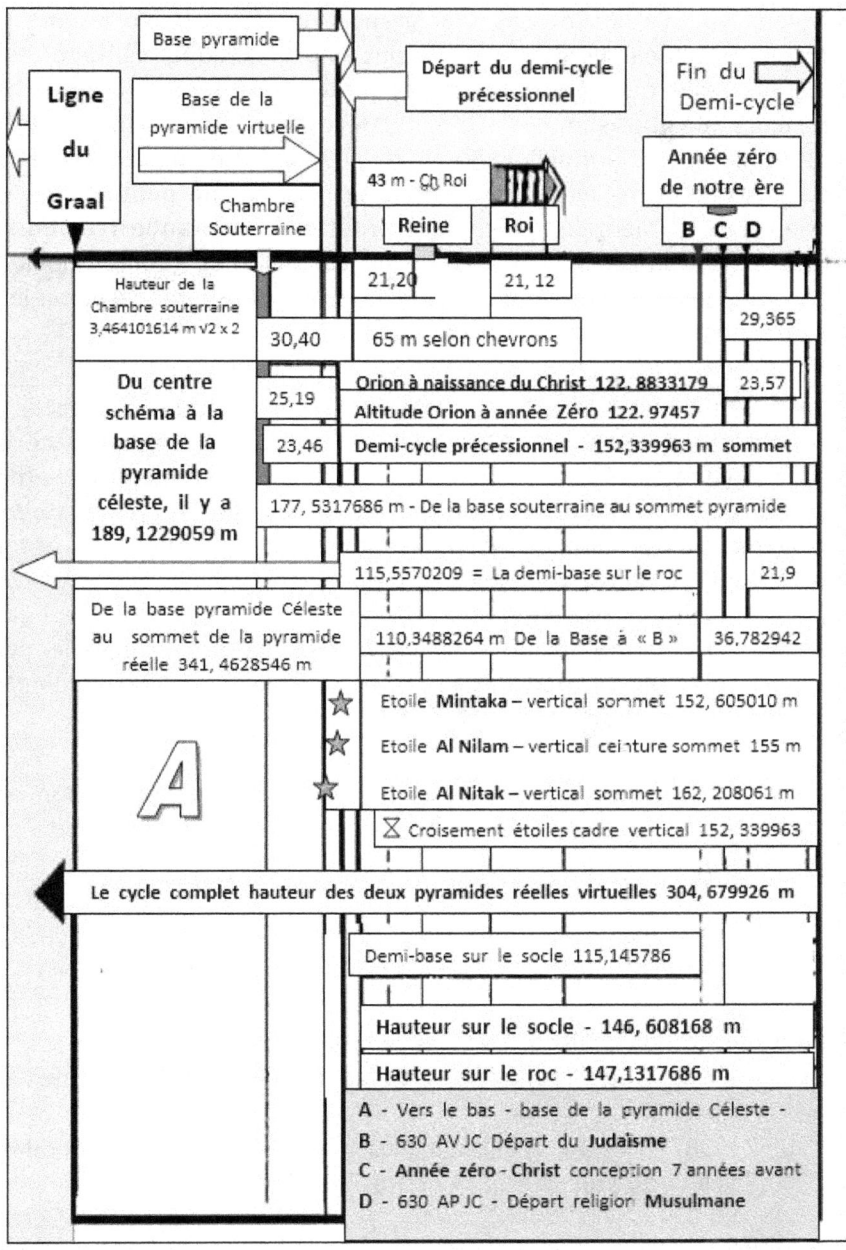

Ces valeurs en mètres et en en degrés des surfaces, longueurs, hauteurs, diagonales, concernant la Grande Pyramide d'Égypte, sont telles que nous pensons qu'elles figuraient aux origines conceptuelles. Ces valeurs, nous l'avons vu, n'affichent pas une grande différence avec les mesures officielles actuellement prescrites, tout au plus quelques centimètres sur 231 mètres et quelques millimètres pour la hauteur, officialisée à 146,60 m, alors que nous sommes à 146,608168 m. Nos mesures ont l'avantage de concrétiser l'harmonie générale de l'œuvre, et de placer sa structure dans un contexte synthétique universel. Ce que ne peut réaliser une science expérimentale, ignorant les critères de **la Grande Tradition.** Ce sont ces mesures et la perfection de ces volumes géométriques, qui permettront demain de reconsidérer l'histoire des hommes, et par le fait même de réactiver l'espérance perdue.

> Comment s'imaginer, lorsque l'on est astrophysicien élevé dans la plus stricte orthodoxie universitaire, que **le Soleil** a une relation ésotérique avec **la Lune et la Terre** ? Pourtant, la Grande Pyramide nous l'affirme depuis des millénaires. Elle nous dit : Prenez les deux circonférences moyennes de la Lune et de la Terre, liez leurs cercles, vous obtenez **50 929,58122** km. Divisez-les par les 72 noms cachés du Soleil, vous obtenez 707,3552947. Cherchez la racine de ce nombre, elle est égale à 26,59615188 et multipliez là par la coudée ésotérique égyptienne de 0,523598774, puis ce résultat par 100 000. Vous obtenez en kilomètres, le diamètre exact du Soleil, soit, **1 392 571,252** km.

Dans un passage de la mythologie égyptienne, le dieu Seth est convoqué devant le tribunal de l'ennéade, présidé par Ré le Roi des dieux. Vindicatif, Seth tance et menace l'assemblée :

« Je prendrai ma lance qui mesure quatre mille cinq cent coudées et chaque jour, je transpercerai l'un d'entre vous avec mon arme ! »

Nous constatons qu'ils sont 9 (ennéade moins 1 + Ré), que les jours sont des jours sidéraux et que la coudée est ce que nous savons. En résumé :

0,523598774 x 4 500 résultat à diviser par 100 = **23,56194483** ou la valeur du jour sidéral **23 heures 56 minutes 33 secondes**.

La mythologie, n'est naïve que pour les présomptueux, qui pensent que leur diplôme est garant de vérités absolues dont ils sont possédants. Alors qu'un diplôme, aussi brillant soit-il, ne symbolise que le savoir figé d'une escale du temps et sa cotation n'a de vertus, qu'en fonction des capacités d'évolution de son détenteur.

Savoir, c'est trop souvent s'enfermer dans le monde des idées, dans l'inconditionnel congélateur de l'acquis. C'est admettre sans doute aucun, que ce qui nous est enseigné est irréprochable et qu'il est de notre devoir d'en défendre aveuglément les souches et références. A l'opposé de ce raisonnemet obtus, la science devrait être considérée comme un véhicule en perpétuel périple. Sa fonction ne change pas, mais le défilement du paysage pour lequel elle a été conçue, se modifie au gré de son office. Nous pouvons certes en soutirer l'image d'un instant, mais nullement de stabiliser dans le temps, le principe de fonctionnement et le paysage. A l'opposé, *la connaissance* est un continuum, dont le corps ailé ne saurait être assujetti à l'immobilisme, mais à cette recherche permanente de la vérité inspirée par le mérite d'être et d'avoir été.

« *Tant de mains pour transformer ce monde, et si peu de regards pour le contempler* » Julien Gracq.

Ces quelques planches en fin d'ouvrage aideront le lecteur, nous l'espérons, à retrouver les données parfois complexes que nous exposons pour la juste authentification des sujets traités.

Parfois, les calculs demontreront une analyse plus aprofondie, que nous aurions en un simple regard de référence, car les données peuvent évoluer avec la multitude de paramètres. Nous considérons toutefois que ces listings constituent une démarche d'approche initiatique à un certain niveau de connaissance. En vertu de cela, une juste méditation doit nécessairement acompagner cette prise de conscience, pour placer en un ordre préférenciel les critères de vérité que nous recherchons. Le lecteur assoiffé de connaissances, doit se persuader que rien ne se fixe en la conscience sans profonde réflexion, sans labeur, sans abnégation de soi. C'est à cette condition que l'élévation de la source lumineuse vous fera connaitre la longueur de votre ombre avant de s'infiltrer en vous.

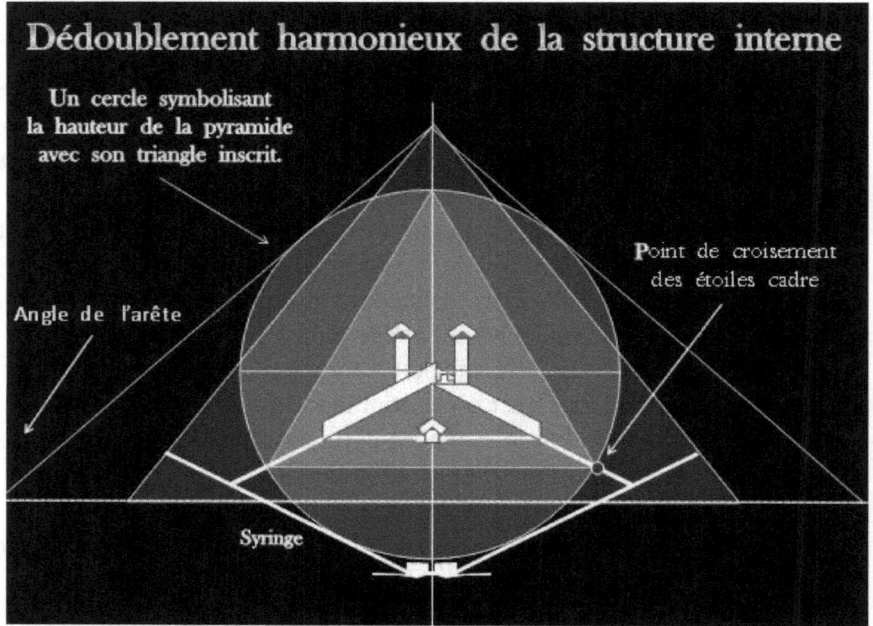

« *Très peu de gens en ce monde peuvent raisonner normalement. Il existe une tendance à accepter tout ce qui est dit, tout ce qui est lu, accepter sans remettre en question. Seul celui qui est prêt à remettre en question, à penser par lui-même, trouvera la vérité ! Pour connaître les courants de la rivière, celui qui veut la vérité se doit d'entrer dans l'eau.* »

Sri Nisargadatta Maharaj

Hauteur de la pyramide avec l'émeraude au sommet : 147, 14159265 m

1) Mesures en mètre de la base totale sur le roc **avec** le fruit du socle, sans le creusement des faces.

Angle de pente		Angle de l'arête		Demi Angle sommet	Angle sommet	
51,82044936		41,96291285		38,1795507	76,3591014	
51°49'13''62		41°57'46''49		38°10'46''39	76°21'32''77	
Demi Base	Base	Périmètre	Apothème Virtuel	Demi-diagonale	Arête Virtuelle	Hauteur
115,696278	231,392556	925,570224	187,1720761	163,6192454	220,0432112	147,1317686

2) Mesures en mètre de la base sur le roc **sans** le fruit du socle, sans le creusement des faces.

Angle de pente		Angle de l'arête		Demi Angle sommet	Angle sommet	Coudées
51,853974		41,99722395		38,146026	76,292052	281
51°51'14''31		41°59'50''01		38°08'45''69	76°17'31''39	
Demi Base	Base	Périmètre	Apothème Réel	Demi-diagonale	Arête Réelle	Hauteur
115,557029	231,114048	924,4561672	187,0860294	163,4223061	219,8968109	147,1317686

3) Mesures en mètre de la base sur le socle **sans** le creusement des faces :

Demi Base	Base	Périmètre	Apothème Réel	Demi-diagonale	Arête Réelle	Hauteur
115,1457859	230,2915718	921,1662872	186,4202428	162,840732	219,11426	146,608168

La hauteur à partir de la base sur le socle est égale à 280 coudées de 0,5236006.

4) Mesures en mètre de la base sur le roc **avec** le creusement des faces et **avec** le fruit du socle :

Demi Base	Base	Périmètre	Apothème	Demi-diagonale	Arête Virtuelle	Hauteur
114,771622	229,543245	918,2729816	185,8144751	162,3115853	218,40224	146,1317686

5) Mesures en mètre de la base sur le roc **avec** le creusement des faces, **sans** le fruit du socle :

Demi Base	Base	Périmètre	Apothème	Demi-diagonale	Arête Réelle	Hauteur
114,614543	229,229086	916,916344	185,5601643	162,0894412	218,103342	145,9317686

6) Mesures en mètre de la base sur le socle **avec** le creusement des faces :

Demi Base	Base	Périmètre	Apothème	Demi-diagonale	Arête	Hauteur
114,203308	228,406616	913,626464	184,8943777	161,5078671	217,320791	145,409541

Ces six bases différentes sont dues à l'architecture du rebord de socle au dépassement de la base par **le fruit** et aux **creusements des faces** de la Grande Pyramide. Aux équinoxes, le creusement des faces justifie la brisure d'ombre et de lumière que nous avons décrite dans un précédent chapitre.

Toutes les bases jouent un rôle d'harmonie, en parfait accord avec la structure générale. Quelques comparaisons avec les mesures officielles :

Mesures officielles des trois monuments en 2015.	KHEOPS Koufou	KHEPHREN Khàfré	MYKERINOS Menkaouré
Hauteur sur le socle	146,60 m	143,50 m	65 m - 66 m
base sur le socle	230,37 m	215,25 m	103,40 m
Périmètre	921,48 m	861 m	413,60
Pyramidion	3 m environ	?	?
Degrés d'apothème	51° 50'40''	53° 10'	51° 20'
Volume estimé	2 521 000 m3	1 659 200 m3	?
Bloc de calcaire	2300000 blocs	?	Revêtement granit

HORIZON 444 MESURES	KHEOPS	KHEPHREN	MYKERINOS
Hauteur sur le socle	146,608168	?	?
Base sur le socle ou sur le roc	230,2915718 231, 1140418	Demi-faces 3 - 4 – 5 demi-base en mètres 108,0497865	104, 7197548
Ø de la circonférence du périmètre	294, 2635372 ÷ 2 = Hauteur	275, 1465219 x π ÷ 1,23456789	133, 3333333 ÷ 2 = 66, 6666

Volume sur le socle de la Grande Pyramide 2 591 749, 36 M3	**Hauteur sur le roc** 147,1317686 Avec le Pyramidion hauteur π	144, O66382 Sans pyramidion Avec pyramidion 145, 4805956	65, 65558499 Sans pyramidion Avec pyramidion 67, 3876358
Longueur de la base	231,1140418	216,0995729	104,1154544
Périmètre base	924,4561672	864,3982916	418, 8790192
Hauteur des pyramidions π - √2 - √3	**3,141592653** 147, 1317686 Hauteur totale	**1,414213562** 145, 4805956 Hauteur totale	**1,732050807** 67, 3876358 Hauteur totale
Degrés décimaux	51°853974	53°13010235	51°,42788036
Degrés polaires	51°51'14"31	53°07'48"37	51°, 25'40"37
Apothème longueur	187,0860294	180, 0829775	83, 97745294

> Les trois pyramides réalisent avec leur pyramidion respectif,
>
> la hauteur totale de « **360** » mètres, une constante universelle.

Il ne nous est pas possible de faire figurer l'ensemble des données que recèle la Grande Pyramide, elles sont multiples et complexes eu égard aux décrochages et autres dégagements de l'architecture interne. Ce n'est d'ailleurs pas le dessein de cet ouvrage, d'autres spécificités existent, bien qu'en très petit nombre, ce qui est fort dommage pour les recherches à entreprendre. Une partie des valeurs que nous faisons figurer sont déductives de nos travaux, informels toutefois du fait de leurs disparitions à notre époque (les pyramidions par exemple). Il demeure que des déductions cumulées nous imposent ces résultats.

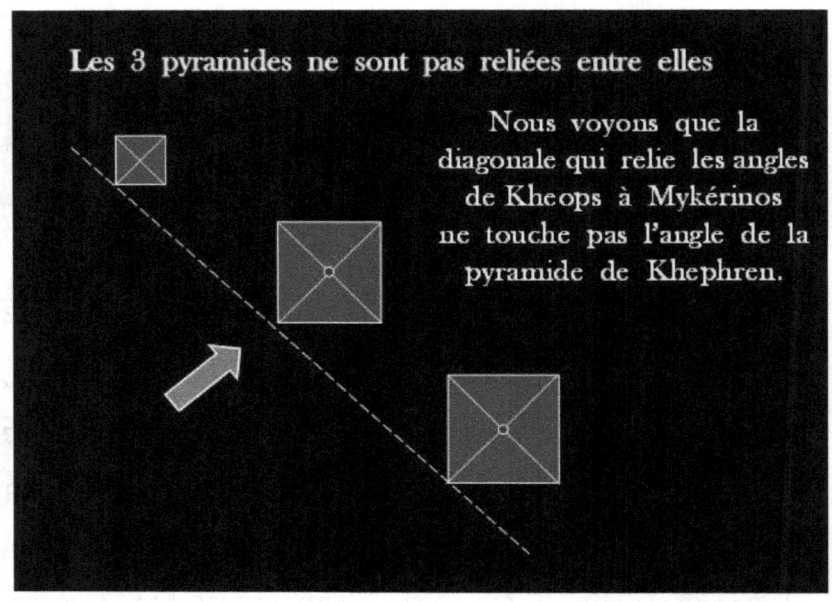

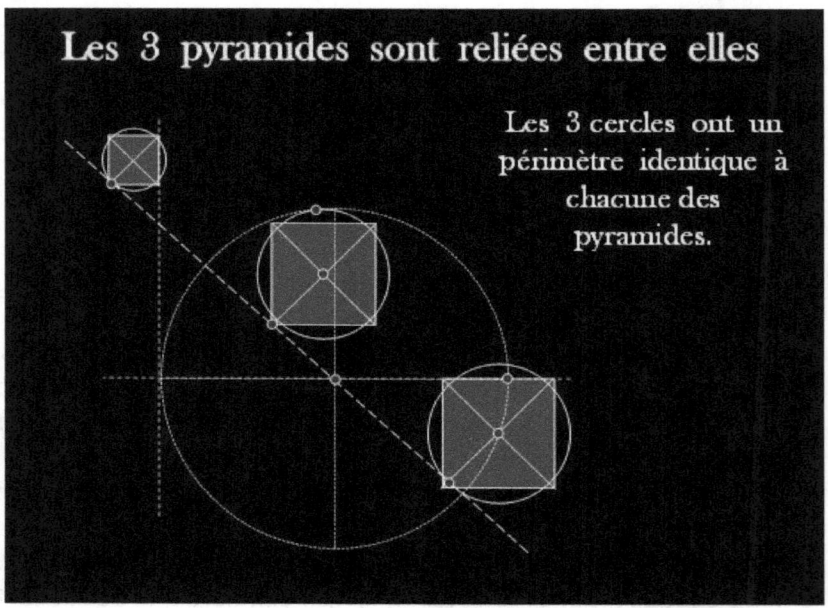

Observer, c'est comprendre, comprendre c'est évoluer, évoluer c'est aimer !

Orion et le Principe Créateur

MAQUETTE d'une PYRAMIDE INDIVIDUELLE

La Grande Pyramide peut se tracer d'une manière géométrique tout en étant parfaitement proportionnelle. Entendons par cette formule, sans le secours classique des degrés et dimensions. Voyons comment la chose est réalisable : Tracez un carré et partagez-le en (4) parties. Quelles que soient ces grandeurs, considérez que ce sera la base de votre Pyramide.

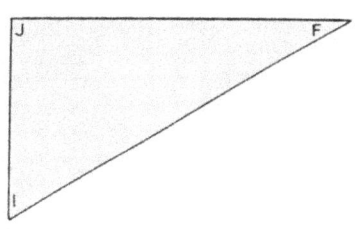 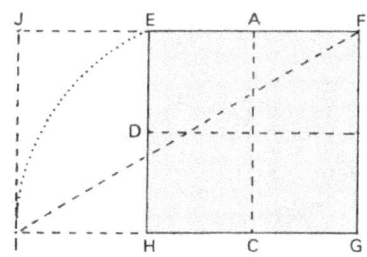

Placez la pointe d'un compas sur (C), l'autre sur (E). Tracez ensuite un arc de cercle (E-I). Vous avez là un rectangle d'OR. Par voie de conséquence, vous obtenez une verticale (I-J). L'ensemble du tracé représente un rectangle à **la portée d'or.** Séparez celui-là par une diagonale (I-F). Les deux éléments ainsi définis, vont devenir l'une ces faces de votre Pyramide. Reproduisez 4 fois cette face en question :

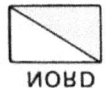 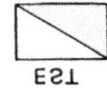

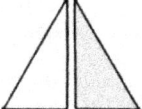 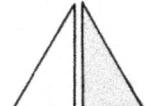 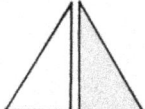 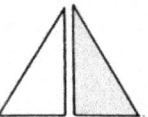

Remettez les choses en ordre d'assemblage, demi-face par demi-face.

Votre pyramide est en ordre de montage. Vous n'avez plus qu'à réunir les parties entre-elles. À l'échelle du millième, les mesures rapportées pour chacun des triangles rectangles sont celles-ci :

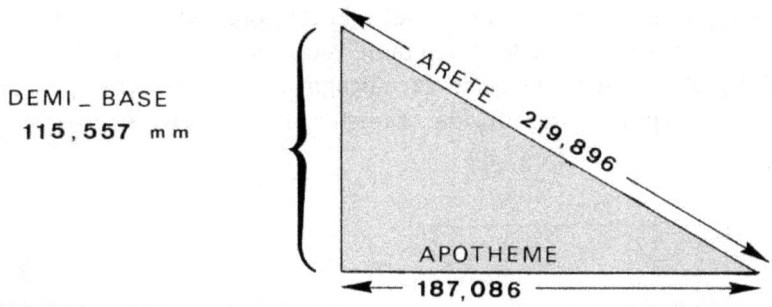

Quant au carré qui est à l'origine de votre tracé, ces mesures sont les suivantes :

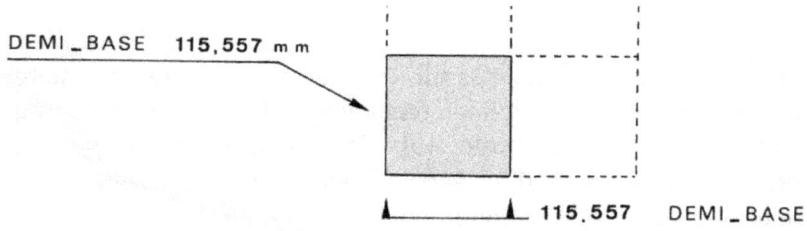

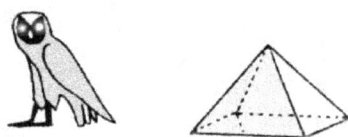

140 000 $\sqrt{2}$ = 374,16573 ÷ 2 = 187,085 (valeur de l'apothème sur le roc)

Nombre d'or 5 $\sqrt{2}$ = 2,23606797 + 1 = 3,23606797 ÷ 2 =

1,618033988. Nous constatons que pour retrouver la perfection du nombre d'or, sur un plan numérique, ce découpage n'est valable qu'à

187,0860294 ÷ 115,5570209 = **1,618**993185 − **1,618**033988 =

0,000959 près, ce qui s'avère insignifiant.

Pour élaborer votre pyramide personnelle, La hauteur de votre maquette sera tributaire de la valeur de la demi-base. Nous avons vu qu'il vous faut multiplier cette dernière par le nombre clé, soit 1,273239544. C'est ce nombre, qui définira la hauteur réelle de votre « édifice personnel ».

Attention, cette hauteur est celle de l'axe central (base − sommet) et non celle des apothèmes, que l'on aurait tendance par inadvertance à assimiler. En ce qui concerne la réalisation proprement dite, un papier cartonné semi-épais fera l'affaire. Tracez d'abord au crayon, puis tranchez avec un cutter selon les lignes, à l'aide d'une règle en métal. Ajustez ensuite les parties avec un adhésif en ruban. Enfin pour plus de rigidité, placez sur le fond un carré, sur lequel vous inscrirez en une écriture calligraphique, vos noms et date de naissance.

Votre pyramide constituera un objet personnel décoratif au strict volume structurel de La Grande Pyramide de Gizeh. Mais elle peut vous apporter beaucoup plus que la satisfaction de la voir, si vous savez en adapter l'usage à vos préoccupations.

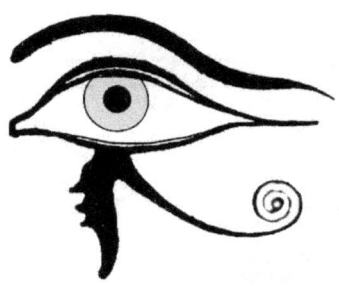

Georges Vermard

L'OSIRIS HUMAIN

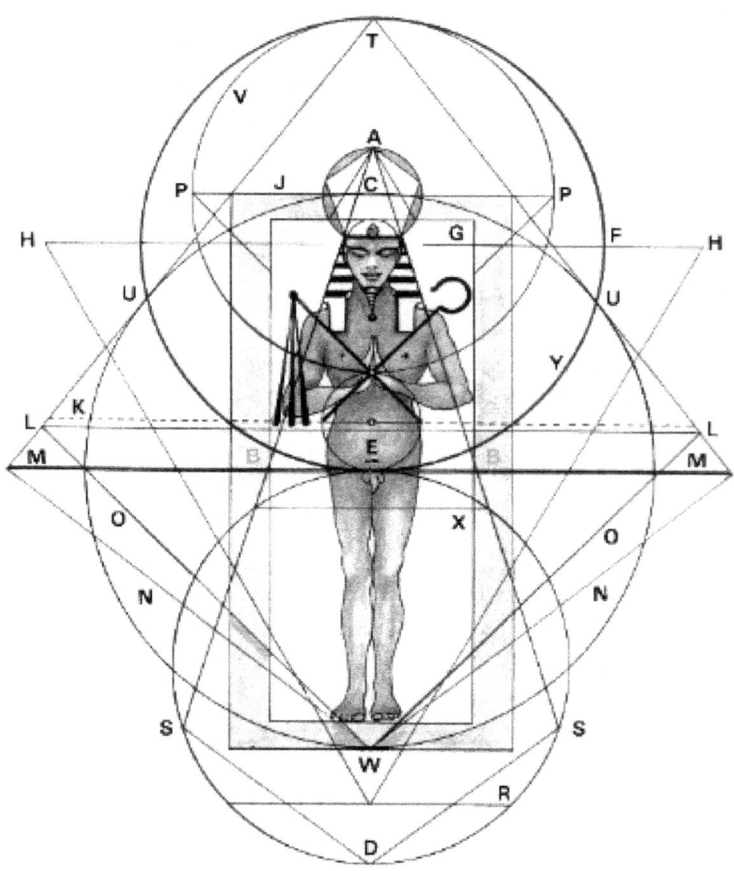

L'Osiris humain mesure 1,80 mètre.

C'est la taille moyenne d'un homme en Occident. Il est emprisonné dans un sarcophage à l'image de son alter-ego OSIRIS, Roi de l'Égypte Ancestrale que nous qualifierons de semi-mythique. Ces recherches ont été établies sur des bases que certaines gens considèrent légendaires et scientifiquement dénuées d'intérêt. Elles répondent pourtant à une logique implacable, nous allons tenter d'en tracer les grandes lignes. 1,80 m c'est la moitié de 3,60 m ; à partir de cette évidence, tout un système de paramètres se met en place autour du sarcophage royal. La crainte d'être prolixe nous suggère de n'exposer que les grandes lignes qu'il est nécessaire d'entrevoir, pour apprécier la finalité du concept.

En (A) un faisceau de lumière, est envoyé par la périphérie de la Lune. L'astre des nuits placé ici **au centre de la Terre** (circonférence en V) trace une mitre pontificale sur la tête du dieu Osiris, à l'intérieur de sa circonférence se dessine un pentagone (C). Deux rayons de cet angle pentagonal se propagent le long du némès (couvre-chef traditionnel des Anciens Égyptiens). Ces rayons vont former en (S - S – D) un autre pentagone, solaire celui-là. Le schéma graphique que nous exposons a pu subir une légère anamorphose électronique, nous nous en excusons.

Nous observons que les sceptres royaux que le dieu tient croisés sur sa poitrine ont un prolongement naturel vers les extrémités du diamètre terrestre (P.P) (formation du carré circonscrit). Il en va de même en sens inverse avec le cercle Lunaire placé sur l'abdomen, en (E) la ligne horizontale (socle) passant sur le nombril, sert de reposoir aux poignées des sceptres. Ce graphique adopte des aspects de la mythologie traditionnelle, lesquels sont étroitement liés à la symbolique primordiale. Des millénaires durant, la symbolique en question, ne fut pas dissociable de la pensée égyptienne, elle était le support naturel de la connaissance enseignée aux origines. L'altération des valeurs fondamentales, la dilution des mœurs, ont astreint l'aréopage gnostique à codifier ses mystères au sein de l'hermétisme. Entre-autre exemple, si les alchimistes ont toujours évoqué une Terre « carré », ce n'est certes pas par indigence mentale, comme le prétendent certains scientistes baignés de suffisance, mais bien par figuration cryptographique d'une connaissance cachée.

La Lune située en (E) sur le ventre de l'entité stylisée est encornée par la Terre, elle relève d'un hermaphrodisme, elle a pour centre le nombril incarné par l'androgynie homme femme. Le croissant de Lune, dont les deux cornes se rejoignent en (T) décompte, tous les 28 jours, les phases de fécondité et de périodicité, figurées par l'intervalle restreint du diamètre Lunaire. Cette logique, nous est suggérée par la juxtaposition des deux circonférences imbriquées ; souvenons-nous de la pyramide –

Lune, s'insérant entre Ciel et Terre, ainsi que des 28 années de règne d'Osiris ! Quand la symbolique s'apparie au fonctionnel, c'est pour nous en souligner la convenance.

Deux rayons lunaires émanant de la tiare pontificale d'Osiris (A – C) s'évadent vers le bas pour tracer le pentagone du Soleil. Leur seconde fonction est de délimiter en la circonférence terrestre, les points d'un octogone à l'endroit où les lignes recoupent les bras. Les côtés du pentagone solaire en X (lignes horizontales), forment avec la circonférence Terre – Lune un hexagone, alors que les deux branches s'évadant de cette circonférence, forment au niveau du nombril un octogone. En ce qui concerne, le grand Triangle équilatéral tête basse (H – H – W), nous remarquerons que le centre de son côté haut, repose sur le point hindou du front osirien. La pointe de ce triangle en (W) se trouve placée sur la base du carré circonscrit dans le Soleil (R), il a une hauteur de 2 m. Chaque côté de ce triangle équilatéral tête basse, réalise 2,309401078 m ÷ 1,33333333333 = 1,732050807 la √3. En extrapolant ces valeurs et en les multipliant par « 100 ou Sang », nous retrouvons les indices du calice Graal insérées au sein de la Grande Pyramide. La largeur « intérieure » du sarcophage royal (haut et bas, en G) est de 0,707106781 m x 2 = 1,414213562 ou (la √2). La largeur « extérieure » de ce même sarcophage, (J) est égale à « 1 mètre », ce qui nous donne π, circonférence : 3,141592653.

La ligne continue horizontale (L – L) dont l'emplacement est juste en dessous de la ligne discontinue du nombril, a une base proportionnellement égale à la valeur de la pyramide sur le roc, soit 115,5570209 m. Ramenée à une échelle humaine, illustrée par le sarcophage de 2 m, la base doit être divisée par 100, elle est alors égale à 1,155570209 m.

La troisième ligne centrale grâce (M – M) a pour base, la hauteur du cercle Terre – Lune ; 1,621138936 m de diamètre et pour demi-base 1,273239544 m, soit la tangente de 51°51'14'' ou la clé numérale de la Grande Pyramide. Le point (E) placé sur le sexe d'Osiris, détermine par sa circonférence le centre de cette ligne (M – M). C'est aussi le centre d'un cercle, lequel a pour limites les dimensions extérieures du sarcophage (J). Nous remarquons que la circonférence de ce cercle, rencontre les apothèmes de la pyramide en (U), à l'endroit précis où se recoupe la circonférence Terre – Lune. Toute déduction philosophique ne saurait être absente de cette thématique.

L'angle (W – U – U) réalise 51°51' (l'angle de base de la Grande Pyramide), les deux parois extérieures tracent l'hexagone du cercle, alors que chaque demi-cercle de circonférence nous procure le nombre π. Enfin, si nous remontons à la hauteur des croisements des sceptres situés à la base de la circonférence terrestre, nous constatons qu'à l'échelle humaine, cette demi-base réalise 1,0002 m multipliée par 4, puis par 10 000 et considérée en kilomètres, nous obtenons la circonférence moyenne de la Terre : 40,008 km.

L'angle de 103°, 707948 (W – MM) se propage vers le haut depuis le pied du sarcophage, il représente la valeur des deux angles de base, lorsque la pyramide est vue de face. Les deux droites rejoignent d'ailleurs la base de la double clé de 1,273239544 m, au niveau de la ligne horizontale passant par le sexe de cette entité mythique.

Un autre angle, droit celui-ci de (90° W - O O) part de la base extérieure du sarcophage pour atteindre la base de la pyramide réelle, en (L – L). Les apothèmes de la pyramide prennent alors le relais jusqu'en (T), aussi peut-on souligner, que ces quatre angles corroborent la portée hermétique de ce schéma.

Notre lecteur pressentira sans doute, en cette luxuriance de données, que beaucoup de détails gagneraient à être traités de façon moins sommaire ! Qu'il nous pardonne ce côté parfois évasif, mais toute extension nous éloignerait de notre thématique, et nous contraindrait à un développement volumineux, si ce n'est fastidieux ce qu'il est peut-être déjà. Aussi, sommes-nous tenus de nous en tenir aux critères de valeurs ayant un rapport avec l'objet de notre quête, le site de Gizeh et la Grande Pyramide. Il y a en ce lieu du monde matière à méditer, mais pas seulement, il y a matière à découvrir une raison de vivre et d'espérer.

Cet ouvrage se termine, je vous remercie d'avoir mené votre lecture à terme, non, par vanité d'auteur, ce dernier ayant passé depuis bien des Lunes ce cap ingénu, mais par solidarité des principes exprimés.

Savoir qu'il existe sur cette planète en perdition, des êtres aspirant à d'autres systèmes de valeurs que l'économie de marché, la domination psychopathique, la « croissance » affairiste, la publicité purgative, les télé-sports truqués, la drogue inhibitrice de conscience, la pornographie tueuse d'érotisme, l'exutoire en vidéo mitraillage, l'égocentrisme érigé en principe de survie ! Penser que des êtres puissent encore espérer un monde mieux adapté aux qualités humaines, plus respectueux d'un environnement en grand danger, est un baume au cœur. Il nous faut cependant être réaliste, toutes ces belles espérances ne sont que des mots désespérément vides de sens, face à la réalité. Notre futur « radieux » est si compromis, que l'espérance même a une fragrance d'utopisme. Depuis peu cependant, là-bas, tout au fond de la nuit, un flambeau vient de répandre une clarté encore vacillante. Il anime un paysage nouveau, celui d'une perception commune, au-delà des religions, des idéologies, des sexes, des races, au-delà des innombables injustices. Une antique sagesse remonte les millénaires, jusqu'à nous. Elle nous expose une vérité cachée, une vérité concrète, une vérité ultime, celle des vivants unis autour d'une évidence universelle et sans âge.

Cette quête de vérité nécessite une démarche spirituelle, dont la partition est adaptée à nos instruments contemporains, il ne nous manque que les musiciens !

La médiocrité est la plus déterminée des puissances car elle recourt à l'ostracisme pour toutes ascendances en lesquelles elle n'est pas conviée.

> 36 000 000 000
> ou 36 milliards d'années divisés par le diamètre du Soleil, nous donnent :
> 25 851, 45969 années ou un cycle précessionnel.
> La différence avec le cycle par nous calculé est de :
> 25 852, 94906 _ 25 851, 45969
> 1, 489373 année ou un temps de stagnation de 0, 74453655 année
> au sommet et en bas du cycle.

Réflexion d'Albert Einstein – 1936 – à un enfant qui le questionnait sur sa croyance en Dieu :

« *Tous ceux qui sont sérieusement impliqués dans la science finiront un jour par comprendre qu'un esprit se manifeste dans les lois de l'univers, un esprit immensément supérieur à celui de l'homme.* »

C'est aujourd'hui le cas cher Albert, mais pour que cette vérité engendre une émulation collective et l'amour du **Principe Créateur**, il faut que les meneurs de jeux l'acceptent, et ça... c'est une autre histoire que celle que je viens de vous conter !

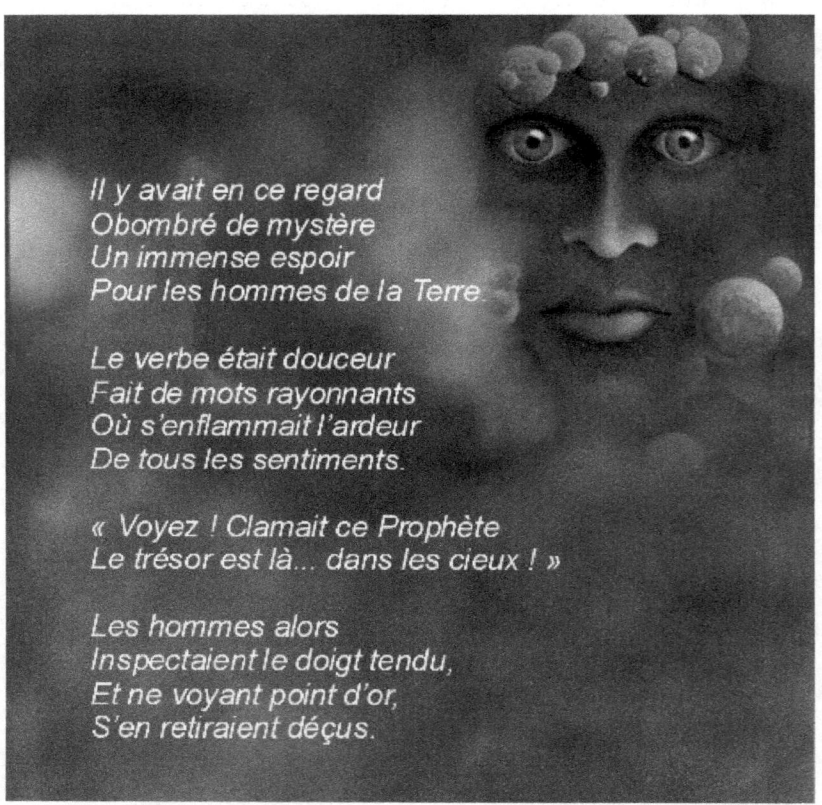

Il y avait en ce regard
Obombré de mystère
Un immense espoir
Pour les hommes de la Terre.

Le verbe était douceur
Fait de mots rayonnants
Où s'enflammait l'ardeur
De tous les sentiments.

« Voyez ! Clamait ce Prophète
Le trésor est là... dans les cieux ! »

Les hommes alors
Inspectaient le doigt tendu,
Et ne voyant point d'or,
S'en retiraient déçus.

Déjà parus

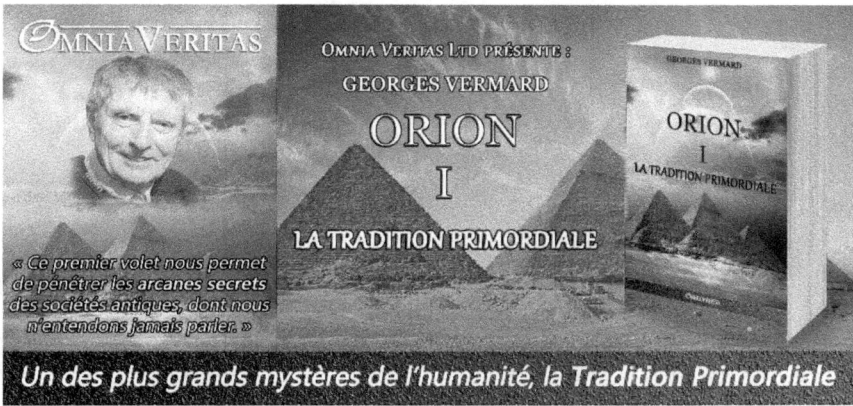

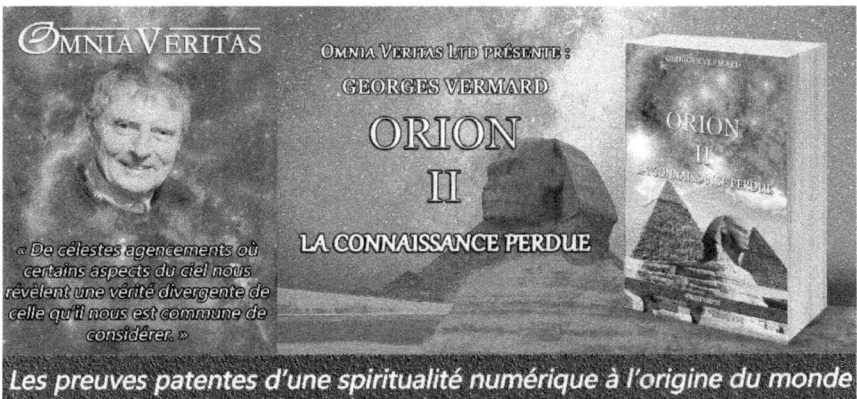

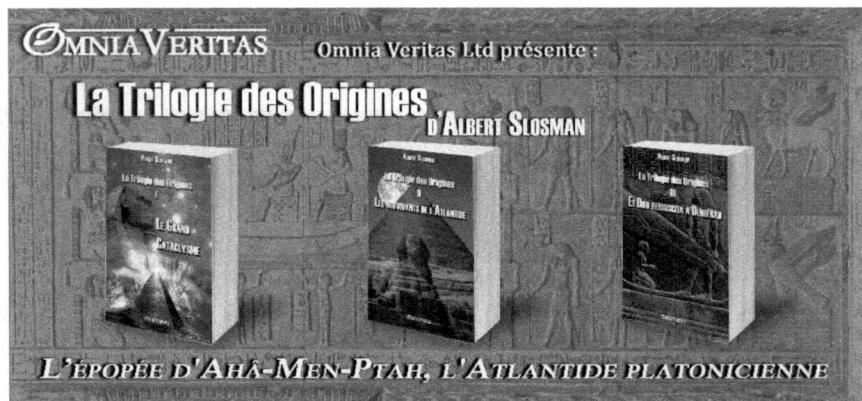

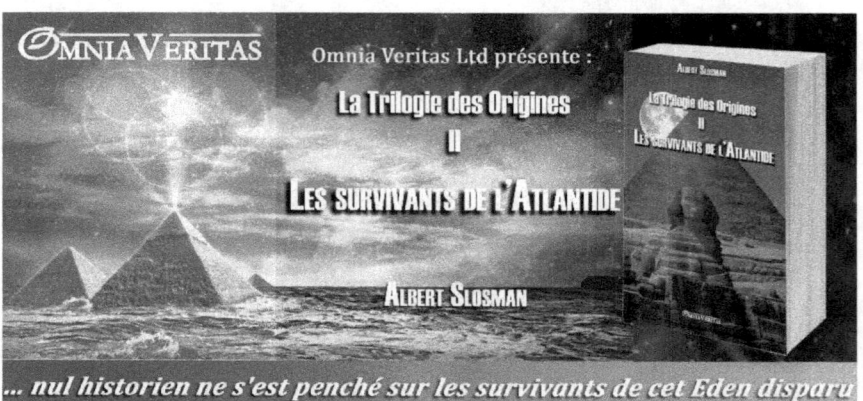

Georges Vermard

OMNIA VERITAS

Omnia Veritas Ltd présente :

BAGATELLES POUR UN MASSACRE

de

LOUIS-FERDINAND CÉLINE

« Mais t'es antisémite ma vache! C'est vilain! C'est un préjugé! »

« J'ai rien de spécial contre les Juifs en tant que juifs... »

OMNIA VERITAS

Omnia Veritas Ltd présente :

L'ÉCOLE DES CADAVRES

de

LOUIS-FERDINAND CÉLINE

Le Juif peut voir venir!... Il tient toute la caisse, toute l'industrie...

Et cinquante millions de cadavres aryens en perspective...

OMNIA VERITAS

Omnia Veritas Ltd présente :

LES BEAUX DRAPS

de

LOUIS-FERDINAND CÉLINE

« La France plus que jamais, livrés aux maçons et aux juifs »

Et les Français sont bien contents, parfaitement d'accord, enthousiastes

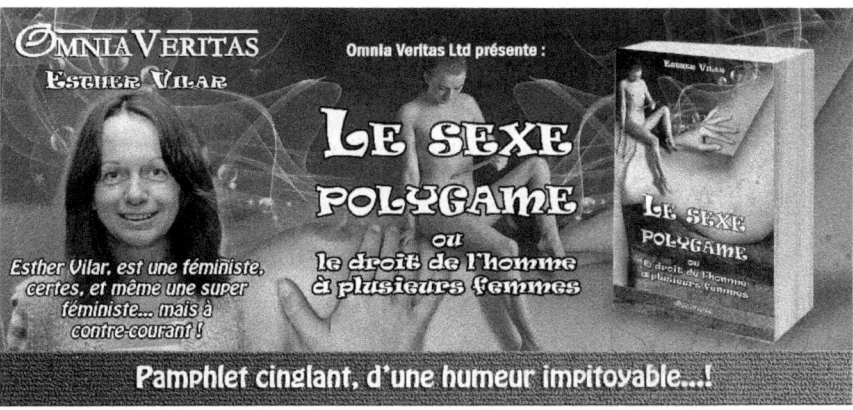

Georges Vermard

Le mondialisme décrypté après sept années d'investigation

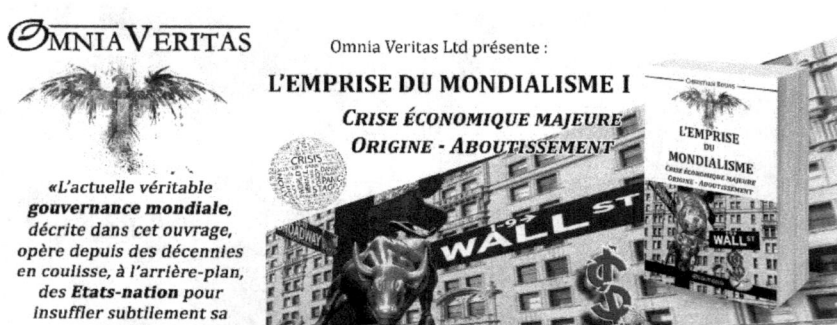

Les chefs d'Etat appellent unanimement à un nouvel Ordre mondial...

Qu'est-ce qu'implique une initiation luciférienne pour le nouvel Ordre mondial ?

Omnia Veritas Ltd présente :

L'EMPRISE DU MONDIALISME III
LE SECRET DES HAUTES TECHNOLOGIES

Les moyens de **haute technologie** des superpuissances ont-ils capacité à manipuler, bouleverser, le **climat**, produisant des inondations, sécheresses, ouragans, **tsunamis**, tremblements de terre… ?

Peut-on influer à distance sur le cerveau de populations entières?

Omnia Veritas Ltd présente :

L'EMPRISE DU MONDIALISME IV
HÉRÉSIE MÉDICALE & ÉRADICATION DE MASSE

La plupart des médicaments sont néfastes, dangereux, inutiles, quelles sont les conséquences pour le public ?
Saviez-vous que des traitements alternatifs très efficaces contre le cancer ont tous été occultés…?

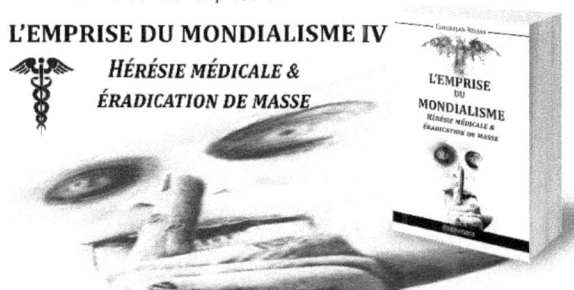

La véritable origine du SIDA, de l'Ébola, quel objectif mondial?

Omnia Veritas Ltd présente :

L'EMPRISE DU MONDIALISME V
L'EMPOISONNEMENT GLOBAL

La grande majorité des aliments, des produits chimiques, des médicaments consommés au quotidien, tous les poisons cachés, tous les additifs nocifs, des plus simples aux plus sophistiqués sont passés au crible

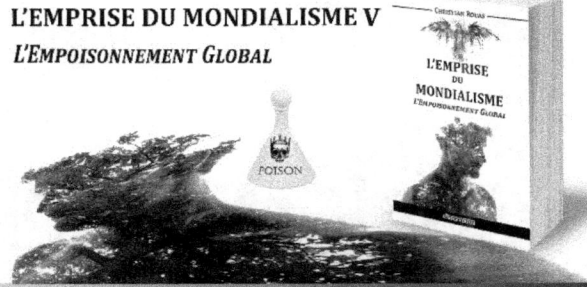

Comment les masses humaines sont lentement empoisonnées et intellectuellement réduites

Georges Vermard

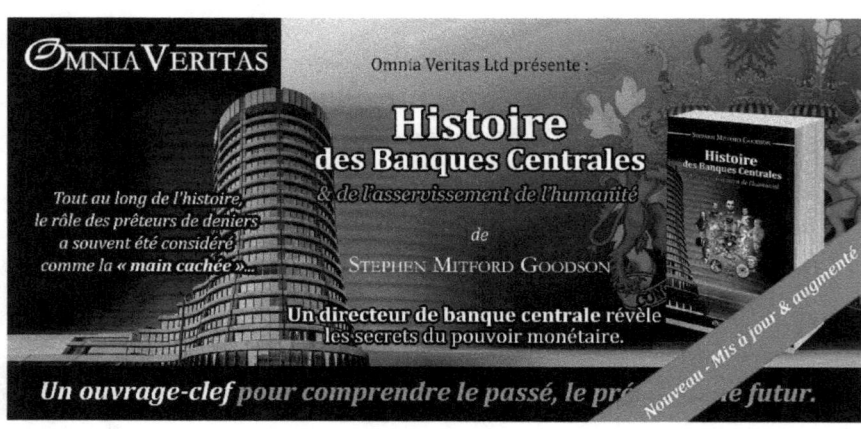

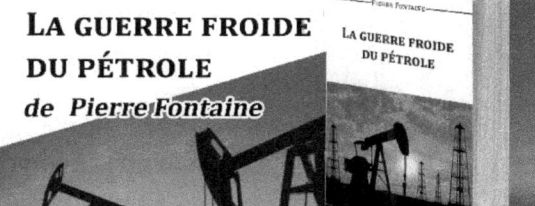

Georges Vermard

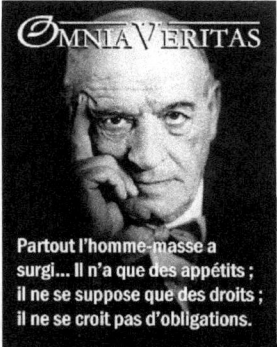

Georges Vermard

Omnia Veritas Ltd présente :

2000 ans de complots contre l'Église

de
MAURICE PINAY

Aucun autre livre au cours de ce siècle n'a été l'objet d'autant de commentaires dans la presse mondiale.

*Une compilation de documents d'Histoire et de sources d'indiscutable **importance et authenticité***

Omnia Veritas Ltd présente:

LA GUERRE OCCULTE

de
Emmanuel Malynski

Satan s'est révolté au nom de la **liberté** et de **l'égalité** avec **Dieu**, pour asservir en se substituant à **l'autorité** légitime du Très-Haut...

Toute l'histoire du XIXe siècle est marquée par l'évolution du mouvement révolutionnaire

Les étapes du duel gigantesque entre deux principes

Omnia Veritas Ltd présente :

JÉSUS-CHRIST,
sa vie, sa passion, son triomphe
par AUGUSTIN BERTHE

Par sa doctrine, il éclipsa tous les sages ; par ses prodiges, tous les thaumaturges ; par ses prédictions, tous les prophètes...

*Il fit du monde entier son **royaume**, et courba sous son joug les peuples et les rois*

Le Judaïsme & le Vatican
de Léon de Poncins

L'irréductible antagonisme avec lequel le **Judaïsme** s'est toujours opposé au **Christianisme** depuis deux mille ans est la clef et le principal ressort de la **subversion** moderne

Omnia Veritas Ltd présente :

Entre l'Évangile et le Talmud il y a un antagonisme irréductible

Omnia Veritas Ltd présente :

Le Juif Sectaire
ou la
TOLÉRANCE TALMUDIQUE
PAR
LÉON-MARIE VIAL

Ce volume est l'esquisse, à grands traits, de la tolérance des juifs, à travers dix-neuf siècles, à l'égard des chrétiens, spécialement des chrétiens français.

La France est perdue si elle ne brise à bref délai le réseau des tyrannies cosmopolites...

Omnia Veritas Ltd présente :

Nuremberg
Nuremberg ou la terre promise
Nuremberg II ou les faux-monnayeurs

par
MAURICE BARDÈCHE

Je ne prends pas la défense de l'Allemagne. Je prends la défense de la vérité.

Nous vivons sur une falsification de l'histoire

Georges Vermard

HISTOIRE DU MOYEN-ÂGE
395-1270

de CHARLES VICTOR LANGLOIS

*Toute **religion** est un effort de l'homme vers **Dieu**, une transition de l'humain au divin, ou une **manifestation** du divin dans **l'homme**...*

La conception de la religion chrétienne était trop haute...

LA RÉVOLUTION
PRÉPARÉE PAR LA FRANC-MAÇONNERIE

PAR
JEAN DE LANNOY

La Franc-Maçonnerie doit porter la responsabilité des crimes de la Révolution aussi bien que de ses principes

L'histoire de la Révolution remise à l'endroit

MAHOMET ET CHARLEMAGNE

HENRI PIRENNE

«*L'Empire ne connaît ni Asie, ni Afrique, ni Europe. S'il y a des civilisations diverses, le fond est le même partout.*»

Il existe une communauté de civilisation dont l'Empire carolingien est le symbole et l'instrument.

Un grand classique dans une toute nouvelle édition!

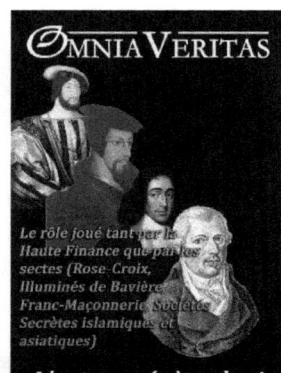

Georges Vermard

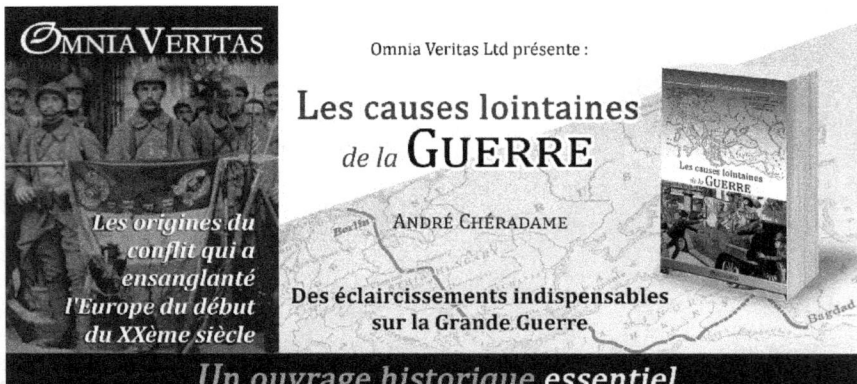

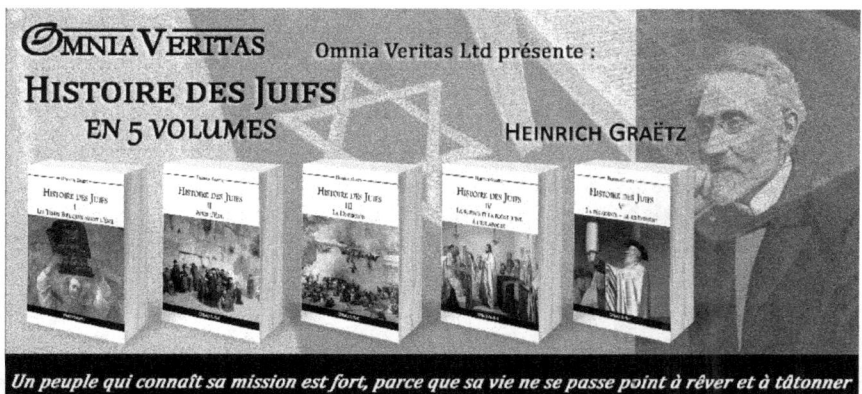

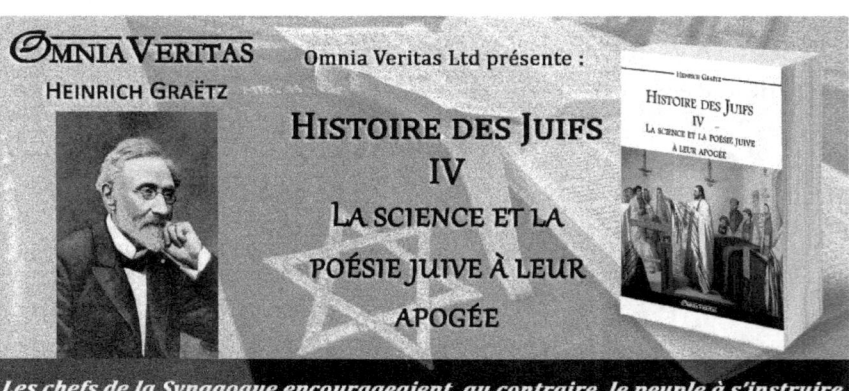

Omnia Veritas Ltd présente :

Le silence de Heidegger et le secret de la tragédie juive

par

Roger Dommergue

Poser la question du silence de Heidegger

Un souci de vérité synthétique motive ce long exposé

Omnia Veritas Ltd présente :

Vérité et synthèse
La fin des impostures

par

Roger Dommergue

Seul le peuple élu appartient à l'essence même de dieu...

... les autres hommes sont assimilés à des animaux

Omnia Veritas Ltd présente :

J'ai mal de la terre

par

Roger Dommergue

Il ne reste qu'une seule valeur digne d'être exprimée : la souffrance de l'âme et du cœur

... votre diagnostic est compatissant mais implacable

Georges Vermard

Omnia Veritas Ltd présente :

Bouddha
sa vie, sa doctrine, sa communauté

HERMANN OLDENBERG

Au-dessus
du royaume de l'alternance
des jours et des nuits trône « Celui qui brille »...

« Le sage connaît les formules et les offrandes qui l'élèvent au-dessus de la région de l'alternance des jours et des nuits. »

Le lien de l'être, il le découvrit dans le non-être...

Omnia Veritas Ltd présente :

Le Brâhmanisme
de
LÉON DE MILLOUÉ

Le socle spirituel
de la Civilisation Indienne

La religion indienne repose tout entière sur de très anciens livres appelés Védas, tenus pour être la source et le réceptacle de toute vérité et de toute science

Explorez les sources de la Tradition Orientale !

Omnia Veritas Ltd présente :

HISTOIRE
de la
CIVILISATION CHINOISE

RICHARD WILHELM

La stabilité d'une civilisation conservée par la mémoire...

« La Chine connaissait l'écriture de longue date et l'employait pour enregistrer les événements historiques. »

L'ouvrage de référence de Richard Wilhelm enfin réédité !

www.ingramcontent.com/pod-product-compliance
Lightning Source LLC
Chambersburg PA
CBHW050124170426
43197CB00011B/1702